U0049753

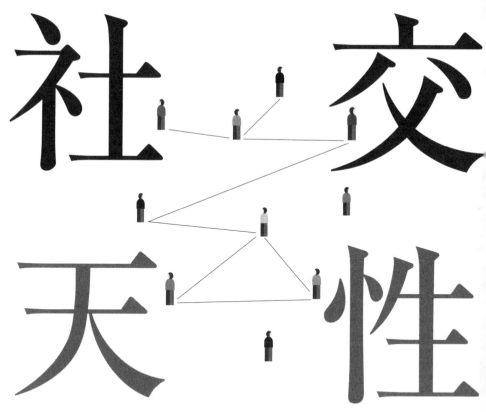

社交天性

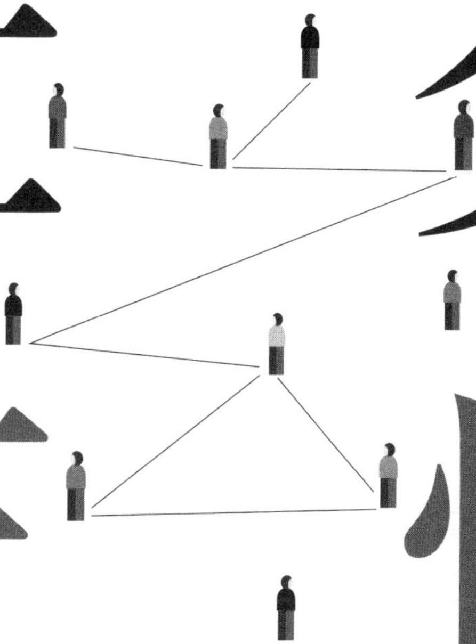

探索人類行為的起點，為什麼大腦天生愛社交？

馬修・利伯曼 Matthew D. Lieberman 著
林奕伶 譯　楊青如 審定

SOCIAL

Why Our Brains Are Wired to Connect

Contents

PART 2 社交天性適應之一：連結

PART 3

社交天性適應之二：心智解讀

第七章 感同身受，同理心的高峰與低谷

PART 4

社交天性適應之三：和諧

PART 5 更聰明、更快樂、更有生產力的人生

序言

社交天性

——重新認識自我與這個世界

幾世紀前，哲學家邊沁（Jeremy Bentham）寫道，「痛苦與快樂……支配我們所有言行舉止與思想。」毫無疑問，我們會受到生理的快樂吸引，並努力避免生理痛苦。但它們真的「支配我們所有舉止」？我們真是如此？我認為生理的痛苦與快樂對人類的支配，遠低於我們一直以來的看法。由於社會體制與獎勵制度的運作，大致與邊沁的說法一致，因此我們忽略了一些人類行為背後更為深刻的動機。

邊沁等人忽視的是，人類安裝著另一套具利害重要性的基礎設定，而且與生理的痛苦和快樂一樣根本——**我們天生愛社交**。那股深層動機驅使我們，與朋友家人保持聯繫。我們天生好奇別人的腦子裡想些什麼。我們的價值觀塑造了我們的身分認同感，而價值觀來自於我們稱為「自己人」的團體。這些連結也會導致人類某些奇怪的行為，違反了我們理性利己的預期設定，而要解釋這些行為，唯有將「社交天性」視為起點，重新理解「我們是什麼樣的人」。

過去二十年來，我與同事創立一門新的科學類別，稱為**社會認知神經科學**（social cognitive neuroscience）。我們利用功能性磁振造影（functional magnetic resonance imaging, fMRI）等工具，探討人類大腦對於人際社會如何反應，有了驚人發現，這在以前是不可能做到的。這些研究發現不斷強化一個結論，即**我們的大腦天生要與其他人聯繫交往**。社會心智有部分可追溯到幾億年前最早期的哺乳類動物，其他部分則是晚近才演化而來，而且可能是人類獨有。了解這些心理機制如何驅動我們的行為，對於改善個人與團體生活至關重要。本書將闡明社會心智的神經機制，以及這神經機制如何聯結以成就我們多數人的社交生活。

PART 1

我們天生愛社交

若將演化描述為現代大腦的設計過程，我們大腦的設定目的則是：與他人接觸互動。這些皆是設計上的特點，不是瑕疵。這些社會適應是我們得以成為地球上最成功物種的核心。

第一章 我們是誰？

Who Are We?

我們有一套「我們是誰」的理論，而這套理論卻是錯的。本書的目的將釐清「我們是什麼樣的社會性動物」，並證明對社交天性有更精準的理解，將能改善我們的生活與社會。大腦就是我們之所以是我們的所在，所以本身就令人著迷，而且握有解開未知謎題的鑰匙。

爾文（Irv）和葛洛莉亞（Gloria）為了美國夢努力奮鬥超過半世紀。他們出生在大蕭條時代，白手起家，篳路藍縷，終於在大西洋城成了眾人交口讚譽的成功模範。兩人十多歲相識，中學開始穩定交往。後來，爾文獲准進入杜克大學，但他在二次大戰時報名從軍，擔任海軍飛行員報效國家。爾文動身前往訓練營時，葛洛莉亞也隨他一同前往。戰後，兩人立刻結婚，並生了兩個嬰兒潮世代的孩子，後來成為成功的律師。爾文親手打造屬於他和葛洛莉亞的家。之後，他從事房地產，葛洛莉亞也在公司和他一同打拼。他們做起生意很有一套，還精明地買下了幾個停車場，即使後來成了新興賭場業覬覦的目標，他們仍然全身而退。爾文和葛洛莉亞幾乎形影不離，無論生活、工作，和渡假，他們總是在一起。

到了六十七歲，爾文得知自己罹患前列腺癌末期，沒多久便過世了。爾文的死亡對葛洛莉亞是毀天滅地的打擊。一般人在橫遭逆境的同時，總會設法繼續往前走，但葛洛莉亞沒有。她的餘生都沉湎在失去伴侶的痛苦中，心智與記憶也慢慢退化。久而久之，她像是換了個人。以前的她，個性風趣迷人，雖然偶爾有些杞人憂天。但爾文過世後，她變得自我中心、心不在焉，有時甚至尖酸刻薄。

葛洛莉亞的朋友難以理解她的轉變，也一個接一個離開了她。唯有家人勉強忍受她的情緒和行為。針對她所遭遇的變化，大部分的解釋都著重在神經生物學（neurobiology）。也許她有阿茲海默症（Alzheimer's disease）或某種失智症？但除了記憶漸漸流失，沒有什麼症狀能真的支持這樣的診斷。有人問，會不會是她用來對抗椎心之痛的藥物，在神經系統留下長期傷害。不過，葛洛莉亞不會多想這些問題。她知道問題出在哪裡——她寧願死了，也不要再過一天沒有爾文的日子。我之所以知道，是因為她一有機會就這樣對我說。她是我的祖母。在她心中，她是因為心碎而逐漸死亡。多年後我問父親，到底是什麼原因讓她有如此劇烈的改變，他說，「她在你祖父過世的那一刻就死了。從此以後，她再也沒有一刻快樂過。」

在成長期間，我一直視祖父母為成年的模範，是堅實健全婚姻的典範，是代表終身伴侶優點的模範。小時候的暑假，我總會住在他們家，就是爾文親手建造的那棟房子。我親眼見證他們對彼此的體貼深情，對身邊所有人的關心。如今，我和妻子也像爾文與葛洛莉亞那般，從事同一種職業，我們的辦公室只相距六公尺。從祖父母身上，我學到這就是幸福快樂的意義。為什麼一段關係讓你享受多年的幸福，卻在關係結束時，或摯愛之人過世後，令人痛不欲生？當我們失去摯愛之人時，大腦讓我們感到巨大的痛苦，大腦為什麼會被如此建造？我們感受那種痛苦的能力，有可能是神經構造的設計瑕疵嗎？

過去十年，我和妻子的研究顯示，這種反應絕非偶然，而且對我們的生存具有深遠的重要性。[1] 我們的大腦演化到後來，對於危及社會**連結**（social connection）的威脅，其感受就像遭受生理痛苦一樣。藉由活化感受生理痛苦的大腦神經迴路，社會痛苦（social pain）的體驗促使我們將幼童帶在父母身邊，確保他們的生存。社會痛苦與生理痛苦之間的神經連結，也確定了人類需要維持社會聯繫的終身需求，如同食物與保暖不可或缺。既然大腦對社會痛苦與生理痛苦一視同仁，那麼，整個社會對待社會痛苦的方法是否應該與現在不同嗎？因為我們可不會指望哪個斷腿的人「熬過去就好了」。但是，說到社交失落帶來的痛苦，這卻是常見的反應。從我和其他夥伴用ｆＭＲＩ做的研究顯示，我們對社會痛苦的感受與對自己的認識並不一致。我們本能地認為社會痛苦與生理痛苦是迥異的感受，但大腦對待兩者的方式卻顯示兩者的相似性超乎我們想像。

本書將著重在大腦的三個主要適應（adaptation），這三個適應引導我們與人際社會更緊密連結，也更能利用社會連結建立更團結的團體和組織。**社會痛苦與生理痛苦重疊的神經部分就是第一個適應**，這一點確保**我們終生都會受社會連結的本能動機所驅動**。

一群人的笑聲，扭轉了總統大選的結果

一九八四年十月二十一日，雷根總統（Ronald Reagan）和他的競爭對手前副總統孟岱爾（Walter Mondale），舉辦了第二場總統選戰全國電視轉播辯論。雷根總統依然頗受歡迎，但他的支持度卻因為選民對他的年齡有疑慮，而有下滑趨勢。雷根總統在三個星期前的第一場辯論會中，表現欠佳，引發外界對他心智健康的質疑。如果當選連任，雷根將成為美國史上年紀最大的在任總統（辯論當時，他七十三歲）。然而，雷根在最後這場辯論的表現，經常被認為是該次選舉的轉捩點，得以鞏固雷根的支持度，並造就史上最大一次的壓倒性勝選。

雷根如何證明自己依舊能游刃有餘地施展才能？就當前的議題表現他的博學多才？展現自己的優勢，例如在外交政策或稅法等議題，猛烈攻擊孟岱爾？沒有。讓雷根贏得勝利的，是他把握時機展現詼諧幽默。雷根鎮定自若地拋出一連串預先構思的俏皮話，奪回氣勢之後便不曾回落。當主持人問他，年齡對選戰是否構成問題，他做出了聞名的機智反擊。雷根所廣為人知的回答是，「我不會把年齡當作這次選戰的議題。我不會為了政治目的，而拿對手的年輕、沒經驗大作文章。」當時五十六歲的孟岱爾根本不是毛頭小子，後來他表示，在那一刻他就知道自己輸了這場選戰。[2]

那一晚，將近七千萬美國人觀看辯論，結束時他們深信雷根的魅力猶在。他們對雷根總統可能馬失前蹄的所有憂慮都已經緩解。但是，那一晚全國上下是如何達成這樣的結論，結果卻相當出人意料。雷根本人並沒有改變我們對他的想法。而是現場觀眾當中的幾百個人改變了我們的想法。是他們透過電波傳送的笑聲，翻轉了我們對雷根的看法。

心理學家史帝夫・費恩（Steve Fein）找來一群沒看過這場辯論的人，從兩種方式中選一種觀看辯論錄影。[3] 第一組人看到的是辯論的剪輯片段，以及電視現場轉播時的觀眾反應；第二組人看到的辯論片段，則聽不見觀眾的反應。兩種情況下，觀眾聽到的總統說詞都一樣。聽到觀眾笑聲的人，給雷根的評分高於孟岱爾。然而，聽不到笑聲的人反應卻大不相同；這些人始終認為副總統孟岱爾肯定勝出。換句話說，我們覺得雷根風趣並非因為他風趣。我們認為雷根風趣，是因為觀眾當中一小撮陌生人覺得雷根風趣。我們受到了不含惡意的社會暗示（social cue）影響。

想像自己在觀看辯論（或者你真的看過）。[4] 你想得到觀眾的笑聲能影響你對候選人的評價嗎？現今美國有線電視新聞網（CNN）在辯論畫面下方會列出圖表，即時顯示少數人對候選人的反應，你會受影響嗎？那會左右你的選票嗎？我懷疑多數人都會說，「不會。」「對於國家總統該由誰來擔任的決定，我們可能因為少數觀眾的反應而改變。」這種說法違反我們的人性理論、「我們是誰」的見解。我們喜歡把自己想成思想獨立，對這類影響免疫的人。但我們可能錯了。每一天，身邊的人都在以我們毫無察覺、意想不到的無數方式影響著我們。倘若真是如此，為什麼我們的大腦會被設計成這樣，在不知不覺中受到根本不認識的人影響？

我們的大腦灰質❶竟急於單憑觀眾反應認識雷根！在嚴厲批判這是容易受騙的反應之前，我們暫且先來了解，要解讀別人的心思，根據他們的言行洞悉性格，究竟有多困難。所謂的思想、感覺，以及個性，本質皆是無形之物，只能抽象推測，而永遠無法真正具體

❶ 灰質（gray matter），是指未染色的大腦標本呈現灰色的區域。是中樞神經系統中大量神經元聚集的部位。神經元之間存在大量化學突觸或電突觸作為通信途徑，形成極其複雜的神經迴路，執行多種多樣的感覺、運動或中間資訊處理。

看見。評估別人的心理狀態可能是一件艱鉅的任務。現在的雷根依然是過去的那個雷根嗎？他的心智能力是否有減弱？沒有廣泛的神經學檢查，我們又如何得知？每一天，我們都不斷地像這樣猜測他人的想法與心思；然而，這實在太艱難了，所以演化給了我們專用的神經迴路來執行這項任務。

我們通常認為現代智人（Homo sapiens）得以支配地球，是因為我們具有抽象推理能力。[5] 但有愈來愈多證據顯示，人類的統治地位可能歸因於我們有能力做社會性思考。偉大的構想幾乎都需要團隊合作才能付諸實現，社會推理（social reasoning）讓我們得以建立，並維持團隊繁榮茁壯所需的社交關係與基礎建設。而我們的大腦就有個神經網路專用負責這類對他人的**心智解讀**（mindreading），這是本書將討論的大腦三大適應之二。

令人意外的是，雖說社會推理感覺類似其他類型的推理，但處理社會推理與非社會推理的神經系統卻涇渭分明，而且平時運作起來屢有衝突。在許多情況下，**非社會推理的大腦神經網路啟動得愈多，就會關掉愈多社會推理的神經網路。**[6] 這種社會思維（Social thinking）與非社會思維的對立相當重要，因為一個人愈是專注一個問題，愈有可能疏離身邊可能幫忙解決問題的其他人。雖然能有效解決非社會性的問題，但卻可能妨礙有助於思考團體需求的神經迴路。

雖然大腦具有一套社會推理專用的系統，但還是未能解釋，為何觀看總統大選辯論的多數人會受觀眾反應的影響。在這種情況下，社會推理系統顯然失效，導致人們的認知對辯論產生扭曲的看法。我們的心智有部分誤將無名觀眾的笑聲，當成判斷雷根心理強健程度的有效指標。為什麼我們會拿別人的判斷取代自己的判斷？這並非暫時性失誤。這個世界充滿了這類罐頭笑聲和其他情境線索（contextual cue），而我們的大腦就是天生被設計成會受到他人影響。大腦之所以如此建造，是為了確保我們會抱持與身邊人相近的信念與價值。

在東方文化中，一般認為唯有敏銳感受他人的思想行為，才能順利達成**和諧**（harmonize），共同締造超越個人單打獨鬥的成就。我們或許以為自己的信念與價值是個人認同的核心部分，是造就我們之所以成為「我們」的部分。但我會證明，這些信念與價值往往是在我們不知不覺中，被偷偷夾帶潛入我們的心智中。

從我的研究中，我發現個人信念的神經基礎（負責個人信念的大腦區域），與主要負責容許他人信念影響我們的其中一個腦部區域，明顯有重疊。自我，與其說是我們認知中牢不可破的私人堡壘，更像是接受社會影響的高速公路。我們的自我感覺容易受到社會塑造，而這個傾向往往會讓我們幫助他人多於幫助自己，這是我後面會討論的第三個主要適應。

大腦的社交神經網路

大部分有關人類本性的說法，通常會完全忽略我們群居交際的特性。如果問大家是什麼原因讓我們與眾不同，他們大概都會不假思索說出久經驗證的可靠答案，例如，「語言」、「推理」，以及「對生拇指」。但人類的社交歷史最遠可追溯到至少二．五億年前、最早的哺乳類動物，當時恐龍才剛在地球上漫遊。演化屢屢在哺乳類歷史投下一連串賭注，我們的「社會性」就穿插到賭注之中。這些賭注以適應的形式出現，而被選中的理由是因為有助於我們的生存及繁殖。這些適應強化我們對身邊人的情感連繫，並提高我們預測他人心思動向的能力，以便與他人協調合作。社交失落的痛苦，與觀眾笑聲對我們的影響，都不是偶然。若將演化描述為現代大腦的設計過程，我們大腦的設定目的則是：與他人接觸互動。這些皆是設計上的特點，不是瑕疵。這些社會適應是我們得以成為地球上最成功物種的核心。

不過，這些社會適應也使得我們覺得自己是個謎。我們對自己的社交神經網路認識，存有很大的盲點。我們有一套「我們是誰」的理論，而這套理論卻是錯的。本書的目的將釐清「我們是什麼樣的社會性動物」，並證明對社交天性有更精準的理解，將能改善我們的生活與社會。

因為要論對社交天性真有精闢見解，是過去幾十年才取得快速進展，所以體制與組織的運作仍有極多缺乏效率的地方。社會制度或明顯、或隱晦地都是建立在「人類如何運作」的世界觀之上，這些世界觀就是關於社交天性各個環節的運作理論，是制度賴以運作並強化社會的基礎。學校、企業、運動團隊、軍隊、政府，以及醫療保健機構，若是以錯誤的社交天性理論為運作根據，將無法充分發揮實力。

組織內的團隊也適用同樣的道理。團隊領導人應該如何思考成員的社會幸福感（social well-being）？讓團隊成員感受越多的社會連結，究竟是導致他們熱衷交際而忽略工作？還是因此讓團隊成員工作得更賣力，因為他們對團隊的成功更有責任感？團隊領導人應該都知道哪一種說法更有道理，因為這會影響到團隊如何管理。我們也將看到，神經科學研究指出，出於我們料想不到的原因，忽略社會幸福感可能傷害到團隊表現（甚至個人健康）。

就像網際網路上有多種社群網路，例如臉書（Facebook）和推特（Twitter），各有各的優點，我們的大腦也存在多個「社會網路」，由幾組腦區共同運作，促進我們的社會幸福感。

這些網路各有長處，而且在我們從脊椎動物、到哺乳類動物、到靈長類動物、再到現代智人這段演化史的不同時間浮現。此外，這些演化步驟也依照同樣的次序在童年時期重現（見圖1.1）。本書的第二、第三，及第四部分將各自著重在一項社會適應詳細介紹：

- **連結**

早在大腦擁有新皮質（neocortex）的靈長類動物出現之前，哺乳類動物就從其他脊椎動物中分離出來，並演化出感受社會痛苦與社會快樂的能力，徹底將我們的幸福感聯繫到社會互動。我們可以發現，剛出生的嬰兒就體現了這種維持聯繫的深切需求與適應，而這種現象會終

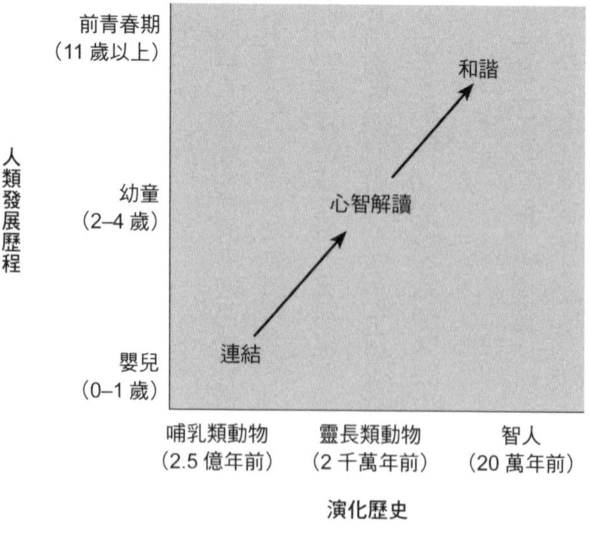

圖 1.1 演化與人類發展各階段出現的社會適應

生伴隨著我們（詳見本書第二部分：第三章與第四章）。

- **心智解讀**

靈長類動物發展出一種無與倫比的能力，能理解身邊眾人的行動與思想，加強與周圍的人保持聯繫與策略性互動的能力。在蹣跚學步的年紀，社會思維能力的發展就超過其他物種的成年動物。[7] 這種能力讓人類得以建立團體，執行各種構想，並預測身邊人的需求和渴望，讓團體能順暢運作（詳見本書第三部分：第五章至第七章）。

- **和諧**

對自我的感知（the sense of self）是人類非常晚近才獲得的演化天賦。雖然自我看似是一種區分人我之別的機制，而且可能加重我們的自私自利傾向，但自我其實是促成社會團結的強大力量。在前青春期和青春期的年紀，青少年會非常關注自我，並在這過程中受身邊的人影響，而逐漸高度社會化。[8] 連結是我們渴求人際社交的欲望，和諧則是關於讓團體信念及價值影響我們的神經適應（詳見本書第四部分：第八章與第九章）。

響應社交天性——更聰明、更快樂，也更有生產力

在探討過這些神經網路如何形塑我們的社會心智後，我們將轉向任何**科學發現最重要**

的問題：那又如何？我們如何利用自己所學，以有意義的方式改善世界？這些社會適應要以何種方式成為建構團體的原則、提升幸福，並讓我們與其他人拿出最好的表現？本書的第五部分，我將從人生的三個領域回答這個「那又如何」的問題。我將仔細檢驗我們的社會連結在日常生活中可以如何加強，以便增進人生整體的幸福安樂（第十章）。我將探討怎麼樣才能在職場更積極響應我們的社交天性，以及領導人該如何應用社會腦知識，改善團隊的工作士氣與生產力（第十一章）。最後，我將會探討一系列可以用來改善教育的方法，尤其是學習的動機與投入積極度會大幅驟降的初中階段（第十二章）。

雖然人類具備了高度社會性的調適能力，但我們所在的組織未必適合這樣的我們。我們像是個方形（社會性）釘子，被硬塞進圓形（非社會性）孔洞。社會制度通常著重在智商和薪酬所得，忽略了驅動我們的社會因素。因此，我將在本書的第五部分提出建議補救方法，好讓我們更聰明、更快樂，也更有生產力。關於這一點，社會腦可以教會我們很多。

走進腦科學的美麗境界

剛開始接觸大腦這門領域時，我只是個門外漢，最初是因為對哲學有興趣，後來取得社會心理學博士學位。我在本書開端提起這一點是希望讀者了解，我深知對大腦有興趣、卻發現腦科學令人望而生畏是什麼感覺。大腦就是我們之所以是我們的所在，所以本身就令人著迷，而且握有解開未知謎題的鑰匙。另一方面，人腦也是我們所知全世界最複雜的裝置。大腦包含幾十億個神經元，每個神經元又與許多神經元相連，創造出神經運輸中數不清的交叉纏結。雪上加霜的是，我們給大腦的每個部位取了拗口的拉丁文名稱（更糟糕的是，同樣的大腦部位還有好幾個拉丁文名稱！）。我花費數年研究神經科學，才不再有茫然不知所措的感覺。因此，本書將一次只著重在一個腦區或系統，我會告訴你這個區域或系統需要知道的知識，但重點會聚焦在這些腦部區域相關研究所透漏的訊息，關於我們的心智、我們是誰，以及我們的社交天性。

第二章
大腦的熱情
The Brain's Passion

大腦喜歡做的事究竟是什麼?很顯然,一定是對我們人生成功與幸福極為重要的事。大腦不會在幾百萬年的演化中,將空閒時間花費在一些與我們的生活無關緊要的事。

我在念研究所時,有一次與女友分手的痛苦經驗,我覺得徬徨失落,彷彿整個人空了一半。過了幾個月自怨自艾又不快樂的買醉時光,我決定全心投入自我提升。如果我只剩下「一半」的我,那就還有另外一半的空間可發展。於是,我打算把自己改造成自己想要成為的人,以及我認為自己應該要有的樣子。然而,不到一年,我就完全忘了這個自我提升計畫,又變回了原來的自己,但那一年,我確實認真投入了這個改變自己的計畫。

那一年裡，我每天付出幾個小時，做一些期待能讓人生變好的事。但我得謹慎選擇如何運用那些寶貴的時間。我必須下好賭注。我想在哪方面努力？一個人做什麼事，不但透露這個人心中認為自己更擅長什麼，也反映這個人下了什麼樣的賭注，認為什麼事情值得花時間改進。我決定專心成為更優秀的作家。我在閒暇時間練習寫作，把寫完的一整篇文章扔掉，只為了看看重寫一次能否更成功。我研究藝術史，還上了民謠吉他課，但不像對寫作那般用心，這些追求並未讓我產生半點至今依然影響人生的漣漪。

原來我們的大腦有自己的熱情；我們知道這一點，是因為大腦似乎將所有空閒時間只投入在一件事上。不像你我在分配閒暇時間可能會有不同選擇，大腦一有機會幾乎都在做同一件事。的確，我們的大腦會依據一整天遇到的各種任務，而有不同的運作調整與適應。如果你是會計師，正好要趕在截止日期前完成報告，大腦處理數學相關的腦區就會來支援計算任務。如果你是藝術史學家，在一家博物館擔任策展人，就會改為其他腦區上線負責運作。但是，一旦大腦沒有專注特定任務時，沒有稅務試算表或藝術典藏需要更新，大腦就會轉向它的終身熱愛。

人類大腦喜歡做的事究竟是什麼？很顯然，一定是對我們人生成功與幸福極為重要的事。大腦不會在幾百萬年的演化中，將空閒時間花費在一些與我們的生活無關緊要的事。事實上，一有空閒時間，大腦就會持續專注在某件事的這個研究發現，也代表了演化押注在這件事的價值。

大腦無所事事的時候

一九九七年，戈登・舒爾曼（Gordon Shulman）與華盛頓大學的同事，在神經造影研究領域頗具權威的《認知神經科學期刊》（*Journal of Cognitive Neuroscience*）同一期連續發表兩篇論文。[9] 當時正子電腦斷層造影（positron emission tomography, PET）是分辨特定心智歷程普遍使用的一種方法，例如，用於研究記憶、視覺，以及語言牽涉哪些腦區。進行PET掃描時，實驗對象需要先注入放射性示蹤劑（radioactive tracer），科學家利用伽瑪射線，就能判斷大腦中含有放射性示蹤劑的血液流向何處。如果某個腦區有較多的活躍神經元，就代表有更多血液流到那個區域。

在PET掃描技術發明之前，神經心理學家若想進一步了解心理歷程在大腦哪個區域運作，大多只能被動等待那些偶然因疾病或頭部損傷，而導致腦傷的不幸病患。令人遺憾的是，神經心理學研究史上最美好的時期，大多集中在重大戰爭前後，因為戰爭所造成的頭部創傷，而導致出現許多大腦不同區域損傷的案例。然而，PET掃描技術的出現改變了這一切。科學家幾乎可以隨時研究任何心理問題，又不會傷害到任何人。這項進展的影響之深遠，怎麼大力稱讚都不為過。

舒爾曼的兩篇論文只有一個目標：針對先前九個PET研究去判斷，在認知心理學家研究的各種心智活動中，是否有腦區無一例外皆會被促發活動。第一篇論文主要分析在執行不同任務的情況下，哪些腦區都會被激發活動，包括運動、記憶，以及視覺辨別任務（例如指出影像出現的些微變化）。然而，研究結果有些令人失望，只有少數幾個區域顯示在這些任務時均有活動增加的情形，而且也不是非常令人感興趣的腦區。事後來看，我們知道執行這些任務仰賴迥異的大腦網路，所以這些腦區之間沒有太多重疊是可想而知的。

科學家在第二篇論文提出另一個問題：「當一個人**沒有**在做那些認知、運動，或視覺區辨任務時，大腦哪個區域的活動是比較活躍的？」這是個非比尋常的問題。神經科學家一般感興趣的是，執行一項任務時「啟動的」地方，也就是比較活躍的大腦區域，藉此找出幫助我們完成任務的腦區。然而，當科學家探討在不執行工作時，大腦哪裡比較活躍，這是個頗令人意外的問題。所幸，舒爾曼問了這個問題。而且他發現人們在什麼都不做的休息狀態時，有一組腦區確實比執行任何具體工作時更加活躍（見圖2.1）。這篇論文開啟了至今尚未解決的謎題。在我們的心智小憩時，也就是無所事事的時候，大腦為什麼會有某些區域更為活躍？當你完成一件涉及運動技能的任務，大腦牽涉到運動技能的區域會趨於「安靜」，這很合理。但是，當你完成一項運動任務，為什麼大腦卻有部分區域會系統性地變得**更加**活躍？——而這些區域也同樣在你完成視覺辨別任務、解完數學題時，變得更活躍？

太酷了！「什麼都不做」的預設網路

在蘇斯博士（Dr. Seuss）的動畫電影《戴帽子的貓》（*The Cat in the Hat*），有個覆滿苔蘚的家用三柄架不見了。貓先生採用聽起來煞有其事，但完全是虛構的「消除推測法」（calculatus eliminatus）要找出失物。根據貓先生的說法，「消除推測法」需要找出失物不在的所有地方。剩下的唯一地點必然是失物所在的地方。如果想靠這種方式找出你把車鑰匙丟在哪裡，根本不是有效率的方法。

不過在早期，科學家不得不用這種粗糙的方法來理解

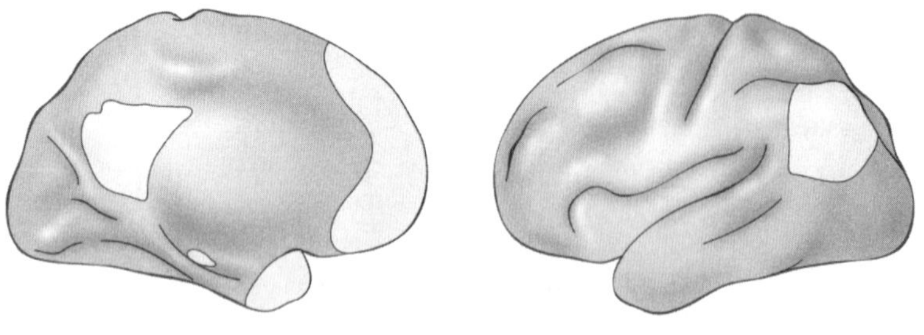

圖 2.1　預設網路（default network）

舒爾曼發現的大腦網路。他們對於這個大腦網路「**不做什麼事**」的了解，比它「做什麼」知道得多。早期用來形容這個網路的名稱叫做「工作誘發去活化網路」（task-induced deactivation network），因為它因應太多不同種類的工作而關閉。[10] 換句話說，工作任務誘發這個網路關閉。想像你的職責是以所有你**不做**的事情來描述。你是非會計師、非行銷人員、非記者、非銷售業務人員？太酷了。那你到底是做什麼的？賦予這個網路的第二個名稱是「預設網路」（或「預設模式網路」（default mode network）），就算只看名稱的簡潔程度，那也好多了。[11] 神經科學家就此接受這個名稱。它所指出的是，一旦其他工作完成，這個大腦預設的網路就會開始運作。

我們就來看看，關於預設網路在做什麼，能否多明白一些。由於躺在PET掃描儀器裡的參與者開始啟動這個網路時，在那之前有一大段時間並未被告知要做什麼事，所以可想而知，他們什麼事都沒在做。因此，自然會將這個預設網路形容為：在你無所事事時，大腦啟動的腦部區域組。不過，「沒有被賦予明確任務」跟「真的什麼事都沒做」，兩者有很大的差別。想像你躺在PET掃描儀器裡。假設你正在執行例行的認知作業，例如指出螢幕上的兩個字母相同還是不同。做完這個認知作業後的一分鐘，螢幕出現了「休息」的指令。你知道在繼續執行無聊工作之前，你有一分鐘的休息時間。

實驗人員無法判斷你接下來做了什麼，但你的心思幾乎沒有停歇。不妨閉上眼睛三十秒試試。如果你試了，你的心思大概會從一個念頭、感覺，或想像畫面亂竄到別的地方去。你的心思沒有在休息狀態，反而非常活躍。如果你和多數人一樣，你會想到其他人、自己，或兩者皆有。換句話說，你在進行心理學家所說的社會認知（social cognition），這只是用另一種方式描述思考其他人、自我，以及自我與他人的關係。一個為了攢錢約會的大二學生，被要求在心理實驗中做無聊的重複性任務，一旦任務稍有停頓時，他就會開始想起那個女孩、約會，以及揣測她到底喜不喜歡他。

所以，我們執行認知作業的休息空檔時啟動的預設網路，或許牽涉到社會認知，也就是思考他人與自我的能力。這一點花了一段時間才證明是否正確，因為社會神經科學家最初並未留意有關預設網路的研究。當我們停止執行動作任務時，大腦在做什麼？聽起來不像社會神經科學家平常會關心的事。但事實上，這個在社會認知研究中固定會出現的大腦網路，幾乎跟預設網路完全相同。[12] 換句話說，預設網路支援社會認知——理解他人與自我。

大腦投入一萬個小時成為社交專家

這時候，你大概會問，「一般人不忙著做事的時候，都會想到與人有關的事，那不是顯而易見的嗎？這有什麼有趣的？」我第一次注意到預設網路與社會認知網路有重疊時，也因為這個理由而覺得沒什麼大不了。這些重疊只是讓我們知道，一般人往往對人際社會有強烈興趣，而且常會選擇在空閒時間想想這些事。

然而，我之後就確信，應該要反過來看這兩個神經網路的關係。而這種逆轉極為重要。起先我想，「我們在空閒時候啟動預設網路，是因為我們對人際社會感興趣。」雖然這一點也沒有錯，但反過來說也是如此，而且更為有趣：我現在相信「**我們對人際社會感興趣，是因為我們的大腦，就是被設計成在空閒時候啟動預設網路**。」換言之，如果預設網路啟動就如同反射作用，會刺激我們將注意力放在人際社會，而且不光是把其他人當成環境中的物體，預設網路還會引導我們進一步去思考其他人的心思——他們的想法、感覺，和目標。哲學家丹尼爾．丹尼特（Daniel Dennett）的「意向立場」（intentional stance），提倡的是理解、同理心、合作，以及體貼關心。用比喻來說，這代表演化大舉押注，看準了發展與使用社會智力（social intelligence），對整個物種成功發展的重要性，因此讓大腦把空閒時間都用在這上面。在那段失意的日子，我賭了一年要讓自己成為更優秀的作家，演化賭了幾百萬年把我們變得更加社會性。

但我們是否有理由相信，預設網路活動可能是我們對人際社會感興趣的原因，而非結果？是否有證據顯示，這是社會思維的領先指標而非落後指標？部分頗具爭議的發現指出，預設網路在休息期間的活動或許反映出，我們在空閒時間習於思考人際社會，是一種演化而來的傾向，而非時時刻刻由個人決定的選擇。

一個關鍵的發現來自新生兒。嬰兒幾乎一出生就顯現了預設網路活動。一項研究觀察兩週大的嬰兒，大腦有哪些區域可以參與高度協調性的活動，結果發現新生兒的預設網路的運作活動跟成人一樣。[13] 另一個團體研究，透過觀察出生兩天的嬰兒，也發現預設網路發揮作用的證據。不過，在早產兒身上並未看到同樣的模式，由此顯示，這個機制是在我們最有可能進入人際社會的時候建立並開始啟動。

為什麼嬰兒出現預設網路活動的發現很重要？因為嬰兒顯然還沒對人際社會、模型火車，或任何事物培養出興趣。出生兩天的嬰兒甚至眼睛都還未能聚焦。換言之，預設網路活動的出現，早於嬰兒對人際社會任何有意識的興趣，這表示預設網路對於創造這些興趣或許有重要作用。

你可能很熟悉麥爾坎・葛拉威爾（Malcolm Gladwell）在《異數》（*Outlier*）一書提出的知名說法，花一萬個小時練習一件事可以成為專家。[14] 雖然不同的人可能把這一萬個小時用來成為小提琴演奏家、職業運動員，或 Xbox 超級巨星，但大腦卻是投入超過一萬個小時，要讓我們成為融入人際社會互動的專家。有項研究發現，我們的對話內容有七〇%屬於社交性質。[15] 假設我們只用二〇%的時間粗略思考其他人，以及我們與他人的關係，我們的預設網路一天至少就占用了三小時。換句話說，在我們十歲之前，大腦已經投入了一萬個小時在這上面。透過不斷讓大腦返回投入社會認知模式的活動，使大腦做好萬全的準備，幫助我們在這個極其複雜的社會生活領域成為專家。

認為預設網路活動更可能是我們專注在人際社會的原因而非結果，還有第二個理由。一般來說，研究預設網路時，是透過延長受試者的休息時間作為觀察依據，時間長度從三十秒鐘到數分鐘不等。可想而知，一般人在那段時間會刻意將心思轉到日常生活中的重要事項。但如果只有幾秒鐘的休息呢？想像你解決了一題數學題，而後你知道在下一道數學題出現前只有兩秒鐘的空檔。一般人除了做好迎接下一道數學題的準備，不太可能決定要額外思考任何事。然而，在我與研究夥伴史邦特（Robert Spunt）及梅耶（Meghan Meyer）的實驗，在受試者解數學題目時，每一題中間只給他們幾秒鐘的停頓，他們呈現的預設網路活動，幾乎與較長的休息時間的表現完全一樣。[16] 事實上，預設網路活動在完成數學題的那一瞬間就出現了。這就顯示，預設網路的啟動其實就像反射作用，是大腦偏好的存在狀態，是一有機會就要立刻返回的狀態。

在心理學中，**促發**（priming）指的是因為觀看或思考某件事後，受此刺激的影響，你會更有效率地準備完成某件事。例如，你看到「臉」這個字的情況。[17] 現在翻到下一頁，看看圖2.2。你看到什麼？你很有可能一開始看到的是臉，因為看見「臉」這個字促發了你，讓你的大腦準備好要看到臉。[18] 就像我們會在第五章看到的，有數據顯示大腦迅速確實地回到預設網路模式，同樣是為了促發我們做好有效社會思維的準備。

在我們執行特定任務時，例如，數學課計算數學題，或是歷史課研究古希臘陶器，預設網路就會停止活動。但是當大腦的事務都處理完畢，它又會回去找忠實老夥伴——預設模式。換言之，大腦的空閒時間都用在社會性思考了。無論是否有意識，大腦似乎一直在處理（或許是重新處理）社會資訊，同時促發我們做好準備面對人際社會生活。大腦或許是利用這個時間，將生活的新經驗整合到我們對他人的想法、他人之間的關係，或我們與他們之間關係的長期認識。它可能是從我們生活中最新的互動中擷取資訊，更新我們用來理解他人心思的一般規則。在剛出生兩天的嬰兒大腦，就能觀察到

圖 2.2　魯賓之盃錯視（Rubin’s Illusion）❶

這種神經網路的習慣模式運作，而成人一旦停下手邊的工作，大腦活動情形也是如此。基本上，**我們的大腦就是設定成：時常思考人際社會以及我們在其中的位置**。

如果從嬰兒時期直到成年，大腦都持續在做社會性思考的練習，那就意味著演化對我們成為社交專家的價值押了重注，也看重我們要隨時準備好做出社會性思考和行為。如此不斷地練習，不代表我們就有純熟完美的社交手腕。並沒有。但沒有這樣的練習，試想我們可能會變得多糟糕。大腦還有太多其他的選項，它可以設定將空閒時間投入在各種事情——學習微積分、改善邏輯推理能力，或是把我們看到的物體分門別類。每一種都有其適應價值（adaptive value）。但演化卻將賭注下在我們的社會性思考。

95%的人有朋友，是偶然嗎？

過去一世紀，心理學對人性的普遍看法漸漸認為我們是某種混合體，結合了爬蟲類本能驅使的動機傾向（motivational tendency），以及更為高等的高層次分析能力。我們的動機傾向從億萬年前由爬蟲類腦演化而來，並專注四件事：戰鬥（fighting）、逃跑

❶ 圖片改編自魯賓（Rubin, E., 1915/1958）。資料來源：D. C. Beardslee & M. Wertheimer (Eds.). Readings in Perception. Princeton, NJ: Van Nostrand, pp. 194–203.

（fleeing）、進食（feeding），以及遊蕩（fooling around）。相較之下，我們的智能是相當晚近的進展。而這些正是我們人類之所以獨特的因素。

靈長類動物有別於其他動物，以及人類有別於其他靈長類動物的其中一點，就是腦的大小——特別是**前額葉皮質**（prefrontal cortex），也就是位於眼睛正後方的大腦前側部分。大腦使得我們能從事各式各樣的智力活動。但這不代表我們的大腦是為了做這些事而演化。人類是唯一能學會下棋的動物，但沒有人會主張前額葉皮質的演化就是為了讓我們可以下棋。不過，前額葉皮質常被當成萬能電腦，而且幾乎任何軟體都能裝載（也就是可以讓它學習任何項目）。因此，前額葉皮質似乎是演化來解決新奇的難題，棋賽只是它能解決的無數問題之一。

從這個觀點來看，我們有思考人際社會的能力與傾向，似乎根本不足為奇。「其他人」可以被視為一連串有待解決的難題，因為他們就卡在我們與我們的爬蟲類欲望之間。如同前額葉皮質讓我們得以純熟掌握棋局，同理可知，萬能的前額葉皮質也可以學會純熟地掌握人際社交的棋賽——也就是說，學習一系列社會生活容許，且有利於自己優勢的棋路（社交策略）。從這個觀點來看，智力就是智力，無論是人際社會生活、下棋，還是為期末考用功，可以運用的範圍極廣。目前最廣為使用的智力測驗的創造者就支持這個觀點，認為社會智力只是「運用在社交情況下的一般智力（general intelligence）」。[19] 這個觀點暗示，社會智力並不特別，而我們對人際社會的興趣只是偶然——是我們遭遇到問題的結果。

我們用來判斷一項人類特徵是否偶然的標準之一，就是普遍性。我猜測全世界打棒球的人口不到一〇%，所以打棒球成了不錯的非主要能力選項。幾乎所有人都能學著打棒球，但真正打得好的人很少。相反，直立是人類普遍的特徵。學習語言也幾乎是普遍現象。合理的好視力也是。一項針對超過一萬三千人進行的研究中，九三%的人擁有良好的視力。[20] 以簡略的計算來看，九三%似乎是合理基準，可用來判斷某件事本身是否具備一定的重要性，足以促進演化適應。

由此看來，如果超過九五%的人表示有朋友，那還能推論我們喜好人群社交是純屬偶然嗎？[21] 如果以外星人的眼光來看，友誼是種古怪的現象。所有朋友都是從陌生人開始，大多是跟我們沒有共同基因的人，有可能代表一種未知的威脅。但是，這個人可能是我們最後選擇吐露內心深處祕密與脆弱的對象，或是我們對這個人的依賴程度超過世上其他人。友誼的存在，只在少數幾種物種中有記錄，但對人類而言，卻幾乎是普遍現象。[22] 也許我們如果有朋友，可以獲得更多資源，也許可以將朋友視為達成目的的手段。倘若如此，我們應該密切留意每一段友誼中的付出與獲得各有多少，才能確保我們得到了應得之物（並希望更多）。但朋友愈是親密，通常愈不會在意誰為對方做得更多或更少。[23] 通常朋友的主要價值，就在於知道自己擁有朋友的這點安慰。儘管朋友可能在許多地方對我們有直接幫助，但朋友就是朋友，通常這就是目的。

接著，再來談談臉書。世界上超過十億人有臉書帳號。臉書是人們在世界上最常拜訪的網站，超越Google、Yahoo!（雅虎）、eBay（電子海灣），以及Craigslist（克雷格列表）。網際網路支配我們生活的情形，是過去科技不曾有的能力。我們最常去的地方就是臉書，因為臉書提供的最佳交易是……什麼都沒有。如果臉書是一種宗教（有些人認為是），那可能是全世界第三大宗教，僅次於基督教（二十一億人）和伊斯蘭（十五億人）。美國人每個月投入八百四十億分鐘從事宗教活動，而使用臉書的時間有五百六十億分鐘。[24]

臉書提供的是一種有效率的方法，讓我們和生活中的其他人保持聯繫。臉書讓我們得以和那些無法如願常見的朋友保持聯絡，或是重新聯繫上過去的朋友，又或者重溫昨晚派對與所有在場朋友共度的歡樂時光。不管是網際網路或任何地方，最為成功的目的地正好是完全用於社交生活的地方，這僅是偶然嗎？

如果我們的社會性只是偶然，只是大腦為了達到自私的利己目標，而操控他人的另一個辦法，那我們還會無私幫助永遠不會謀面、對方也永遠不會知道我們善行的陌生人嗎？我們可能會出於許多理由而對他人付出，但其中一個原因是，我們天生對別人的困境感同身受且同情憐憫。當我們看到別人有危難時，至少有時候會想著，「一定要做點什麼。」一顯然這種同情常常發生。光是在美國，平均一年給全世界慈善團體的捐款就有三千億美元。[25]這可是一個大得驚人的偶然。

如果社會智力只是一般智力的隨機運用，我們理應認為同樣的腦區和兩種智力都有相關。若果真如此，那是合理的說法，但其實不然。一般智力及相關認知能力，例如工作記憶（working memory）與邏輯推理，與其相關的腦區通常位於大腦外側（或側面）表層（見圖2.3），而有關他人與自身的思維則大多是利用大腦中間（或中線）區域（見圖2.1）。[26]

此外，**支援社會思維與非社會思維的神經網路，通常目的相反——很像是神經翹翹板的兩端**。如果觀察一個人的大腦，當他沒有被要求特別做什麼事，我們會看到大腦的社會認知網路打開了。一般來說，社會認知網路打開愈多，負責其他非社會思維的一般認知網路就會關閉愈多。[27]同樣，當人在進行非社會思維時，

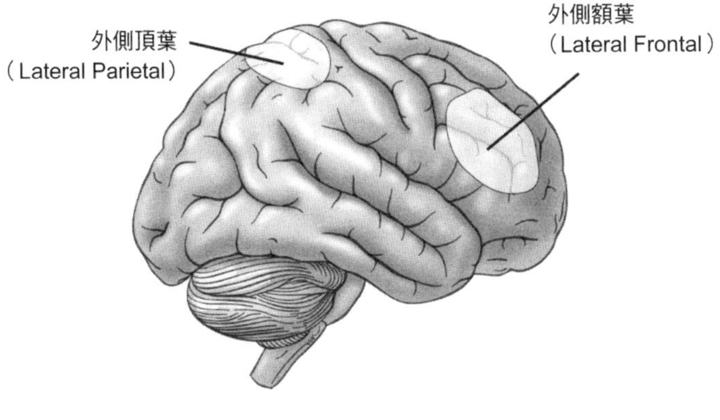

圖 2.3　與工作記憶相關的區域是外側額葉及頂葉區域

一般認知網路會開啟，而社會認知網路則關閉。（為了方便理解，我使用口語說法的「開啟」和「關閉」。但其實大腦區域並不會真的關閉，而是在某些情況下變得比較不活躍，在有些情況下相對活躍。）倘若進行非社會思維時，社會認知網路卻保持活化，通常會干擾我們的表現能力。[28]這個情形實在很難跟前面敘述的概念相容，也就是——前額葉皮質是萬能電腦，思考辦公室政治、下棋，以及計算稅金，都是採用相同的隨機存取記憶體（random-access memory, RAM）晶片。

社會認知與非社會認知仰賴不同的神經結構，這一點之所以令人難以相信，有部分是因為在我們擇一使用時，並**不覺得**有太大不同。這不像我們運用母語或剛學習的新語言說話，所感受到的明顯變化。也不像我們從「解決數學問題」的模式，轉換到「想像有個超級英雄飛過空中」，是截然不同的體驗。這些差異確實讓我們有不同的感受。但是，當我們從社會性思考轉成非社會性思考，感覺就像只是改變話題，不像轉變思考的方式。但這並不表示社會思維與非社會思維的差異並不真實，只是意味著這些差異對我們並不顯著。

我們至少有一種直觀的方式，可理解社會思維與非社會思維的差異。功課好的人和個性機靈、懂得看眼色的人很少合得來，多數人都同意這種常民智慧。這兩種智力似乎需要不同的能力，大腦各有不同的神經網路支援它們。最近一項針對亞斯伯格症（Asperger's disorder）兒童的研究，讓人更了解這種區別。亞斯伯格症被視為較輕微的自閉症，但同樣有許多與社會認知及社會行為相關的缺陷。然而，在抽象推理測試的表現，一群亞斯伯格症兒童確實優於同年齡的健康兒童。[29] 如果社會智力與非社會智力像翹翹板的兩端相互較勁，那麼奪走翹翹板其一端部分力量與優勢的缺陷，就會帶給另一端更大的影響。

人類的腦化程度是動物界的重量級冠軍

多數人所學到的教育都告訴我們，人類的大腦經演化變大，讓我們得以做抽象推理，進而又推動農業、數學，以及工程學，成為解決基本生存問題的複雜工具。但愈來愈多證據顯示，大腦變大背後的主要驅動因素之一，是為了促進我們的社會認知技能——與他人互動並相處融洽的能力。這麼多年來，我們一直認為眾人之中最聰明的人，分析技巧特別高超。但從演化的觀點來看，或許眾人之中最聰明的，其實是社交技巧最優秀的人。

在討論人腦為何比較大的原因之前，必須先知道人腦大於其他物種的腦，究竟有什麼意義。我們有無數方法可以比較彼此的腦——總體積、重量、神經元數量、皮質皺褶程度、灰質總體積，以及白質總體積。而這些只不過是冰山一角。

有個重要的基本事實就是，大腦尺寸可以相當準確地用身體尺寸預測。這代表大腦的絕對尺寸，跟維持及監測身體等功能大有關聯。身體愈大，監督身體所需的腦組織就愈多。

因此，真正體積龐大的動物，通常腦部也很大。當然，如果只考慮腦重量，人類絕對排不上名次。人腦的重量約為一千三百公克，大約與瓶鼻海豚的腦相當。[30] 非洲象的腦則將近人的三倍，為四千二百公克，有些鯨魚的腦可達九千公克。不過，說到大腦的神經元總數，人類則相對較優異。我們的腦約有一百一十五億個神經元，是動物界中的已知最高數字……但僅僅只是勉強勝出。虎鯨有一百一十億個神經元。如果智力只取決於擁有的神經元數量，我們可建立八十層的摩天大樓，虎鯨大概能建造七十五層的海底大樓。

儘管身體的大小和大腦的大小之間有強烈關聯，但若以身體大小的基本維生與監測功能所需來看，有些動物的大腦似乎偏大。動物大腦的大小偏離以身體的大小預期估算的程度，稱為**腦化**（encephalization）。一般認為，腦化代表大腦在控制身體之外，可以做其他事的閒置能力，例如發展智力。這時候，人類無疑是動物界的重量級冠軍。人類腦化的程度比排名最近的瓶鼻海豚高五〇%，幾乎是非人類靈長類動物的兩倍（見圖2.4）。而且正如我們所料，腦部較新生成的部分也呈現這種強化的腦化現象，例如前額葉皮質。[31]

大腦超大的能量消耗

那麼就腦化來說，相較其他動物，為何人類大腦的發展比例會大那麼多？要生成比較大的腦，動物需要耗費大量時間和能量。若說我們活著是為了供給大腦能量也不為過。以成年人來說，大腦占身體總質量約二%，卻消耗了（也就是新陳代謝）二〇%的能量。[32] 以早產兒來說，腦部消耗的能量大約占身體總新陳代謝的六〇%，出生的第一年都會維持這個速度，一直到童年期才會逐步下降至二〇%。

大腦超大的能量消耗，意味演化之所以會選擇腦部增長，只可能是因為腦部增長有助於靈長類動物解決攸關生存及繁殖的問題。這些問題包

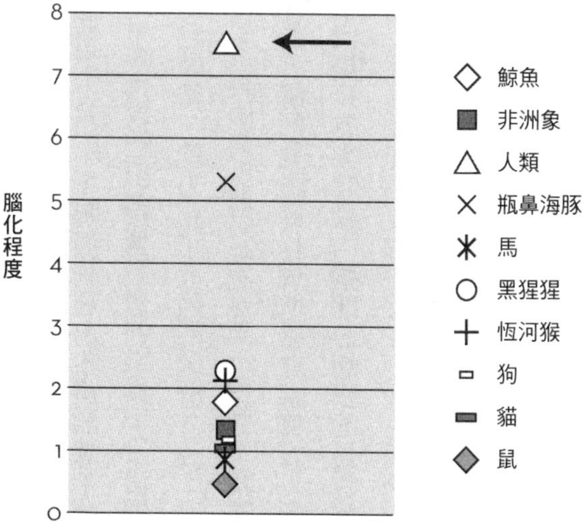

圖 2.4　各物種的腦化程度。箭頭指向人類[2]

[2] 圖片改編自 Roth, G., & Dicke, U. (2005)。Evolution of the brain and intelligence. *Trends in Cognitive Sciences*, 9(5), 250–257.

括：尋找及採擷食物，例如找到水果，以及卡路里含量比葉菜類飲食更高的肉類，避開掠食性動物，同時保護年幼的後代安全。那麼，較大的靈長類大腦究竟可以提供什麼樣的聰明巧思，協助解決這些生存問題？科學家提出三個主要假設。

第一個假設就是多數人本能會想到的：個體創新的能力。電視劇角色馬蓋先（MacGyver）就是這類智慧的原型。他是一個特工人員，不時遇到層出不窮的棘手狀況，於是他努力以創新方式結合手邊現有的家庭用品，製造出各種需要的工具，設法擺平麻煩。其中有一集故事，他只用一塊糖果和錫箔包裝紙，就阻止了危險的硫酸外洩。雖然我們的生活遇到爆裂物的狀況較少，但我們也是各有個人風格的馬蓋先。我們是問題解決者，無論遇到的問題是用手邊現有的材料煮晚餐，還是設法更有效地建立試算表。所有的靈長類動物都是程度不同的問題解決者。當我們提及有大容量的腦部，想到的是它讓我們個人在學習和解決問題時可以更靈巧聰明。儘管這是顯而易見的答案——或許這是你在中學的自然科學課學到的答案——卻不是正確答案。一個物種的創新能力程度的高低，並非預測該物種大腦的大小的最佳指標。

第二個假設著重在我們的社交能力。雖然人類這個物種非常善於發明解決問題的方法，但單一個體的表現卻未必有那麼好。我的兒子伊恩（Ian）四歲時，很喜歡玩電玩《超級英雄》（*Super Hero Squad*）。我和妻子娜歐蜜（Naomi）總是得陪他玩這遊戲，因為他動不動就卡關。這個遊戲要解決一連串的難題，伊恩的年紀還沒大到有辦法自己解決。遊戲裡每五個難題，伊恩大概只有辦法解決一個。同樣這五個難題，我和娜歐蜜只能解決兩、三個。要想出所有的破關方法真的太難了。顯然，我們年紀太大而解決不了問題，因為我們破關前進的辦法，是看YouTube網站一個小伙子一邊成功過關，一面解釋訣竅的「遊戲攻略」影片。

換句話說，人類整個物種並非因為各個都是創新者而勝過其他物種。而是我們之中有一人或多人（以這個例子來說，就是一個年輕的電玩高手）為共同的問題想出了解決辦法，剩下的人藉由模仿或接受指導，從這個人身上學會解決的方法。或許我們發展出較大的腦，是為了改善模仿或社會學習的能力？儘管，進行越多社會學習的物種的腦部大小確實比較大，但最後發現，這也不是跨物種間預測物種腦部大小的最佳指標。

社會腦假設，更大的腦有利於生存

為何人類擁有比較大的大腦，第三個假設則是，有了較大的大腦，我們才能和彼此連結合作。如果需要你獨力一人建造房子，你能做到多好？你能自己建造一棟小木屋？砍樹和搬運木材時，如果能多幾雙手幫忙，是不是就容易得多。一方面，社會基礎可以視為一種協議，如果你幫我建造小木屋，我就幫你建造你的小木屋當作回報。所有人都有更好的房子，大家都受益。非人類靈長類動物不做建造小木屋這種事，但牠們成功處理生存問題的能力，也能藉由共同解決問題而大有改善——協調合作行動。如此一來，對靈長類動物而言，生存就不是零和遊戲了。

一九九〇年代初期，演化人類學家羅賓．鄧巴（Robin Dunbar）提出頗引發議論的說法，他指出，大腦新皮質變大的主要原因，是為了讓靈長類動物能生活在更大的團體，並更積極交際往來。[33] **新皮質比**（neocortex ratio）是指新皮質尺寸相較於大腦其他部分的尺寸大小。[34] 鄧巴等人羅列的證據令人印象深刻。如果新皮質的尺寸與影響大腦尺寸的三個潛在驅動因素（個體創新的能力、社會學習能力，以及團體大小）的差異相關，那團體大小就是預測新皮質大小最有力的預測因子。[35] 鄧巴在第一個研究中，比較團體大小與非社會性智力指標，發現雖然兩者與新皮質比皆有相關，但團體大小是更理想的預測因子。後來的研究證明這些影響在額葉最為強烈。[36]

利用這一系列研究結果得出的等式，鄧巴根據新皮質比，估算每一種靈長類動物有效且具凝聚力的社會團體最大規模。他的分析顯示，以人類來說，這個數字約為一百五十，是靈長類動物中最大的數值。這也被稱為「鄧巴數字」（Dunbar's number）。[37] 後來發現有相當大量的人類組織，大多就是以這個規模運作。例如，遠自西元前六千年一直到十八世紀，推算的村里規模都趨近一百五十人。[38] 古代與現代軍隊也是以約一百五十人為單位編制。

人類的大腦變大並不是為了創造更多馬蓋先。人類的大腦變大，是為了讓我們能在看完《馬蓋先》（*MacGyver*）影集後，渴望和其他人聚在一起討論。我們的社交天性並非是擁有較大腦部的偶然。增進社會性的價值，才是我們為何演化出更大的大腦的主要原因。

恰如其分的團體

生活在較大的團體，有什麼好處？為什麼演化藉由增加大腦的大小，鼓勵擴大我們的團體規模？大團體最顯而易見的優點，就是可以策略性避開掠食性動物，或是更有成效地對付掠食性動物。[39] 當你擔心自己可能成為別人的食物時，很難專心覓食，而且獨自在野外尋找食物也很危險。反之，一群猿猴合作就可以權衡覓食的時間，也能提防掠食性動物。這是一大優點。

而大團體的缺點，則是團體內部成員之間對食物和交配對象的競爭會升高。如果你獨自一人努力覓食，找到了就是你的。但團體愈大，團體中愈可能有其他人會企圖竊取你的食物。擁有強大社交技巧的靈長類動物，可以藉由和團體中的其他成員結盟或締結友誼，限制這種缺點。[40]

假設有兩隻黑猩猩史密斯與強森。強森經常被史密斯欺負，強森的地位相對低下，但如果牠能和地位更高的布朗結盟，有助於保護牠不受史密斯欺負。因為布朗的地位高，牠知道自己若在強森與史密斯衝突時，站在強森這一邊，史密斯會立刻罷手，不想對上地位較高的黑猩猩。這對地位高的布朗是一筆很划算的交易，因為牠能從地位低的夥伴強森那裡獲得更多好處（例如清潔梳理），又不會有和史密斯真的起衝突的風險。

即便是黑猩猩的團體，也有許多社會動力（social dynamics）在運作。史密斯、強森，及布朗要形成對各方都有利的同盟，必須掌握大量的社會資訊。牠們必須了解每隻黑猩猩相較於自己的地位，也需要知道每隻黑猩猩與其他黑猩猩的地位關係。如果一個團體裡只有五隻黑猩猩，每隻黑猩猩需要了解十組黑猩猩對黑猩猩關係的社會動力。十五隻黑猩猩的團體，則需要充分了解一百組黑猩猩對黑猩猩的關係。將團體規模增加到三倍，四十五隻黑猩猩就有一千組關係了。等到達鄧巴數字，一個有一百五十個成員的團體，就需要考慮超過一萬組可能的關係。[41] 所以可以想見，為何更大的大腦能派上用場。儘管附屬一個團體有莫大的好處，但那也只會發生在你知道如何掌握機會並形成正確的聯盟，避免團體生活的不利之處。要達到這點，需要廣泛的社會知識能力。

而人類當然也一樣。舉例來說，每年有幾千名大學生申請美國最負盛譽的博士班。獲得錄取的人，大都是因為有人替他們寄了極具說服力的推薦信。這些推薦信同樣容易受到各大學校園氾濫的分數膨脹（grade inflation）影響。因此，評價大多從「優異的學生」到「最為優異的學生」。看到這些信時，對我來說，誰寫這封信比內容寫什麼更重要。當一位社會神經科學家或情緒神經科學家同行寫了一封熱情盛讚的推薦信，對我來說極有意義，因為下次這個人和我在研討會碰面時，可以對我解釋一二。相反，人類學教授也可能不管應試者有什麼缺點，就寫一封熱烈稱讚的信，因為我可能不認識那些教授，而他們也不用對我負責說明。基於這個理由，他們的推薦信對我來說就沒有太多分量。而結論就是，一個大二學生若想要在幾年後拿到博士學位，當他考慮要自願加入哪個實驗室工作，如果預先知道，未來他攻讀博士學位時希望拜入門下的教授對系上某個指導老師有何看法，對他會有實際好處。這是複雜的社會認知。

人類創造的許多重要創新發明——蒸氣引擎、燈泡，以及X光——都是由少數個人創造，再與世界分享。絕大多數的人類活上一百輩子，大概也想不出這些解決辦法。我就知道自己不可能。多數人很少能創造出推動文明的東西。但每個人都需要順利穿越複雜的社會網路，才能在個人生活與事業獲得成功。靈長類動物的大腦變大，以便有更多腦部組織專用於解決這些社會性問題，我們才能在收獲團體生活的益處之餘，減少需要支出的代價。

PART 2

社交天性適應之一：連結

我們永遠無法跳脫社會排斥的痛苦，就像我們永遠無法超脫生理飢餓的痛苦。我們這一生會一直對社會連結有強烈需求。與照顧者保持連繫是嬰兒的首要目標，而我們這個物種成功與照顧者連結的代價，就是終其一生都需要受人喜愛，以及伴隨這個需求而體驗到所有社會痛苦。

第三章

心痛比想像更真實

Broken Hearts and Broken Legs

一個醫生給三個病人看診。第一個病人抱怨頭痛。醫生說，「吃兩片泰諾止痛藥，明天上午回診。」第二個病人跛著一條腿蹣跚走進來說，「醫生，我想我的腳踝扭傷了。我該怎麼辦？」醫生說，「每天吃兩片泰諾，一星期後回診。」第三個病人走進來時，整個人幾乎無法維持鎮定，她說，「醫生，我的心碎了。我該怎麼辦？」醫生毫不遲疑地說，「每天兩片泰諾，一個月後回診。」這是真的嗎？

喜劇演員傑利・盛菲德（Jerry Seinfeld）常說這個笑話：「根據大部分的研究，人的頭號恐懼就是公開演說，第二是死亡。這樣聽起來對嗎？這表示對一般人來說，如果你去參加葬禮，最好你是躺在棺材裡的人，而不是公開致悼詞的那個人。」這個精簡有力的即興笑話，是根據一九七三年針對二千五百人進行的未公開調查，其中四一%的受訪者表示害怕公開演說，只有一九%表示害怕死亡。[42] 儘管這個不盡可信的排序並未在太多研究中出現，但公開演說在我們的深層恐懼名單向來名列前茅。我們的「前十大」恐懼名單通常分為三類：與重大身體傷害或死亡有關的事，失去摯愛之人或摯愛之人的死亡，以及公開演說。

對於身體會受傷害的恐懼，自然是我們最初為何會演化出恐懼感受的原因。對危險威脅缺乏基本恐懼的先祖，大概永遠成不了我們的祖先，因為他們存活的時間不足以生育繁殖。就演化的意義來說，恐懼失去摯愛的人也合理，因為他們有助於延續我們的基因。但害怕公開演說？達爾文對這一點沒有提出什麼說法，因為公開演說和生存沒有明顯的連結。那麼我們想到在公開的大眾面前說話時，到底在害怕什麼？大家都說話，而且多數人和家人朋友，或同事說話時都相當自在。所以，並非是說話本身讓我們焦慮緊張。而是公開演說的「公開」讓許多人驚駭——無論是在十多個、上百個，還是上千個陌生人面前說話。

你可能跟我成長時期一樣，看過一些課後時間的電視特別節目。六年級生在人山人海的大禮堂對著其他學生演說。他說得結結巴巴，成了全校的笑柄（直到他做了出人意料的英勇行為，贏得校花的芳心）。我猜大部分人都有種和這個場景相似的恐懼。我們害怕所有人會覺得我們愚蠢或能力不足。我們害怕所有人排斥我們。事實上，在一大群觀眾面前說話，或許會瞬間將可能排斥我們的人數擴張到最大。

令人好奇的是，說話的主角可能不認識，或不關心在場的多數觀眾。那觀眾的想法為何那樣重要？答案就是——被排斥的感覺令人受傷。問問自己，人生最痛苦的一、兩次經驗是什麼。你會想到腿斷了，或重重摔一跤的生理痛苦？我猜，你最痛苦的經驗至少有一次和我們所稱的**社會痛苦**（social pain）有關——愛人死去的痛苦，被所愛之人拋棄的痛苦，或是在他人面前遭到某種公開羞辱的痛苦。[43] 為什麼我們會將這些事件聯想到**痛苦**這個字眼？當人類的社會連結遭受到威脅或傷害時，大腦的反應跟面對生理疼痛的反應一樣。

帶著大腦袋出生

為什麼我們的大腦會這樣設計，讓破碎的心跟斷掉的腿感覺一樣痛？為何受到排斥的感覺那麼傷人，其中一個原因是演化要把我們變得更聰明，而大一點的腦是最容易的方式。一個物種若大腦尺寸相較於身體尺寸的比例偏大，會比其他物種更聰明。而且我們討論過，成年人類的大腦尺寸相較於身體尺寸尤其大。要產下頭大的嬰兒並不容易，生產過的婦女都能證實這點。[44] 嬰兒身體的其他部分要穿過產道「相對」容易，但頭部通常很勉強。有鑑於女性骨盆的形狀，嬰兒必須在那個時候生下，因為如果任由大腦繼續成長，人類嬰兒可能生不下來。

人類嬰兒的腦部大小通常只有成年人的四分之一。這意味大腦的發育絕大部分發生在出生之後。雖然大腦會在子宮時盡量發育成熟，但還是將大半發育工作留在出生之後。這種情況的好處是，能讓我們的大腦得以根據置身的不同特定文化，視其環境調整，逐步完成發展，以便在特定環境之中運作。而未成熟的大腦的缺點就是，嬰兒的能力不足以靠自己存活。[45] 人類嬰兒出生之時毫無自理能力，而且這種狀態持續數年。事實上，我們至今仍是哺乳類動物之中未成熟時期最長的物種。（許多家長會很樂意告訴你，這個未成熟時期延續到二十幾歲！）而人類的前額葉皮質也確實要到出生的第三個十年才完成發育。[46] 雖然人類是出生時最不成熟的哺乳類動物，但所有哺乳類動物多少都有這種特質。我們帶著未成熟的神經系統出生的傾向，可追溯到二．五億年前最早的哺乳類動物，而這是我們成為如今這般社會性動物的第一步。

翻轉馬斯洛

一九四三年，知名新英格蘭心理學家馬斯洛（Abraham Maslow）在一份頗負聲望的期刊發表一篇論文，描述人類的「需求層次」（hierarchy of needs）。[47] 他所指的層次一般形容為金字塔般的層次（見圖3.1）。馬斯洛指出，我們在需求金字塔逐步向上，會先滿足最基本的需求，等到這些都滿足了，再接著往上到下一組需求。

金字塔的底部是生理需求，例如食物、水，和睡眠。金字塔往上一層主要集中在我們的安全需求，例如，擁有遮風避雨的地方和身體健康。生理需求和安全需求確實都是基本需求，可用大寫的N來代表。任何人都不能缺少這些需求。而金字塔剩下的部分包含「如果能得到更好」的需求，或者以小寫的n代表。我兒子可能會說他需要再多一球冰淇淋，但他其實只想要一球；沒有這球冰淇淋，他也活得下去（即

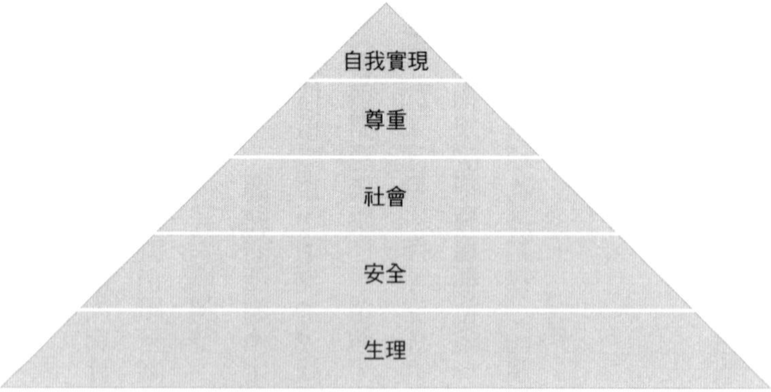

圖 3.1　馬斯洛的需求層次 ❶

使他認為自己會活不下去）。以馬斯洛的金字塔來說，剩下的需求就像額外的冰淇淋——愛、歸屬感，以及受尊重。而自我實現（self-actualization，也就是充分發揮自己的潛能）則是錦上添花，屬於最高層次的需求。

問問身邊的人，他們需要什麼才能存活，答案十分可能取自金字塔底層，像是食物、水，和一個棲身之所。嬰兒也需要食物、水，和棲身之所。差別在於嬰兒無法靠自己取得這些。說到靠自己求生，他們一無是處。

從樹鼩到人類嬰兒，所有哺乳類動物幼兒從出生的那一刻起，真正需要的就是照顧者全心投入，確保年幼的哺乳類動物的生理需求得到滿足。倘若真是如此，那麼馬斯洛就錯了。若要修正，我們必須將社會需求挪到金字塔的底層。食物、水，和棲身之所**就不是**嬰兒最基本的需求。取而代之的是，保有社會連結以及得到照顧，才是最主要的需求。沒有社會支持（social support），嬰兒永遠無法存活到成為能夠自給自足的成人。[48] 保有社會連結是大寫N的需求。就像第二章提到的預設網路，這樣重組馬斯洛的金字塔，讓我們發現了「我們是誰」的關鍵重點。愛與歸屬看似是可有可無的便利事物，沒有也能活下去，但我們的生物結構卻被建造成渴望連結，因為那是攸關最基本的生存需求。我們將會看

❶ 圖片改編自 Maslow, A. H. (1943).A theory of human motivation. *Psychological Review*, 50(4), 370。

到，連結是三個適應之中支持複雜社會性的第一點，而且我們的連結需求是建立另外兩個社會適應的基石。

為什麼我們會感到痛苦？

一個醫生給三個病人看診。第一個病人抱怨頭痛。醫生說，「吃兩片泰諾（Tylenol）止痛藥，明天上午回診。」第二個病人跛著一條腿蹣跚走進來說，「醫生，我想我的腳踝扭傷了。我該怎麼辦？」醫生說，「每天吃兩片泰諾，一星期後回診。」第三個病人走進來時，整個人幾乎無法維持鎮定，她說，「醫生，我的心碎了。我該怎麼辦？」醫生毫不遲疑地說，「每天兩片泰諾，一個月後回診。」這是真的嗎？當然不是。沒有醫生會因為病人遭受「被排斥」的感覺開立止痛劑。但這個故事頗有啟發意義，因為我們的反應透露了我們對痛苦的看法。

痛苦是一種令人深感興趣的現象。一方面，痛苦非常令人不快，有時候極為折磨人。但痛苦卻是促進我們生存最根本的適應之一。將近二〇%的成年人患有慢性疼痛，導致他們承受了無數虛度的工作日及深度憂鬱。最近一份研究估計，光在美國國內，疼痛一年造成的生產力損失就超過六百億美元。[49] 慢性疼痛如此可怕，但感覺不到痛苦卻更悲慘。先天性痛覺不敏感的小孩感覺不到疼痛，通常會在出生後幾年死亡，因為他們會殘忍地傷害自己，往往死於致命性的感染。[50]

痛苦也是社會許多道德決策的核心。從斷頭台到注射死刑，死刑執行方式的創新被視為一種進步，因為在過程中將死刑犯的痛苦降到最低。以整個社會來說，接受「由國家判決某人死刑」決策的民眾，多於接受「由國家對某人施加痛苦」決策的人。胎兒究竟能不能感受到痛苦，也在爭辯墮胎議題時被提出討論。同樣，哪些動物能感覺到痛苦，往往也會在談論哪些動物可以當成食物犧牲時提起。[51]

但前述的每個例子，談的都是生理疼痛。而我們面對社會痛苦——社會連結真的出現損害的痛苦，或是預感社會連結會受到損害時的痛苦，又是什麼反應？當有人說，「他傷了我的心。」我們知道這是一種譬喻。沒有人會誤以為這是醫療緊急狀況（「我們只有短暫時間可以修補破碎的心。護士，電擊器兩百伏特。所有人保持距離！」）。多數人普遍認為社會痛苦並非真正的痛苦，這裡的「痛苦」不過是一種修辭比喻。

真正的痛苦（也就是生理痛苦）在我們的生存扮演必要的角色。每個大寫N需求都有個相應的生理痛苦，那是需求沒有獲得滿足時，我們會感受到的大寫P痛苦。缺乏食物會飢餓，而這種匱乏的痛苦狀態會激勵我們尋找食物。缺乏水會口渴，如果無法止渴，同樣也會造成痛苦和本能驅動作用。身體受傷會產生生理疼痛，刺激我們尋找避難所休息，以便身體自行痊癒。

如果，我們的社會需求確實就是大寫N的基本生存需求，那麼沒有滿足社會需求所感受到的痛苦，應該也是大寫P的痛苦。這個觀點是由知名神經科學家保羅・麥克蘭（Paul MacLean）提出，他寫道，「分離的感覺會讓哺乳類動物深感痛苦。」[52]那麼，生理傷害的痛苦和社會傷害的痛苦之間有關聯嗎？

尋找社會痛苦的基礎

我和我的妻子心理學家娜歐蜜・艾森柏格（Naomi Eisenberger）研究社會痛苦至今超過十年（她的研究時間又比我更長）。[53]接下來，我會試著說服你，社會痛苦是一種真正的痛苦。但我必須老實告訴你——至今我內心仍有一部分覺得難以接受。生理痛苦與社會痛苦看似有如天壤之別，每次感受到生理痛苦，我可以明確指出身上感覺到疼痛的地方；想必是產生疼痛的那一點有某種失調障礙或組織損傷。然而，當我感覺到社會痛苦，我該指向哪裡？

事實上，在我們的生活中，比起我們感受過的心理經驗，例如看到紅色正方形，發現冥想的寧靜，或是期待愉快的第一次約會，生理的疼痛並未更具體有形。在此，有兩種截然不同，但同等重要的方法，可以解釋前面這段話。首先，痛苦**沒有**我們向來想像的那樣具體有形。我們知道這一點，是因為痛苦能透過暗示的力量大為緩和，例如，催眠或安慰劑療法。[54]確實曾有案例，只靠催眠的影響而對個人進行外科手術，不用麻醉藥也沒有產生痛苦。在研究痛苦的實驗中，受試者光是預期即將遭受的電擊會非常痛苦，就可能讓電擊比實際感覺更痛苦。[55]**各種心理障礙，通常也會改變我們對生理疼痛的敏感度**，例如焦慮和憂鬱。痛苦或許並非完全是你的心理作用，但是痛苦受心理作用的影響程度遠超出多數人的理解。

把「生理痛苦」與「期待第一次約會」相提並論，還有第二種解釋。我們以為的純粹心理活動，其實比我們所想的**更為**具體有形，因為所有心理活動都根植於大腦內的生理歷程。所謂冥想的寧靜，是大腦與身體出現生理化學反應與神經認知歷程的結果。如果與他人交往的喜悅，並沒有在大腦中具實際的生理基礎，那麼一顆藥丸也絕不可能塑造及誘發這些感覺，而那正是迷幻藥的作用。不然，我們還能如何解釋，在選擇性消耗大腦血清素的酒精作用之後，會讓人對遭受羞辱的瞬間更加敏感？[56]我並非暗示要去除心理層面。我不是化約論者❷。而是在日常生活中，我們往往給痛苦和情緒之類的東西建立人為的區

---

❷化約論（Reductionism），是一種哲學思想，認爲複雜的系統、事務、現象可以通過將其化解爲各部分之組合的方法，加以理解和描述。

別。然而，痛苦、情感，以及所有體驗感受，必然同時表現了心理與生理歷程。

根據這個觀點，像社會痛苦如此看似抽象的東西，若說從大腦的角度來看也跟生理疼痛一樣具體且同樣痛苦，並不是不可能。我倒不是暗示生理痛苦與社會痛苦一模一樣。沒有人會把折斷了手臂的感覺跟被女友甩了混為一談。[57] 社會痛苦的記憶遠比生理疼痛的記憶強烈許多。不同種類的痛苦，感覺各不相同，而且各有不同的特徵。我想說的是，社會痛苦是真實的疼痛，就像生理痛苦是真的疼痛。了解這一點，對於如何思考我們及身邊人遭遇的社會苦惱（social distress）具有重大意義。

有個明顯的跡象顯示，社會痛苦與生理痛苦類似，那就是我們談及社會痛苦時所使用的語言。當我們形容社會排斥或失落的感覺時，多數使用的詞彙都與生理痛苦相關。我們會說，「她讓我心碎」或著「他傷了我的感情」，也可能說女朋友的離去「就像肚子挨了一拳。」心理學家發現，聽起來像隱喻的語言通常沒有最初想得那麼像比喻。[58] 一講到社會痛苦，全世界各地的語言都盛行以生理痛苦的詞彙譬喻。[59] 例如拉丁語系中的西班牙語和義大利語就是如此，這些語言和英語有共同的根源；而亞美尼亞語、中文，和藏語也同樣如此。如果其中沒有關聯，這種比喻不可能在全球各地一再出現。

小猴子愛鐵絲媽媽，還是布媽媽？

社會痛苦是真實痛苦的第二個證據就是，年幼的哺乳類動物與主要照顧者分離時顯現的分離焦慮。養育過嬰兒的人都能觀察到，當母親離開孩子時，孩子可能出現激烈且持續不斷的哭泣與不安。一九五〇年代，心理學家約翰．鮑比（John Bowlby）提出**依附**（attachment）概念，[60]解釋他與其他人在二次世界大戰期間，觀察住在育幼院的孤兒與遭遺棄兒童得到的結果，那些兒童在成長過程得不到一般兒童感受的溫暖、愛，以及情感。他假定，每個人天生帶有一個依附系統，負責監測我們與照顧者是否親近，而且在我們與照顧者拉開距離時，這個依附系統就會發出警報。這個警報在內心的表現是痛苦不安，並迅速變成響亮的哭聲，是一種用來通知照顧者找回嬰兒的分離呼救信號（distress call）。

依附的不安感絕對是社會性的；那其實是對嬰兒本身，也是給嬰兒周遭的人發出的信號。就像無線對講機，依附系統只在嬰兒與照顧者有連結時起作用。如果嬰兒一出生就有的依附系統，會隨著成年而漸漸消失，那麼成人對於嬰兒的哭聲，很可能會置若罔聞，起不了情感波瀾。幸好，讓我們在嬰兒時期與照顧者分離時引起哭喊的依附系統，在我們長大後，使我們同樣會對自己寶寶的哭聲產生反應。所有人都繼承了一套延續終身的依附系統，也就是說，我們永遠無法跳脫社會排斥的痛苦，就像我們永遠無法超脫生理飢餓的痛苦。[61] 我們這一生會一直對社會連結有強烈需求。與照顧者保持連繫是嬰兒的首要目標，而我們這個物種成功與照顧者連結的代價，就是終其一生都需要受人喜愛，以及伴隨這個需求而體驗到所有社會痛苦。

與鮑比同時代的心理學家哈利・哈洛（Harry Harlow）在幾個有史以來最引人側目的心理研究中，仔細觀察靈長類動物的依附歷程。[62] 他以恆河猴作為他的研究對象，當時是一九五〇年代，正值行為學派的全盛時期，對那時候的動物研究人員來說，類似愛與依附等概念是禁忌。幼兒對母親有明顯的情感依附，被當成是聯想學習❸。換句話說，這種行為學派的看法認為母親的溫暖、氣味和感覺，會令人聯想到原始增強物❹，例如食物。根據這個說法，幼兒「在乎」母親，只因為母親的存在和滿足他們需求有統計上的關聯性。按照這個觀點，假如每當餵食行為發生時，現場都有一張巴瑞・曼尼洛（Barry Manilow）的海報，那麼嬰兒將會成為曼尼洛的粉絲，因為他們會把曼尼洛與食物供給聯想在一起。哈洛並不認同這種觀點，於是就此進行試驗。

哈洛把剛出生的猴子和牠們的母親分開。替代母猴的是，哈洛在實驗室設置的兩個母親替代品。第一個替代品是「鐵絲媽媽」，以鐵絲網構成的骨架，大略組裝出成年猴子的形狀，並提供新生猴生存必要的奶水。另一個替代品「布媽媽」，是個木頭外面包上一層海綿橡膠，最外面的表層是毛巾布，也是大略做出成年猴子的形狀，但這個布媽媽不提供奶水。

接下來，哈洛開始觀察幼猴更依附哪一個母猴替代品：是讓幼猴聯想到有營養食物的那一個鐵絲網媽媽，還是感覺更像真正母猴的布媽媽。研究結果清楚明白，又意味深長。幼猴出生不久後，一天有將近十八個小時與布猴子親近接觸，幾乎不跟提供食物的鐵絲猴子在一起。顯然，以食物聯想理論解釋幼兒依戀母親的說法是錯的。這些猴子會依附感覺更像真實猴子的東西，無論它是否提供食物營養。

自哈洛的研究以後，在各種哺乳類動物都發現到有社會依附的現象。由於所有的哺乳類動物出生時都無法獨力照料自己，皆有類似需求——和父母或照顧者維持聯繫。在各種哺乳類動物之中，包括老鼠、草原田鼠、天竺鼠、牛、羊、非人類靈長類，以及人類，科學家都發現有**分離焦慮發聲**[63]——幼兒與照顧者分離時發出的哭聲，通常會促使照顧者找回幼兒。分離也會導致可體松❺分泌增加，[64]以及長期社交與認知功能不足。五歲以下的

❸ 聯想學習（associative learning），是把兩項事物配對在一起的學習方式。

❹ 原始增強物（primary reinforcer），是指未經學習而本來就具有增強行為之作用的刺激或事物。不須透過學習就能增強，通常是能直接滿足或是傷害生理需求的事物。例如：食物、水、電擊。

❺ 可體松（cortisol），屬於腎上腺分泌的腎上腺皮質激素之中的糖皮質激素，在應付壓力中扮演重要角色，又被稱為「壓力荷爾蒙」。

兒童，若因為長期住在醫院，而與父母長時間分離，可能因此逐漸發展成長期行為與讀寫能力不足。[65] 而失去父母的兒童，十年之後仍會出現可體松升高的反應。[66] 這類童年早期的壓力源，也可能導致某個與在社會環境中自我調節（self-regulation）有關的重要腦區發生變化，[67] 這點在第九章有更詳細的討論。

一九七八年，情緒神經科學領域的傑出學者潘克沙普（Jaak Panksepp）提出假設，社會依附是附著在生理痛苦系統之上運作，而且是透過鴉片類藥物❻作用。（內源性）類鴉片是大腦天然的止痛藥，[68] 它們在大腦產出經釋放後，可減輕痛苦的感受。這就是為什麼合成的鴉片劑嗎啡是功能強大的止痛劑。和所有鴉片劑一樣，嗎啡有很大的成癮性。潘克沙普注意到動物的依附歷程也有類似的情況，分離似乎會引起藥物戒斷般的痛苦，而重新連結似乎有止痛劑的作用。此外，嬰兒與照顧者表現對彼此的關愛，也符合對成癮的描述。

最早，潘克沙普是對一群小狗測試他的社會痛苦假說。當小狗被孤立時，會發出分離焦慮的哭聲。不過，給予小狗低劑量嗎啡後，就能大致消除分離焦慮哭聲了。此後，他們證明了非鎮靜劑等級的鴉片劑，能減少各種哺乳類動物的分離焦慮哭聲。[69] 此外，母親與嬰兒之間重新連結，也會自然提高雙方的鴉片劑歷程作用。[70] 這表示對減輕生理疼痛有用的神經化學物質，或許也是減輕嬰兒社會分離不安的重要因素。這是第一個確鑿的證據，顯示大腦對待社會痛苦與生理痛苦的方式相近。

痛苦不適感的起源

我們聯想到人類的社會痛苦時，腦海中很容易浮現一些電影般的常見畫面。我們會想到在體育課的最後一刻才被同學挑中組隊、被另一半拋棄，或是摯愛之人死亡。

基於顯而易見的理由，我們不會在人被排斥、拒絕，或欺騙之後，對人類做一些用上嗎啡的實驗。[71] 不同於潘克沙普對待小狗的方式，我和娜歐蜜・艾森柏格並未人為操縱鴉片類藥物的濃度，而是使用fMRI研究社會痛苦的感受在人類大腦如何呈現。

為了了解社會痛苦與生理痛苦之間的關聯，我們主要聚焦在稱為**背側前扣帶皮質**❼的腦區（dorsal 意思是靠近大腦頂端，anterior 意思是靠近大腦的前方），少部分留意**前腦島**（anterior insula, AI，見圖3.2）。**扣帶皮質**（cingulate cortex）是長形腦結構，從大腦的

---

❻ 鴉片類藥物（Opioid），是一種具有嗎啡作用的化學物質。主要用途是鎮痛。鴉片類藥物透過中樞神經系統和消化系統的鴉片類受體（Opioid receptor）起作用。這些鴉片類受體能引發有益的藥物作用或藥物不良反應。鴉片類藥物可劃分為以下幾類：天然鴉片劑（例如，嗎啡）、內源性類鴉片（由人體天然產生，例如腦內啡）、半合成鴉片劑、合成鴉片劑。

❼ 背側前扣帶皮質（dorsal anterior cingulate cortex, dACC），主要參與人類一系列的行為，包括認知控制、基於強化的學習、疼痛、情緒調節、動作功能等。

後方延伸到前方，在中線或者說腦部的中央，緊附在胼胝體（corpus callosum）上。扣帶（cingulate）這個名詞來自拉丁文 cingere，意思是腰帶或環形物，而扣帶皮質看起來就像胼胝體的腰帶。為了更清楚了解這些區域，你可以用 Google 圖片搜尋，瀏覽搜尋到的影像。除了我這裡提供的單一圖片，那些圖像可讓你更具體想像腦區彼此的關係。在網際網路你可以找到無數張各個腦區的圖片。

研究社會痛苦與生理痛苦的關聯，為何會指向前扣帶皮質（anterior cingulated cortex, ACC），特別是背側前扣帶皮質，理由有四。[72]

首先，前扣帶皮質是哺乳類動物有別於我們爬蟲類祖先的神經適應之一。我們有扣帶皮質，而爬蟲類沒有。所以我們可以很合理地推測，最先出現在哺乳類動物的新心理

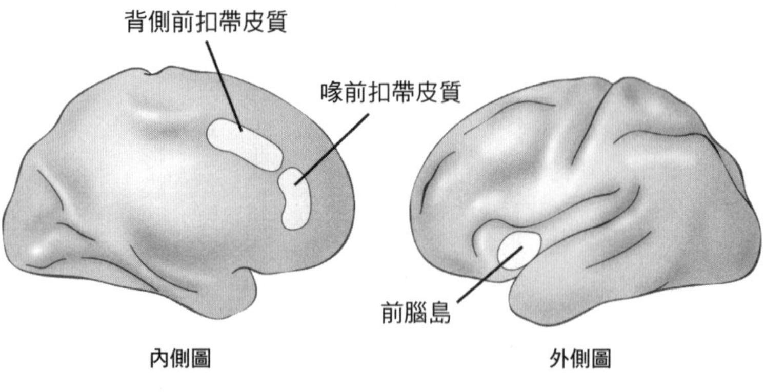

圖 3.2　背側前扣帶皮質，喙前扣帶皮質（rostral anterior cingulate cortex, rACC），以及前腦島的位置圖示

歷程，例如依附和社會痛苦，可能與哺乳類動物新的大腦結構有關聯，例如前扣帶皮質。第二，前扣帶皮質的鴉片類受體是大腦所有區域中密度最高的，所以生理與社會痛苦可能與這個區域大有關係，也相當合理。[73]第三，研究已知，背側前扣帶皮質對感受生理痛苦有重要作用。最後，背側前扣帶皮質和各種非人哺乳類動物的母嬰依附行為有關聯。接下來，我們就依序來看背側前扣帶皮質的最後兩個作用。

過去二十年來，從神經解剖學來看，我們對大腦內的疼痛處理歷程已有相當多認識。痛苦的生理感覺與痛苦的心理不適，兩者牽涉到的是不同組的大腦皮質區域。**痛苦的感覺輸入**告訴我們，疼痛來自身體的何處以及疼痛刺激的強度。[74]位於大腦後半部的兩個區域，**體感覺皮質**（somatosensory cortex）及後腦島（posterior insula），追蹤疼痛或痛苦的感覺。**體感覺皮質**劃分身體不同的部分，各有不同的區域對應雙腿、雙手，或臉部的疼痛。（同樣的區域對相應區域的非疼痛碰觸也會有反應。）後腦島持續記錄我們內臟器官的疼痛感覺（也就是我們的直覺感受）。相反地，位於大腦前半部的背側前扣帶皮質和前腦島，則對應**痛苦的不適感覺**——將疼痛或痛苦變成我們不喜歡的感覺。

由於在我們感受時，疼痛像是單一感覺，所以要把疼痛感受想像成有可分解的成分，實在違反直覺。這是大腦運作常見的把戲。任何感受大都有多種不同成分，但是等感受到達意識，就整合為宛如完整的事件。

想像看著一個人穿越馬路，那就像流動的感知。事實上，這是有許多不同腦區共同合作，所協調出的體驗感受。[75]視覺皮質（visual cortex）的部分區域將你看到的所有線條和稜線（垂直線、水平線，和對角線）等資訊做編碼輸入，另外一個區域記錄色彩元素，還有一個區域接收你所見場景的動作。而這些視覺皮質的子區域每一個都可能受到單獨損傷，卻無損其他子區域。我們知道這一點，是因為少數的神經心理學案例研究，牽涉到特定腦區的損傷。例如，運動知覺中樞受損的病患，對世界的感受就是一連串的靜止照片，充滿色彩與細節，卻沒有中介動作。[76]

同樣，神經心理學案例有助我們理解，遇到痛苦時，背側前扣帶皮質與體感覺皮質各有不同貢獻。一九五〇年代，神經外科開始針對一些有疼痛痼疾的病患執行稱為**扣帶皮質切除**（cingulotomy）的手術。這種手術是移除部分背側前扣帶皮質，或是切斷其與周圍區域的連結。這種手術成功用於治療憂鬱和焦慮。[77]但最大的用處是針對有慢性疼痛，卻又無法用其他療法治療的病患。扣帶皮質切除手術最驚人的地方，在於慢性疼痛患者的術後感受經驗。他們指出，還是感覺得到疼痛，而且能指出是身體的哪個地方，並說出疼痛的強烈程度。[78]但他們也表示，這時的疼痛「不會造成不適」，「不會覺得特別討厭」，以及「再也不會讓我煩惱了」。任何一個背側前扣帶皮質完好無損的人，幾乎都無法想像有人可以感覺到疼痛，卻不覺得疼痛令人不適或困擾，但這似乎就是切除扣帶皮質造成的結果。如果移除或切斷背側前扣帶皮質，可以選擇性移除疼痛中不適的成分，這個結果意味著完好無損的背側前扣帶皮質，就是這種「令人覺得難受不適」的核心。

而在另一個案例中，一位中風病患的右腦體感覺皮質（追蹤身體的左半邊疼痛感覺）有局部損傷，他感受的疼痛相關變化，正好與扣帶皮質切除造成的結果相反。當人在他的左臂施加疼痛刺激時，他指稱在指尖到肩膀之間的某個地方，接收到「明顯不舒服」的感覺，[79] 但他無法提出更準確的位置。而且在他被要求說明疼痛的性質時，例如熱、冷，或針刺，他也無法做出選擇。他因為疼痛而感到不適，但不知道疼痛究竟在身體的哪個地方，或是如何形容。如果我們要拿「讀書」當比喻，體感覺皮質大概就像負責理解我們所閱讀的故事類型（驚悚、推理、科幻）及其內容，而背側前扣帶皮質則更像是負責對故事的情緒反應。我們知道這些反應是可以分開的，因為我們在遺忘故事情節許久之後，仍然記得自己的情緒反應。

前扣帶皮質與依附行為

背側前扣帶皮質與前扣帶皮質對母親與幼兒的依附相關行為，大致上也同樣至關重要。我們先前討論過，年幼的哺乳類動物與母親或照顧者分離時，會發出不安的聲音。而哺乳類動物的演化前身爬蟲類，就不會發出不安的聲音，或者根本不會發出聲音——牠們無法發出聲音。這是好事，因為爬蟲類的幼蟲如果引來注意，多數的爬蟲類父母可能會吃掉牠們。哺乳類動物將哭聲當成尋求母親援助的信號，而不是晚餐鈴，這一點就是重大的演化差異。

神經科學家保羅．麥克蘭以松鼠猴在受到社會孤立時發出的呼救聲音，實驗**內側額葉皮質**（medial frontal cortex，其中包括前扣帶皮質）不同部位損傷（lesioning，也就是以手術切斷連結）的影響。[80] 移除連結之後，唯一能完全去除松鼠猴呼救信號的區域，就是背側前扣帶皮質。其他區域若有受損，但保留背側前扣帶皮質完好無損，松鼠猴仍會持續發出呼救信號。麥克蘭指出，無論他破壞哪個區域，這些猴子在術後都會繼續發出其他聲音（「狂吠」、「咯咯笑」，以及「尖叫」），顯示這些區域本身並不涉及實際發出聲音的功能。

如果移除背側前扣帶皮質能去除呼救信號，我們大概會想，對同樣區域施加電刺激，應該也會產生呼救信號。情況確實如此。當恆河猴的背側前扣帶皮質受到刺激時，會促使牠們發出 *köö* 的聲音，這正是針對社交孤立的信號。[81] 相反地，如果不刺激背側前扣帶皮質，而是刺激大腦其他區域，則會引起警示信號，這是兩種不同的信號。

從這些研究，我們可以看出如果背側前扣帶皮質受損，對嬰兒形成與維繫依附情結

（attachment bond）能力可能造成的後果。受到孤立卻不哭的嬰兒，被拋棄的風險相對高許多。此外，如果母親的背側前扣帶皮質受損，她這一頭的依附無線對講機將無法接收到嬰兒的呼救信號。為了觀察雙親背側前扣帶皮質受損對嬰兒的影響，有個研究便在母鼠分娩之前，分別以三種不同方式處理母鼠的大腦區域。[82] 第一組母鼠的扣帶皮質遭破壞，第二組母鼠是非扣帶皮質遭破壞（也就是破壞腦部其他區域），第三組則完全不動手術。研究的焦點是，分析這些損傷對不同組的母鼠生下的幼鼠生存率有何影響。實驗中，藉由在籠子裡的某些區域增加熱度與風的因素，提高環境的嚴酷條件，以模擬實驗室外可能存在的狀況。

未經手術的母鼠所生下的幼鼠，幾乎全都活過了第一週。當熱氣襲擊籠子裡牠們這一端，那些母鼠會將所有幼鼠趕到籠子其他不受影響的地方。非扣帶皮質受損傷的第二組母鼠，行為也差不多，只是有些幼鼠沒能熬過去。但是，母鼠扣帶皮質受損組的實驗結果就非常慘烈。在這個條件下，只有二〇％的幼鼠熬過出生後的頭兩天。那些母鼠不會照料幼鼠，牠們築的巢很糟，當幼鼠離開巢穴，母鼠也不會把孩子找回來，而且在保護幼兒不受熱氣和風的危害時，表現也欠佳。幼鼠的生死之別，可說是取決於牠們的母親是否有完好無損的扣帶皮質。順帶一提，如果這個故事讓你覺得不舒服，大概就表示你的背側前扣帶皮質完好無缺。

虛擬擲球——終於「看見」社會痛苦了！

儘管這個動物實驗的研究結果引人聯想，卻未告訴我們人類的社會痛苦是否與生理痛苦的感受有關聯。大約在二〇〇一年，我與娜歐蜜・艾森伯格決定解答這個問題。那時，我們剛獲得專案補助，研究前扣帶皮質在社會認知的作用。我們想研究社會排斥，但想不出可以讓人躺在ＭＲＩ掃描儀裡，又能做研究的理想方式。

如同科學研究常見的情況，一個偶然事件的介入改變了我們的研究方向。我們到澳洲參加一場和我們兩人不同圈子的研討會。就是在那裡，我們聽到奇普・威廉斯（Kip Williams）談起他為了研究社會排斥而新設計的實驗典範（experimental paradigm），完全以網際網路為基礎，但用來產生社會排斥的感覺極有效果，所以大可轉化到ｆＭＲＩ掃描環境。

奇普・威廉斯的實驗典範稱為虛擬擲球（Cyberball），是將他之前用得十分成功的行為典範加以變化。[83] 在他最初的研究，受試者報到後，會被告知要等待幾分鐘。等待室中已經坐著另外兩個人，等著要進行同樣的研究。事實上，這另外兩人是心理學家所稱的實驗同謀（confederate），意思就是他們假裝是受試者，其實是在協助實驗人員。其中一個實驗同謀看似「偶然間」發現了一顆網球，於是把球丟給另一個實驗同謀，而第二個人又把球丟給真正的參與者。不過，等預定時間一到，那兩個實驗同謀就不再把球丟給真正的參與者，而是彼此來回丟球。

想像你原本玩得好好的，卻成了被排除在遊戲之外的那個人。一方面，你可能想，「誰在乎？又不是真的遊戲，何況我又不認識這些人——他們是完全陌生的人。」這是非常合理的反應，而且肯定有些參與者會企圖以這種方式開解自己突然遭到排斥的情況。但是，根據威廉斯採用的手法，這些被排斥的人顯然真的感受到了社會痛苦。被別人排擠的感覺真的不好受，即便是如此微不足道的小事。進行過幾次這種等待室研究之後，威廉斯設計了「虛擬擲球」，以數位方式複製這個情境。在玩「虛擬擲球」時，參與者會以為自己是在跟另外兩個連上網路的真人互丟「數位球」。但其實參與者只是在跟事先設計的虛擬化身互動（見圖3.3），一會兒之後

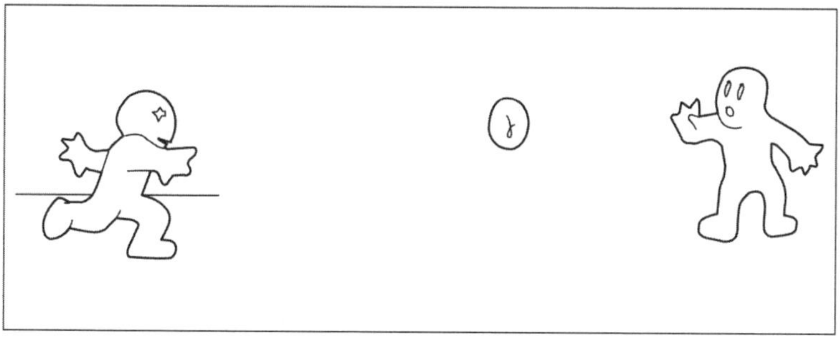

圖 3.3　虛擬擲球

就會停止丟球給參與者。

受威廉斯的實驗啟發，我們找了受試者，請他們在fMRI的掃描儀裡玩「虛擬擲球」。[84]受試者以為自己是和另外兩個同時也在接受腦部掃描的人，一起在網路上玩這個電動遊戲。我們告訴他們，我們感興趣的是大腦如何彼此協調，執行簡單的作業，例如丟球這種小事。那些受試者事先並不知道他們在掃描儀中會遭到排斥。實驗開始，丟球丟了幾分鐘後，其他「玩伴」不再丟球給真正的參與者。

受試者遭到排斥之後離開掃描儀，被帶到一個房間回答他們的感受。這些人往往會情不自禁地告訴我們，他們方才遇到了什麼事。他們對於自己的遭遇真心感到憤怒或傷心。這在當時的fMRI研究來說並不尋常，因為大部分在掃描儀中進行的任務不會產生個人情緒反應。我們必須假裝沒有注意到掃描儀裡發生了什麼事，因為我們不希望他們接下來回答問題的答案，會受到任何我們說的回應左右。

接下來，我們有大半年時間都花在分析數據上，然後有那麼一瞬間，我們知道可能就要發現有意思的東西了。[85]有一天晚上，我和娜歐蜜在實驗室留到很晚，我的研究生約翰娜·喬可（Johanna Jarcho）就在隔壁的電腦分析一項生理痛苦研究的數據。我們來回比對兩組數據，發現結果有驚人的相似性。在生理痛苦研究中，受試者感受到的疼痛不適愈高，背側前扣帶皮質就活化得愈多。社會痛苦研究的結果也一樣，受試者遭到排斥時感受到的社交焦慮愈高，愈會活化背側前扣帶皮質。在生理痛苦研究中，活化右腹外側前額葉皮質（ventrolateral prefrontal cortex）的受試者，感受到的生理痛苦較少。同樣，在社會痛苦研究中，活化右腹外側前額葉皮質的受試者，感受到的社會痛苦也較少。[86] 最後，在兩項研究中，前額葉區域活化愈多的受試者，背側前扣帶皮質活化得愈少。

兩項研究告訴我們同一件事——感受到的痛苦愈多，背側前扣帶皮質的活動就愈多。在我們之前就有許多研究證明這一點，但我們的研究是最早證明這一點不但適用於生理痛苦，也一樣適用於社會痛苦。在兩個案例中，一個人調節痛苦不適的能力，和腹外側前額葉活動增加有關，而這似乎又會消除背側前扣帶皮質的反應。看著並排的螢幕，如果事先不知道哪個是生理痛苦的分析，哪個又是社會痛苦的分析，大概看不出差別。[87]

這個發現突顯了藉由fMRI研究，可幫助我們理解人類心智的其中一件事。它點出了兩個看似不同的心理歷程，其實仰賴的是共同的神經機制，表示它們在心理方面的相互關係的緊密超出我們原本的想像。這時，哺乳類動物辨認社會威脅的需求，似乎劫持了生理痛苦系統，以完成痛苦系統一直以來的工作——在某個基本需求出現威脅時，適時提醒我們。

背側前扣帶皮質究竟有何用處？

我們的「虛擬擲球」論文發表後，將我們的研究生涯往前推進，報紙和電視節目都想採訪我們。一些主題有關痛苦與社會連結的紀錄片，也想加入我們的研究成果。我們甚至受邀回去澳洲，參加那場啟發這項研究的研討會，讓娜歐蜜在會上發表。

不過，很多科學家並不認同我們的發現，即背側前扣帶皮質為社會痛苦的感受提供生理證據，或是社會痛苦與生理痛苦共有相同的處理歷程。[88] 任何發現被反覆驗證，直到確認無誤之前，科學家對結果會抱持懷疑態度都是正常的。但以我們的情況來說，那些科學家抱持懷疑的重點，比較不是在等待反覆驗證，而是根本不相信這個說法合理、可信。當時有關背側前扣帶皮質功能的主流理論，無論是社會痛苦還是生理痛苦，都顯示該腦區與痛苦處理歷程並沒有什麼關係。這個說法在很大程度上，無視於從一九五〇年代以來所有扣帶皮質切除與動物研究，彷彿這些科學發現的效度有「法定時效」。

一九九〇年代中期至末期發表的幾份神經造影研究顯示，背側前扣帶皮質執行兩個密切相關的認知功能：衝突監控（conflict monitoring）與錯誤偵測（error detection）。[89] 以下為簡單的例證，請大聲說出以下幾個字：now（現在），how（如何），cow（母牛），

wow（哇），mow（割草）。如果在念到mow這個字遲疑了一下，但又正確地念了出來，那就是衝突監控（也就是說，你偵測到你的直覺和正確反應有衝突）。如果你發音不正確，然後說，「糟糕，那不是英文單字，而是中國共產革命的領袖（意指毛澤東），」那就是你做了錯誤偵測。

二〇〇〇年，一位名叫喬治．布希（George Bush，但與前總統沒有關係）的科學家就以背側前扣帶皮質的功能為主題，發表一篇影響深遠的論文。[90] 他引述許多認知控制的神經造影研究，還總結出在衝突監控與錯誤偵測之類的認知歷程中，背側前扣帶皮質扮演關鍵角色。過了十年，這個結論依然牢不可破。

布希在文獻回顧中得出另一個結論，背側前扣帶皮質在情緒歷程**並未**發揮作用。情緒相關歷程則發現與扣帶皮質的另一部分有關：喙前扣帶皮質（見圖3.2）。表面上看，這似乎像大腦儉省的勞力分工。心理學家一直樂於將心理歷程二分為認知與情感類型（例如思考與感覺），彷彿這些是互不相容的現象。[91] 布希得出這個結論是根據若干研究，而那些研究顯然將情緒處理定位在喙前扣帶皮質，而非背側前扣帶皮質。但即使根據當時可得的數據，這個結論也站不住腳。除了三篇情緒研究之外，布希檢視的情緒研究都將焦點放在精神疾病這個族群，照理說，這些人應該不能代表健康大腦的反應。而其中的非精神疾病研究，卻大多顯示背側前扣帶皮質涉及情緒歷程。此外，還有好幾份與情緒或痛苦不安相關的神經造影論文，當時已經發表但未納入文獻回顧之中，卻都清楚指出背側前扣帶皮質牽涉到情緒或痛苦不安。[92] 雖說將背側前扣帶皮質與認知做連結、喙前扣帶皮質與情緒做連結，這樣的結論或許更符合我們的想法，但真相其實更為複雜。

大腦的警報系統：認知與情緒

我們第一篇有關社會痛苦的論文發表一年後，我和娜歐蜜發表了一篇關於背側前扣帶皮質功能新模型的論文，這個新模型企圖描述該區域的情感與認知功能。[93] 我們將背側前扣帶皮質定為**警報系統**（alarm system）。

先讓我以我們家幾個爛透了的警報器來說明，為何好的警報器有其必要。我們住在一棟有些怪異的老房子，幾年前搬進來之後，始終沒有整修。首先，我們前門的門鈴不能用。如果站在靠近前門的地方，有人按下門鈴時，你可以聽到如輕聲耳語般的電路連結聲音，但就只有這樣。送披薩外賣的人在知道應該試試門上的金屬門環之前，都只會呆呆地在門口等，以為我們聽得到門鈴，但其實我們根本聽不到。我知道應該修理，但大家都知道要用金屬門環，所以我們始終沒有什麼動力去修理。[94] 我們還有個煙霧偵測器，即使沒有煙霧，也會偶爾不靈光。而當這個「偶爾」出現在清晨三點時，就特別令人火大。

這兩樣都是糟糕透頂的警報器，各別缺少了功能正常警報機制的兩項要素中的一項。警報器需要有**偵測系統**（detection system），追蹤記錄某樣條件是否符合。煙霧偵測器通常使用光電感測器，是由未受阻礙的光束觸及光電管構成。當有足夠的煙霧微粒打斷光束，就會偵測到煙霧。由於我們家裡就算沒有煙霧，煙霧警報器也不時出狀況，所以它的偵測系統有問題。警報器還需要**發聲裝置**（sounding mechanism），由偵測系統觸發。我們家的煙霧警報器顯然發聲裝置運作順暢。但門鈴的發聲裝置卻無法運作，所以門口有人時，我們並不知道。

在我們的神經警報系統模型中，我們假設：背側前扣帶皮質是個兼具偵測問題、並發出警報功能的警報系統。煙霧警報需要讓附近所有人都知道可能有火災，要打電話給一一九，或是趕快給漢堡肉翻面，免得肉燒起來。它必須能打斷你正在做或集中精神關注的事，無論是任何事。這就是情緒為我們所有人做的事，意識到生理疼痛帶來的不適，促使我們將手從爐子上拿開；社會排斥的痛苦促使我們努力與其他人重新連結。

偵測衝突與錯誤通常是情緒感受的來源。考試拿到B，這件事本身無關情緒，但如果你以為可以拿個A^{+}，那就很有可能引起傷心難過的情緒。這讓我們想到，衝突監控與錯誤偵測研究指出了背側前扣帶皮質在認知上扮演的角色，或許也同時產生了情緒反應，但那些研究可能忽略了這點，因為那些情緒反應始終沒有被衡量。所以我們決定對此加以測量。

當時，在我們實驗室擔任研究生的史邦特，和我及娜歐蜜，一同進行一項ｆＭＲＩ研究，他使用所謂**停止信號作業**（stop-signal task）的衝突監控／錯誤偵測程序。[95]〔這個作業是第九章描述的「前進／停止作業」（go/no-go task）變化版。〕大部分測試的任務都簡單得不得了。電腦螢幕會出現一個指向左邊或右邊的箭頭；箭頭出現時，要盡快在鍵盤按下相應的按鍵（左邊一個按鍵，右邊是另一個按鍵）。這些實驗嘗試（trial）以快節奏進行，大約每秒鐘一個，而且很容易。不過，四分之一的實驗嘗試需要不同的反應，而且較為複雜，這些嘗試會在箭頭出現之後，發出停止信號提示音。提示音表示參與者應該忽略箭頭，該次嘗試不按任何按鍵。這是一個信號，提醒參與者應該停止按鍵——但僅限於這個箭頭。就好像在你快到十字路口時，交通號誌正好轉為黃燈；變換的燈號表示你必須推翻原本已經啟動的計畫。起初的實驗嘗試中，提示音大約在箭頭出現後兩百五十毫秒播放。如果這樣的時間足以攔阻參與者按下箭頭鍵，提示音就會調整，下次嘗試的提示音會再晚點出現。任務以此模式持續變化，直至從箭頭出現再到提示音出現的時間間隔，久到讓參與者在不應該按鍵時，卻有半數機會忍不住誤按箭頭鍵。參與者不可能贏。因為他們表現得愈好，任務就變得愈難。就我個人而言，我覺得這個任務絕對令人抓狂，而這也是它最適合我們研究目的採用的理由。

每十六個嘗試包含四個可怕的停止嘗試，在這之後會詢問參與者，剛才完成的嘗試組合給他們的焦慮和挫折程度有多高。也有些不包含停止嘗試，僅有前進嘗試（go-only）的組合，參與者一定會被告知接下來是哪一種組合。換言之，每個受試者都清楚接下來的組合會不會有惱人的停止嘗試。

就像先前的無數研究，史邦特在最初的分析中證明，**錯誤嘗試**（error trial，也就是想要停止，卻沒有成功）在背側前扣帶皮質產生強烈反應。接著，他利用參與者在每一組嘗試結束之後表達的挫折，觀察參與者出現最令人挫折的錯誤時，是否有腦區的活動更為強烈，再與感覺沒那麼挫折的錯誤嘗試相比。雖然各種嘗試組合的變化並不多，但受試者確實表示有些組合比其他組合更令人挫敗，而且背側前扣帶皮質的活動也遵循這個軌跡。錯誤愈是令人挫折，背側前扣帶皮質的活動愈多。除了背側前扣帶皮質，沒有其他腦區的活化情形吻合參與者在這項作業出錯時感受的挫折。我們還發現一些證據顯示，即使在不需要停止的嘗試，參與者出現焦慮時，背側前扣帶皮質也會更加活化。換句話說，隨著參與者預期出現停止嘗試而變得更加焦慮，我們也從背側前扣帶皮質的反應，看到他們焦慮的證據。

這些結果讓我們更清楚了解背側前扣帶皮質的功能。一直以來，背側前扣帶皮質始終被塑造成支援認知**或**情緒功能，最近的趨勢則支持前者說法。我們假設，背側前扣帶皮質支援認知及情緒兩種功能。具體地說，我們認為背側前扣帶皮質是個警報系統，這個區域同時充當偵測系統（認知）及發聲裝置（情緒）。這裡的數據證明，當標準的錯誤偵測作業活化了背側前扣帶皮質，此區域的活化強度也和犯下錯誤的情緒感受有關聯。

難過就吃兩片阿斯匹靈吧

我們對社會排斥與背側前扣帶皮質活動連結的基本發現，也在其他研究中被複製、檢驗，並延伸到對摯愛之人死亡感到悲傷、回想最近結束的一段戀情、遭到負面評價，甚至只是看到不苟同的表情。[96] 在本章開端，我說了醫生與三個病人的故事，前兩個是有生理疾病的人，第三個人則是心碎。醫生給三個人都開了止痛藥。以心碎的故事來說，似乎太牽強了。然而，當我們演講關於社會痛苦ｆＭＲＩ研究，之後屢屢有人找過來，而且開口的台詞差不多都是，「你對一個遭受到社會排斥的人說什麼？吃兩片阿斯匹靈，明天上午回診？」

雖然我在本章開頭刻意對此想法表現得不屑一顧，但真實的答案是，「這個嘛，沒錯，差不多。」針對這個想法，納森．德渥爾（Nathan DeWall）與艾森柏格及其他研究社會排斥的人員，共同進行一連串的研究，測試「非處方止痛藥不但可以降低生理痛苦，也可以降低社會痛苦」的構想。[97]第一次研究，他們觀察兩組人。第一組每天服用一千毫克的乙醯胺酚（acetaminophen，亦即泰諾止痛藥），另一組服用等量，但無有效物質的安慰劑。兩組人每天服用藥物長達三週。每天晚上，參與者透過電子郵件回答當天感受到的社會痛苦程度。到了研究的第九天，泰諾組回報感受的社會痛苦低於安慰劑組。此外，從第九天到第二十一天，兩組的差距持續擴大。兩組人都不知道自己吃的是什麼。但是吃下用來趕走頭痛的止痛劑，似乎也有助於趕走心痛的感覺。

第一次行為研究之後，接著就是fMRI研究。參與者再次每天服用泰諾或安慰劑，為期三週，之後再一邊玩虛擬擲球，一邊接受fMRI掃描。起初，他們被拉進電玩遊戲玩了幾分鐘，之後就被遊戲的其他人排除在外。服用安慰劑三週的那組人，反應跟我們稍早虛擬擲球fMRI研究的受試者相似。當他們被遊戲的其他人排除在外時，背側前扣帶皮質及前腦島區域表現出的活動，比正常遊戲期間更多。相反地，另一組服用泰諾三週的人，在遭到排斥時，背側前扣帶皮質與前腦島顯示並無反應。服用泰諾讓大腦的痛苦網路對遭到排斥的痛苦較不敏感。

另一項研究，則是把背側前扣帶皮質的發現，直接結合潘克沙普獨創的社會痛苦與生理痛苦的類鴉片假設。艾森柏格與韋伊（Baldwin Way）合作找出與社會痛苦有關的遺傳特性。他們的重點集中在μ型鴉片類受體（mu-opioid receptor），因為該受體用於藥物治療具有減輕疼痛的作用。缺乏μ型鴉片類受體的老鼠，對嗎啡不再有反應。[98] 以人類來說，痛苦的體驗有部分仰賴μ型鴉片類受體基因（稱為OPRM1）。這個基因的某個地方有三種變異〔多型性（polymorphisms）〕，可改變基因表現的多寡。我們每個人都有兩個對偶基因，決定我們有哪一種基因多型性。我們從母親遺傳一個對偶基因，從父親又遺傳一個對偶基因。[99] 而對偶基因可能是A或G；所以我們每個人都是A／A、A／G，或是G／G的組合。先前的痛苦研究證明，G／G組合對生理疼痛比較敏感，例如，他們需要更高劑量的嗎啡克服術後疼痛。

基因樣本取自一組人，以便判斷他們有哪一種OPRM1基因變異。[100] 他們還被要求指出日常生活中對社會排斥的敏感程度。相較其他基因變異組合的人，那些有OPRM1基因G／G變異的人（也就是可能對生理疼痛更敏感的人）實驗回饋顯示，他們對社會排斥更敏感。這些人也有部分參與虛擬擲球的fMRI實驗研究，在同樣的對偶基因組合，觀察這組人的背側前扣帶皮質與前腦島在遭到排斥時產生的活動，活化情形也與前述相似。G／G組的參與者感受到排斥時，上述這些腦區產生的活動比其他參與者活躍。我的看法是，泰諾與類鴉片研究的出現，才真正說服了許多科學家相信，社會痛苦與生理痛苦使用相同的「大腦痛苦裝備」。一般人對特定腦區或許所知不多，但多數人基於個人經驗對止痛藥都略知一二。泰諾對疼痛的效果似乎確實有選擇性——它無法透過愉悅的感覺，鈍化我們的心智，或使我們從痛苦中轉移注意力。泰諾似乎是把焦點鎖定在痛苦的感覺。看到這些藥物可以減輕我們的社會痛苦及生理痛苦，已強烈說明兩種痛苦之間的關聯。

霸凌與社會排斥

理論上，虛擬擲球似乎就像個無足輕重的無聊遊戲。在這個你玩過最無趣的接球遊戲中，兩個你從來沒見過的「陌生人」不再把那顆虛擬球丟給你，這跟你生活中的重要大事有什麼關係？被其他人拉進去一起玩虛擬擲球，不會幫你得到更好的衣服、工作，或女朋友。身為參與者，無論你是被接納還是被排擠，從研究中得到的報酬都是一樣的。與這項研究相關的一切似乎都微不足道。但其實含意深遠——如此微不足道的事情卻能產生如此巨大的影響。對社會排斥的敏感攸關我們的幸福核心，以至於大腦看待社會排斥時，會將之視為「痛苦的事件」，無論社會排斥的具體情況究竟重要與否，都只是其次。

就拿視覺錯覺的例子來說，如圖3.4中慕勒—萊爾錯覺（The Müller- Lyer Illusion）。即便線A與線B的長度完全一樣，一般人還是覺得線A比線B長。為什麼？人類的視覺系統會對環境暗示的不同視覺線索做出各種假設，並利用這些假設理解周遭的複雜世界。[101]

在慕勒—萊爾錯覺中，線條兩端的箭頭形狀就是關鍵。線B的箭頭若是延伸，代表你看的是兩面牆連接的邊角較靠近你。相反地，線A的箭頭代表兩面牆在遠方會合。同樣長度的垂直線觸及你的視網膜，但箭頭卻引導你的大腦推論出線A在遠方，而線B近在眼前。大腦知道同樣的視網膜投射，按照距離不同，感覺應該大小也不同。如果大腦不能做到這一點，那麼當別人從我們身邊走過，且隨著距離拉遠而縮小到完全消失，就會把我們給嚇壞了。

再看一次圖3.4。現在你知道其中的竅門了，但錯覺依然存在。你會看到線A始終比線B長。這個錯覺微不足道，就像虛擬擲球遊戲，但我們仍舊感受到兩種影響。威廉斯發現，即便他告訴大家只是跟電腦玩遊戲，而且電腦預先就設定會排擠他們，但大家還是感受到社會痛苦。[102] **迅速做出視覺評估以及對社會排斥感到痛苦，在我們的演化歷程都對生存至關重要，**

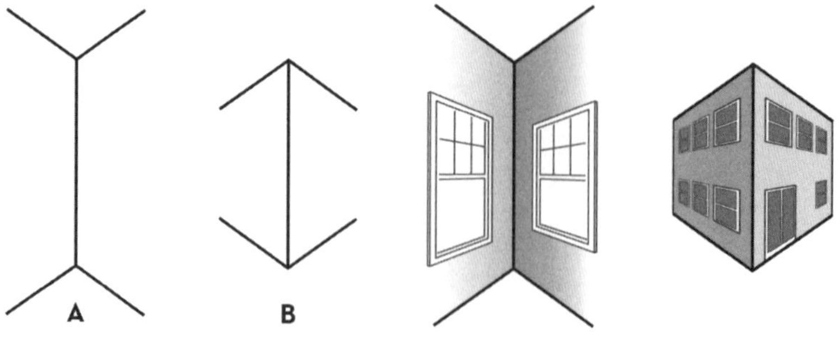

圖 3.4　**慕勒—萊爾錯覺**

因此這些作用對人類的影響不能輕易等閒視之。

我們已經詳細討論過為什麼哺乳類動物，特別是人類，需要對社交分離感到痛苦的原因：這能讓嬰兒與照顧者保持緊密相連。或許這就是演化給我們社會痛苦的理由，但我們如今卻終生無法擺脫，而且幾乎影響了我們所有的社會經驗。然而，值得注意的是，儘管這個現象普遍存在，我們對自己天性中這個核心層面卻所知甚少。

想像你有個十三歲的兒子丹尼斯，在學校遭到惡霸的肢體攻擊。惡霸好幾次推搡丹尼斯還打他。你發現的時候會怎麼做？衝到校長辦公室？報警並提告？寫信給當地報紙，表達對校園霸凌的憤怒？不同的家長會採取的行動大概就是這些。現在想像，丹尼斯遭到霸凌，但只是言語上的霸凌。那個惡霸始終沒有碰過你的兒子，卻殘酷無情地一直奚落他，說他又醜又笨，沒有人喜歡他（這些都不是真的）。當丹尼斯無助地告訴你那些嘲笑奚落，你當下會有什麼反應？你會找上警察或當地報紙？不太可能。你的反應更有可能是類似：「別理他。你幾年後就會上大學，而他大概這一輩子都在煎漢堡肉。」我並非要表示，發現兒子遭人嘲弄不會令人苦惱，但這種情況跟發現有肢體碰觸不一樣。這種情況下，我們不會去找校長、警察，或地方媒體，因為如果只是言語嘲弄，我們知道那些人都不會為此採取行動。

我們從小就教導孩子說，「棍棒和石頭可以打斷我的骨頭，但言語永遠無法傷害我。」

其實不然。霸凌非常傷人，並非因為一個人排斥我們，而是因為我們通常相信惡霸代表其他人——如果我們被惡霸單獨挑出來，那麼大部分的人可能也不喜歡我們或討厭我們。否則，為何其他人會眼睜睜看著惡霸挑釁、欺負我們，卻不挺身而出支持我們？[103] 缺乏支持，也被視為一種集體排斥的象徵。

我提起霸凌的問題，是因為以社會層面來看，這可能是我們遇到最普遍的社會排斥形式。包含美國、英國、德國、芬蘭、日本、南韓，和智利等世界各地的研究都顯示，介於十二歲到十六歲的學生約有一〇%經常被霸凌。[104] 雖然霸凌可能包含肢體侵犯，但超過八五%的霸凌事件並不是，反而是包含貶抑輕蔑的言語奚落，以及把受害人變成謠言的主角。[105] 然而，在離開學校和惡霸，也回家許久以後，遭受霸凌的孩子依然深感痛苦折磨。這些人憂鬱壓抑的可能性比其他小孩多上七倍。他們更常想到自殺，而且企圖自殺的可能性也是其他人的四倍。[106] 遺憾的是，他們企圖自殺的想法也更有可能成功。一九八九年芬蘭的一份研究，以超過五千名八歲學童的樣本，評估他們的霸凌受害程度。[107] 八歲時曾遭到霸凌的人，到了二十五歲真的自殺的機率超過六倍。曾經是霸凌受害者與慢性生理疼痛患者，出現自殺相關的想法相當類似，進一步證實兩種痛苦之間的關聯。[108]

我們終此一生注定要經歷不同形式的社會排斥與失落。多數人會遭遇多次關係破裂，而且通常有些人都是被拋棄的一方，而不是轉身離開的那一方。這種破裂往往令人感到無法忍受，而且可能在事過境遷許久，依然嚴重改變我們對自己和人生的看法。我們一路的演化猶如浮士德交易，讓人類得以在子宮之外慢慢發育，成功適應特定的文化與環境，同時發育出地球上腦化程度最高的大腦。但我們因此需要付出的代價，就是每當我們與其他有能耐拋棄我們，或對愛有所保留的人類交往，便可能要承受痛苦，而且是真正的痛苦。演化做的賭注是，享有身為人類的所有獎勵報償，忍受痛苦是我們可以接受的代價。

第四章 公平的滋味就像巧克力
Fairness Tastes like Chocolate

公平的待遇，暗示其他人重視我們，以及未來有資源可分享時，我們可能得到公平的一份。公平的重要性足以讓大腦的獎賞系統感覺敏銳。喜愛巧克力滋味，或任何生理愉悅滿足有關的大腦區域，同樣對受到公平對待有反應。那麼從某方面來說，公平的滋味就像巧克力。

想像一下，你在霍柯高法律事務所（Horn, Kaplan & Goldberg）工作，而且被列入考慮提早晉升為合夥人。這次的晉升可能落在你頭上，也可能是走廊那頭的律師史帝夫。你擁有數據的優勢，你的績效考核連續六個季度高於史帝夫，在法庭上的記錄也更優秀於他，而且過去三年你給事務所開的時數比他多三〇%。但史帝夫有一大優勢，是最後的王牌。他姓高，是事務所資深合夥人之一的姪子。史帝夫是個好律師，也有資格成為合夥人，但你比他更有資格。如果只有一個位子的缺，按理說應該要給你。

沒有拿到那個位置意味錯過更高的薪水，但社會意涵也使得這個結果令人痛苦。受到忽視會令你難受，因為那感覺像是事務所的合夥人在排斥你。再者，這個結果顯然會構成事務所裡人人皆知的社會羞辱。既然如此，你所謂的基本需求和社會需求同時都受到打擊了。

可是結果呢，幸運之光照在你身上，豪華洗手間的鑰匙交到你的手上，而不是給史帝夫。伴隨晉升而來的是大幅加薪，而你和丈夫現在有錢搬到隔壁鎮的夢想之屋，可以讓孩子上更好的學校。無論你的行業或職業抱負是什麼，大概都想像過或曾有過這種時刻。

在你為新得的財富與地位慶祝之際，可能忽略了得知結果之後的正面積極感覺中，「公平」扮演的角色。合夥人也有可能把史帝夫的血統排在你的辛勤努力與優異業績（生產力）之前。即便是三歲小孩，與其他小朋友分享餅乾時，若遭到不公平對待也會沮喪難過。不公平的待遇會打擊士氣，而且通常導致許多負面感覺。但是公平待遇本身會產生正面感覺嗎？公平似乎有點像空氣——缺少時，比擁有時更容易引起人的注意。

「公平對待」常與「獲得更好的結果」混為一談，所以很難把我們的正面感覺逐一拆解分析。如果你和朋友走在路上，你們同時看到一張十美元鈔票，他撿了起來，提議和你分享，他給你的份額愈多，那就愈公平。所以當他給你五美元，你的快樂有多少程度是因為得到五美元，而不是三美元或一毛都沒有，又有多少程度是因為感覺受到朋友重視？有好幾種方法可以區別收到更多好東西的喜悅，以及受到公平對待的喜悅。方法之一是，分別衡量在事件中的公平感受，以及收到的物質好處。如此一來，研究人員就能利用統計分析，看看這兩個因素和個人對事件的感覺有什麼關係。

在一項研究中，參與者被組成一個小組，各自獨立執行一項重組字（anagram）的任務（例如，找出LIOSAC可以拼成SOCIAL）。[109] 這個小組的酬勞，之後會根據團隊整體表現支付。拿到錢之後，團隊成員必須協商如何分配賺來的錢。情況到了這裡開始變得微妙，因為有些成員的得分總是高於其他人，所以更有可能是團隊收到這筆錢的原因。有些成員覺得平均分配才公平（所有人拿相同的金額），有些人認為合理分配才公平（依照分數拿錢）。但無論團隊成員拿到的是多還是少，只要他們認為過程公平，他們的情緒就會比較正面。

在田野調查中也觀察到同樣的模式。心理學家湯姆．泰勒（Tom Tyler）發現，法院訴訟案件中的被告如果相信自己受到公平對待，即使判決並未對他們有利，對於法庭經驗也會比較滿意。[110] 我們怎麼知道這些人說的是由衷之言？說不定他們並不清楚自己的感覺，又或者他們只是試圖給出實驗人員想要的答案。

我和塔碧尼亞（Golnaz Tabibnia）認為，藉由掃描大腦活動，大概就可以獲得額外的證據，支持或反駁「公平本身令我們感到滿足」的見解。[111] 我們請人躺到MRI掃描儀裡玩一個經濟交涉的遊戲，讓他們同時接觸到公平與不公平的選擇結果。他們玩的是「最後通牒賽局」（Ultimatum Game）變化版，兩位玩家必須同意如何分配一定金額的錢，例如十美元。一名玩家，暫且稱之為提議者（proposer），建議每人應該各獲得多少，而另一名玩家稱為回應者（responder），則決定是否接受提議。如果回應者接受了，那麼兩人就得到由提議者建議的金額。但如果回應者拒絕提議，兩人就什麼都得不到。提議者也許會建議自己拿九美元，而回應者拿一美元。如果你猜測回應者可能覺得這樣的提議羞辱人，你可能是對的。回應者通常會拒絕極不公平的提議，寧可什麼都得不到，也不容許提議者這般羞辱人卻不用受到懲罰。這似乎與理性的利己主義背道而馳，但是一般人的反應通常就是如此。

在我們的研究中，由參與者扮演回應者，他們會看到一連串由不同提議者提出的建議。我們想觀察，參與者的大腦對於公平及不公平的建議，反應是否不同。我們面對的挑戰，跟本章開頭的法律事務所例子一樣。十美元當中提出給五美元，是比十美元之中給一美元更公平，且五美元的提議同時也更有利。為了處理這樣複雜的問題，我們改變每次提議分配的總金額：回應者可能看到的提議是十美元中給五美元，以及二十五美元中給五美元。這兩種情況下，提議的實際金額相等（五美元），但是公平性卻有天壤之別。這樣做，就可將神經活動的差異歸因於公平的效應，而非金錢獲利。

大部分的研究都採用這個典範，觀察參與者對「不公平提議」的神經反應。與第三章描述的社會痛苦研究發現一致，這些研究通常觀察前腦島與背側前扣帶皮質的活動。[112] 不過，當我們觀察公平提議相對於不公平提議時，有哪些區域更為活躍，幾乎觀察到的全都是獎賞網路（rewarding network）的部分（見圖4.1）。**只要受到公平對待就會啟動大腦的報酬裝置，無論錢會因此變少還是變多。**

接著是一個更為戲劇化的證明，加州理工學院一群研究人員試圖分析，當參與者得知自己本來可能獲得的彩金被給了另一個人，神經

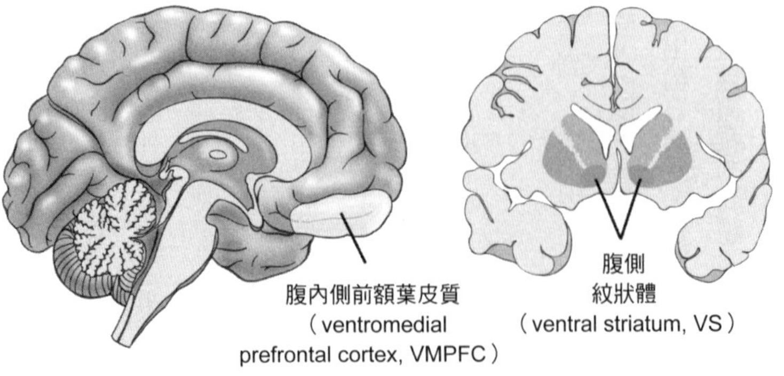

圖 4.1　大腦的獎賞網路

反應會如何。[113] 一般來說，這種經驗令人難受，不會太愉快。誰願意看到自己的錢被拿走？事實上，在研究開端時贏得五十美元彩金，後來又看到其他參與者一毛錢都沒拿到的贏家，看到失去彩金的輸家在後面的嘗試中贏錢時（即使犧牲參與者本身），贏家的大腦獎賞系統顯示有強勁旺盛的活動。失去彩金的輸家後來陸續贏錢，總所得漸漸追上贏家參與者的所得，最初的贏家參與者看到彩金公平分配，比自己多贏錢更有滿足感。換句話說，公平勝過自私。

公平是表示我們擁有社會連結的眾多信號之一。公平的待遇，暗示其他人重視我們，以及未來有資源可分享時，我們可能得到公平的一份。因此，公平顯然比其他我們所能想像的社會連結跡象更加抽象，而且重要性足以讓大腦的獎賞系統感覺敏銳。與喜愛巧克力滋味，或任何生理愉悅滿足有關的大腦區域，同樣對受到公平對待有反應。那麼從某方面來說，公平的滋味就像巧克力。

本章並非要討論公平本身，而是要探討強化我們與個人或團體連結的各種社會跡象、事件，和行為。因為這些要素通常會啟動大腦的獎賞系統，所以被稱為社會獎賞（social rewards）。[114] 如同社會痛苦與生理痛苦共用相同的神經認知歷程，生理獎賞與社會獎賞也共用相同的神經認知歷程。

此刻，你們真的喜歡我

一九八四年的電影《心田深處》（*Places in the Heart*），女演員莎莉・菲爾德（Sally Field）飾演一九三〇年代的南方寡婦，努力不讓農莊遭到法院拍賣。她的演出贏得奧斯卡金像獎的最佳女演員。她的得獎感言因為激動真誠而令人難忘。莎莉・菲爾德得獎感言中最出名的一句話是：「你們喜歡我。你們真的喜歡我。」即使你不知道這句話是誰說的，我猜你以前也聽過，而且知道在說出「真的」這兩個字時被重重強調。這個例子說明了演員渴望的讚譽追捧。

然而，前一段敘述有兩個錯誤，其中一個錯誤比另一個嚴重。小錯誤是：莎莉・菲爾德其實不是在得獎感言中說這段話。那段感言真正說的是，「我無法否認的事實就是，你們喜歡我，此刻，你們喜歡我。」我們記錯這段話，或許是因為另一個更重大的錯誤。並非只有演員會因為受人喜歡，而感到激勵——我們所有人都是。這個錯誤引用之所以太難消除，是因為它說中了一個人類的核心需求。

我們都有歸屬的需求。這代表別人喜歡、欣賞、喜愛我們的跡象，是我們幸福的核心。[115] 一直到不久前，我們都不知道大腦對這些跡象是如何反應的。最新的神經造影研究改變了這一點。當人躺在MRI掃描儀裡，除了求婚之外，或許我們能得到來自他人最戲劇化的正面感受，大概就是讀到有人以文字表達對我們的深刻情感。最近一次研究中，特莉絲坦・稻垣（Tristen Inagaki）與娜歐蜜・艾森柏格徵求參與者的同意，與他們的家人朋友及一些重要的人聯絡。[116]稻垣寫信給參與者生活中的重要他人，並邀請他們寫兩封信：一封是不帶情緒的事實陳述（例如，「你的頭髮是棕色的」），一封則表達他們對參與者的正面情緒（例如，「你是唯一關心我勝過關心自己的人」）。

當受試者躺在掃描儀之中，閱讀數封來自他們最關心的親友的信件。我們的直覺法則顯示，別人讚美我們的美言所帶來的愉悅滿足，和吃下一球心愛冰淇淋的愉悅滿足，兩者有天壤之別。前者是無形的，無論是字面意義還是比喻，而後者則滿滿地淹沒了我們的感官。雖然真實的甜點與甜言蜜語確實有差別，但這個fMRI研究顯示，大腦的獎賞系統對待這些經驗的相似程度，似乎超出我們的預期。這些動人書信，就和生活中其他基本獎賞一樣，會活化腹側紋狀體（見圖4.1）。

我和卡斯爾（Elizabeth Castle）在後續研究中，觀察這些感人的書信給人的滿足感究竟有多大。[117]我們請一群人出價爭取這些書信，結果，有很大比例的參與者願意退還參加研究的所有酬勞，只為了看看這些特別的文字。我們說起金錢的力量或許只是毫無誠意的誇大敷衍，但知道自己受人喜愛的力量的確有可能同等強大。

從對我們最重要的親友的分享，獲得這種難能可貴的正面意見回饋，很容易想像自己會有什麼反應。但陌生人給的社會回饋有同樣效果嗎？[118] 令人意外的是，有的。想像十二歲的潘妮洛普（Penelope）躺在掃描儀中，觀看螢幕上出現一連串其他孩子的臉。潘妮洛普完全沒見過眼前所見的人，但在看完每一張臉之後，她會被告知那個人是否想和她在線上聊天。像潘妮洛普這樣的參與者，當她發現陌生人願意和她在線上聊天時，大腦的獎賞系統活動就增加了。這些發現之所以值得注意，有兩個原因。首先，那些回饋表面看似來自徹底的陌生人，那些人除了看過參與者照片，其他幾乎一無所知。其次，正面回饋會誘發大腦獎賞系統的活化，即使參與者沒有興趣跟對方聊天。所以，就算是我們不想互動的陌生人，在他們說喜歡我們時，也會啟動我們的大腦獎賞系統。

其他研究顯示，大腦對他人的正面評價的渴望，幾乎到了令人尷尬的程度。出馬圭世（Keise Izuma）在日本進行一項研究，掃描儀裡的參與者會看到陌生人描述他們為**真誠**或**可靠**。[119] 我們不曾見過，也不曾想要認識的陌生人，給我們表面虛應的誇獎，似乎不像什麼獎勵，卻真的能啟動受試者的獎賞系統。當研究的參與者也完成一項金錢獎勵任務，出馬圭世發現，社會獎賞與金錢獎賞以類似的程度，活化了腹側紋狀體的相同部位，而該部位正是獎賞系統的關鍵部位。

莎莉．菲爾德表達受他人喜愛的歡喜之情時，其實代替了所有人說出了心聲。我們不但容易受別人的正面回饋影響，大腦的獎賞系統對這類回饋的回應，也遠比我們所想像的強烈。

如果正面的社會回饋是如此強烈的增強物，為何不多用來激勵員工、學生，和其他人？比方說，為什麼不能把它納入員工薪酬計畫？一句好話對大腦的獎賞價值就跟一定的金額一樣多。所以，這為何不能成為經濟結構的一部分，就像我們賦予金錢價值的其他物品？答案就是，它尚未被納入我們心中認定何者具有獎賞意義的理論。我們並不怎麼了解大腦的基本社交天性，尤其是社會連結的生物學重要性。因此，我們很難具體設想，正面的社會反饋如何在大腦最原始的獎賞系統強化。

我就讀哈佛研究所時，在丹尼爾·吉伯特（Daniel Gilbert）的實驗室工作，我記得凱文·歐克斯納（Kevin Ochsner）告訴我，我對實驗室的學弟妹讚美得不夠。我記得當時心想，「我算什麼人，輪到我讚美不讚美的？我就是個連一篇論文都沒有發表過的博五學生。我的讚美沒有意義。」當然，凱文是對的。如果有個陌生人稱讚我們可靠。會啟動我們的獎賞系統，可想而知，老闆、父母，甚至尚未有成就的研究所學長給我們的讚美也一樣。當然，我們都知道讚美是好事，只要不是太過無節制，但是直到不久前，我們才知道被讚美激活大腦的強化系統（reinforcement system），也是讓乳酪得以幫助老鼠學會穿越迷宮的系統。[120]而且正面的社會尊重是可再生資源，不是使用之後會變少的東西，當我們讓別人知道我們看重他們，雙方都會獲益更多。

五花八門的獎賞

雖然看似不然，但金錢卻是一種社會獎賞——因為你做了某種有社會價值的事，而獲得獎勵。所有賺取薪水的人收到酬勞，是因為做了一些別人希望他／她完成的事，無論收錢的人是全世界最頂尖的搖滾巨星還是巨星的會計。我們獲取酬勞都是因為我們提供了服務，並非是因為做自己想做的事。有些人的運氣夠好，能享受自己的工作，但那並非我們獲取酬勞的原因。我剛擔任教授時常開玩笑說，如果我能管事，根本不會付錢給大部分的學者教授，因為我們大多樂在其中而願意免費做事。但我們還是因為努力研究的成果對他人有價值，而獲得酬勞。金錢是一種社交貨幣（social currency），只不過並非無私的社交貨幣。

獎賞可以分成原始增強物和次級增強物（secondary reinforcer）。[121] 滿足基本需求如食物、水，和溫度調節的東西，稱為**原始增強物**——那些東西本身就是目的，大腦無須多加學習，就能辨認出這些東西有增強作用。一旦匱乏，所有哺乳類動物都會努力取得這些初級獎賞（primary reward）。**次級增強物**則是一開始本身並無獎賞性的東西，但因為預測了原始增強物的存在或可能性，而變得有增強效果。

如果有隻老鼠被放到迷宮裡，牠必須選擇究竟要左轉還是右轉才能找到乳酪，牠就會竭盡所能學習找到乳酪在哪裡，才能提高每次獲取獎賞的機率。如果每次測試的乳酪都是隨機擺放，老鼠就無法學習。但如果實驗人員總是在迷宮的側邊放上一小塊紅色油漆指向乳酪，老鼠將學會遵循標記找到乳酪。「紅色塊狀」本身不具獎賞性質，但如果一直能預測乳酪所在的位置，老鼠的獎賞系統就會開始對紅色塊狀有反應。[122]

金錢是世上最普遍的次級增強物。沒有金錢就無法吃飽喝足，而且你也需要大量的金錢才能確保溫暖，以利生存。而賺錢正是成年人確保其他基本需求得到滿足的最佳方法——飽食暖衣、有瓦遮頭。雖然金錢本身不能滿足任何需求，卻常被認為是所有獎賞中最受人渴望的。或許有了金錢，就像同時有了好幾種獎賞，因為我們可以想像出無數種花錢的方法。

那麼社會尊重該放在哪一種獎賞類別？可能既是原始增強物也是次級增強物。當老闆告訴你，他對你在一件企業合併案的表現印象深刻，我們很容易想像，這樣的讚美會帶來更豐厚的年底紅利獎金。但類似出馬圭世的研究顯示，社會尊重說不定也是原始增強物。大腦的獎賞系統因為這樣的讚美而啟動，即便對方是無法控制年底紅利獎金的陌生人。演化將我們打造成渴望，並努力爭取正面的社會尊重。為什麼我們會被建造成這個樣子？有個可能的解釋是，當人類或其他哺乳類動物聚在一起共同努力，並關心彼此，所有個體都能因此獲益。由於在我們生存的環境中，其他生物是最複雜也有潛在危險的威脅，促使我們與同物種的其他個體連結的社交天性，和取悅彼此的強烈欲望，就大幅增加我們收穫團體生活優點的機會。

人類是超級合作者

在皮克斯電影《蟲蟲危機》（*A Bug's Life*）中，一個悠閒自在的螞蟻群居地遭到一群黑幫蚱蜢脅迫，要求螞蟻以不成比例的糧食交換蚱蜢的「保護」。電影開頭時，片中主角一隻名為飛力（Flik）的螞蟻挺身對抗黑幫老大，卻隨即遭到羞辱；他根本不是蚱蜢的對手。電影接下來的焦點，放在螞蟻和其他昆蟲學習共同合作，打敗壓迫者。可想而知，經過屢次失敗後，螞蟻藉由攜手努力而成功擺脫蚱蜢。儘管是透過擬人化描述螞蟻的生活，卻是人類結合勇氣與共同合作的經典故事。當我們匯集資源群策群力，成就會超過單打獨鬥。「合作」是人類之所以特別的原因之一。許多物種也有合作的行為，但就像梅利思（Melis）與謝曼（Semmann）所寫的，「再沒有其他的物種具有接近（人類）合作活動的規模與範圍。」相較於動物王國的其他動物，人類是超級合作者。[123]

為何人類如此頻繁地合作？人類究竟為什麼會合作？最早的答案是，人類會在可以直接從合作過程中受益時，與他人同心協力。《蟲蟲危機》電影中，螞蟻需要聯手打敗蚱蜢，才不用再上繳糧食。同樣地，兩名修同一門課的大學生或許會一起讀書準備考試，因為他們都相信結合兩人的力量，比獨自埋頭苦讀更能得到高分。

還有其他合作互助模式，利己回報沒那麼明顯。**互惠原則**（principle of reciprocity）就是我們最強烈的社會規範之一。[124] 如果有人幫了你的忙，你會覺得有責任要在未來的某個時候回報恩惠；而對於陌生人，除非償還這樣的恩情，否則我們會覺得有些焦慮。這就是為何汽車銷售員總是請你喝咖啡。藉由對你略施小惠，讓你覺得感激虧欠，而你唯一能回報他們的，就是買一輛車，創造的價值遠超過一杯咖啡的佣金。[125] 顯而易見，單是一杯免費飲料未必都能讓所有的人買車，但確實可以將人推往這個方向。同樣，我們與人合作的方式可能是短期內付出多於得到的報酬，但期待長期可以透過互惠原則而受益。

另一種比較有意思的合作動機是，長期而言，合作顯然會減少個人的利益，但仍然選擇合作。行為經濟學家利用**囚犯困境**（Prisoner’s Dilemma）的遊戲說明這個現象。[126] 在這個遊戲中，兩名玩家必須決定究竟要不要合作。玩家能賺多少錢取決於兩人決定的總和。想像現在有十元賭金，要給你和另一個玩家（見圖4.2）。如果你們都決定合作，每人各得五元，如果兩人都決定不合作，每人各得一元。至此，很容易做出合作的決定。不過，如果其中一人決定合作，而另一人選擇不合作，不合作的叛徒可以把十元全部拿走，而合作者將一無所有。換句話說，如果你選擇合作，有可能對方會拿走所有的錢，而你卻像個傻瓜。

假設你從未見過另一個玩家，無法和對方討論最終的決定，遊戲之後也不會和對方有更進一步的互動，你會怎麼做？如果你想拿到最多錢，而你假設對方會合作，那你應該背叛（因為你就能拿到十元，而不是五元了）。如果你假設對方會背叛，那你還是應該背叛（因為你就能拿到一元，而不是一無所有了）。無論

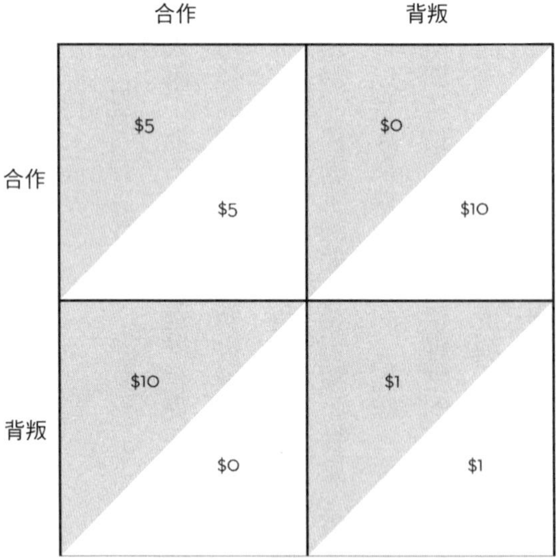

圖 4.2　囚犯困境可能性

對方怎麼做，背叛都能拿到更多錢。不過，多次研究都顯示，一般人在這些情況下，還是有超過三分之一的人選擇合作。[127]

自私自利才是理性的？

那麼我們如何解釋，為何一般人會選擇合作，確保自己拿到的錢比較少，而夥伴能賺得比較多？[128] 難道得知這些可能性的玩家，依然選擇合作是不理性的嗎？如果我們相信十九世紀經濟學家艾吉沃斯（Francis Edgeworth）的論點，「經濟學的首要原理，是每個行為主體都僅由自身利益驅動。」[129] 那麼這種合作行為似乎並不理性。而且也不是只有艾吉沃斯，將自私列為所有行動背後最顯著重要（也是唯一）的基本動機。這是個常見的老生常談。十八世紀哲學家休謨（David Hume）提出，政治制度應該以「人類的所有行為，除了個人私利，別無其他目的」[130] 的假設為基礎。一個世紀之前，哲學家霍布斯（Thomas Hobbes）率先正式確立這種說法，指「所有人應該會追求對自己天然有利的事，以及……正巧有利的事。」[131] 這個基本假設被稱為**自利原則**（axiom of self-interest）。[132]

認為自利原則指引我們一切行為的看法，並無從解釋那些選擇合作的人，只能說他們不理性或誤會了指令。但這個原則如何解釋以下的發現？在不同版本的囚犯困境遊戲中，玩家甲在做出決定之前，會得知玩家乙的決定。不出所料，當玩家甲被告知玩家乙決定背叛時，玩家甲一定會決定背叛（以確保自己也有一元，而不是一無所獲）。只是令人意外的是，當玩家甲被告知玩家乙決定合作時，玩家甲合作的比例會從三六%增加到六一%。[133] 理性的自利作法應該選擇背叛，玩家甲卻願意只拿五元而非十元。

如果你會重複和同一個玩家玩這個遊戲，這樣的選擇或許符合自利原則。利用自己的選擇建立合作的名聲，寄望在未來的遊戲贏得五元，而不是讓夥伴開始背叛，導致你之後拿得更少。但在我描述的研究中，遊戲都只是一次性，因此建立名聲沒有任何益處。唯一合理的解釋就是，除了自利之外，我們也關注他人的幸福。自利原則加上關心他人的幸福，是我們人類社交天性的基礎之一。[134]

在你玩囚犯困境時，已經被告知玩家乙選擇了合作，而你決定要合作，就代表你在乎玩家乙能得到五元而非一無所獲，更甚於在乎自己得到的是十元還是五元。由於你未見過（將來也不會遇到）玩家乙，這一點相當值得注意。你曾想過在人行道上與你擦身而過的陌生人，會對你做出這種無私行為嗎？遠在天涯海角的陌生人呢？一項大型國際合作計畫深入分析十五個前工業社會，包含從巴布亞紐幾內亞以採食為生的奧族（Au），到尼日—剛果（Niger-Congo）農耕的紹納（Shona）居民，研究人員發現，每個社會的人所做的決定都與自身利益相違背。[135] 全世界的人都樂意得到少一些的報酬，好讓陌生人能夠多得一些好處。

暫且假設這種行為並非不理性，那麼，真的是人人都寧可看到別人好？還是大家都覺得有必要合作？在聽過無數次黃金法則（己所欲，施於人）之後，或許大家都覺得自己無論想不想，都應該善待別人。或許大家以為若違反了這個法則，就會被別人看不起，於是屈從了。這種解釋與科學家兼哲學家道金斯（Richard Dawkins）的建議一致，即我們「試著教導人們慷慨大方與樂於助人，因為我們天生是自私的。」[136]

或許觀察大腦有助於釐清這一點。我們知道大腦在我們遵守社會規範時是什麼樣子，也知道大腦在我們根據真實偏好選擇時又是什麼樣子。[137] 前者牽涉到前額葉皮質的外側部分（也就是大腦讓我們抑制欲望等等的部分），而後者牽涉到獎賞系統的大腦區域，例如腹側紋狀體。

埃默里大學神經科學家及人類學家瑞林（James Rilling）進行一項fMRI研究，讓受試者玩囚犯困境，觀察人們在合作或背叛時的心理狀態。[138] 雖然遵守社會規範可能促使你心不甘情不願地多與人合作，但獎賞系統應該會透露你其實偏好有更多的金錢報償。即使你出於責任感而有七〇%的時間都選擇合作，但當你在剩下的測試中選擇背叛，並為自己贏得更多錢時，照理說，自利心理激發的獎賞系統應該反應也會更強烈。

然而，瑞林研究中的參與者顯現的模式卻與實驗假設相反。當參與者的同伴選擇合作，倘若他們也選擇合作而非背叛，觀察到腹側紋狀體的活化更多。換句話說，即便參與者自己贏得的錢變少，大腦獎賞系統的活動卻呈增加趨勢。腹側紋狀體似乎對兩個玩家贏得的總額更為敏感，而非對個人的結果更敏感。此外，研究中的受試者合作時，外側前額葉區域並未活化，這顯示了合作是受試者真正的偏好，而非責任感。

瑞林最早的研究中有個小問題，就是受試者是與相同的同伴不斷玩遊戲。這時候，建立名譽就可能有所作用，考慮到這個策略稍後可能產生更大的獎賞，所以受試者在之前遊戲做出合作的決定，或許會因此觸發獎賞系統。但幾年後，瑞林發表另一份研究，讓受試者和每個同伴只玩一次，排除了受試者需建立名譽之類的長期策略。[139] 不過，他得到相同的結果——**「共同合作」使腹側紋狀體產生最多活動**。瑞林還進行另一項實驗嘗試，讓掃描儀中的受試者得知遊戲的對手是電腦。這種情況下，共同合作不會啟動獎賞系統。由此可知，我們的獎賞系統是選擇性回應是否與對方聯手合作，即使過程中我們會得到比較少的報酬。

關於「我們是誰」的理論顯示，合作是為了最終達到對自己更有利的目標。同樣，我們認為這個人性理論有誤導性，因為並未考慮到與我們更熟悉的自私動機並存的社會動機。**共同合作本身就會啟動獎賞系統**。

利他行為的溫暖光輝

在艾西莫夫（Isaac Asimov）《永恆的終結》（*The End of the Eternity*）書中，一個現實變革的時空旅人安德魯·哈蘭（Andrew Harlan）愛上了一個來自未來的女人諾伊絲（Nöys）。[140]他知道自己接下來必須做的改變會抹去她的存在，安德魯將她藏在未來一個遙遠的世紀而不受影響。安德魯向她透露自己的行動，並承認這些行動在同行的時空旅人之中構成重大犯罪後，她很震驚他會為了她，不惜拿自己的事業冒險。「為了我，安德魯？為了我？」她問。他回答，「不是，諾伊絲，為了我自己。我無法忍受失去妳。」

我們觀察到看似無私利他的行為，有可能其實是自私的嗎？綜觀歷史，這個問題常被提出來討論，也很容易遭到懷疑論者嗤之以鼻。利他主義（altruism）的定義是幫助他人，但一般認為從長期的實際結果來看，幫助他人大致上對助人者沒有利益可言。吉瑟林（Michael Ghiselin）寫著，「抓破了一個利他主義者，結果你會看到一個偽君子在流血。」言下之意就是「仔細一看……看似利他的舉動其實是粉飾過的自私。」[141]或許接受幫助的人會直接予以回報。也或者提供幫助的人，在他人眼中會擁有更善意的形象，因而可以在日後獲得更多好處。因此我們不時會猜想，一般人是不是希望從看似利他的行為中獲得什麼。

要真正了解他人的心理動機相當困難，因為通常是各說各話。假設約翰（John）同意和伊蓮（Elaine）交換位置，而實驗有一部分是伊蓮得接受電擊。先前約翰不必接受電擊，現在就要了。一旦約翰取代了伊蓮的位置，伊蓮離開了實驗，從此不再相見。約翰的行為肯定是利他。

心理學家巴特森（Daniel Batson）證明，約翰願意與伊蓮交換位置可能暗藏自私動機，就像艾西莫夫故事中的主角。[142] 巴特森進行巧妙的研究，一人（觀察者）必須觀看另一人（受害者）接受痛苦的電擊。受害者明顯因為電擊而非常不安，而且一度詢問能否停止電擊。於是實驗人員問觀察者，是否願意代替受害者接受剩下的電擊。第一組觀察者的選項是交換位置，或繼續觀看受害者接受電擊。第二組觀察者的選項是：交換位置，或是回家（不必再看電擊了）。必須留下來繼續觀看的人，比起那些有回家選項的人，更有可能和受害者交換位置。換句話說，如果能輕易選擇逃離不愉快的情境，一般人會逃離；但如果很難離開不愉快的情境，一般人會決定做「對的事」，好過觀看他人忍受電擊。只要不必眼睜睜看著事情發生，他們願意讓受害者繼續接受電擊，這透露出他們的動機並非純粹利他。

但是，這個研究有個轉折。另兩組觀察者有同樣的選項——交換位置／留下來看，或是交換位置／離開現場。但在電擊程序開始之前，這些觀察者被誘導對受害者感同身受。在另一選項是「留下來，觀看受害者接受更多電擊」時，那些感同身受的觀察者交換位置的可能性相當高。然而，不同於前面的參與者，即使擁有另一選項是「直接離開現場，不必再看更多電擊」，有同理心的人還是有可能與受害者交換位置。事實上，有「離開現場」選項的感同身受者，是研究中所有小組裡最有可能（九一％）同意交換位置的人。由此，必定有人會推斷，刺激感同身受者的其實是對他人的關心，而不只是他們是否必須繼續觀看他人接受電擊。這些結果暗示，同理心是利他行為的催化劑，這一點我將在第七章繼續探討。

在思考利他行為的本質究竟是否為自私利己時，先思考「我們為何喜歡性愛」這個問題，會有幫助。我們至少可以從兩個層次思考性行為的動機。首先，以物種而言，我們有演化動機從事性行為，因為可以促進生育繁衍後代。在我們演化歷史中更偏好性愛的人——性驅力更強烈——更有可能繁殖，而將他們偏好性愛的基因傳遞給子孫。然而，繁衍後代的動力並非是我們有性愛關係的唯一動機，甚至也不是主要動機。沒有人比青少年對性愛更著迷，但繁衍後代通常是他們最不會想到的事。事實上，害怕懷孕是抑制青少年性行為最強烈的威懾力量。大部分的人進行性愛是因為感覺良好，包括肉體和情感。演化動機或許是生育，但我們的心理動機則是愉悅快感。那些覺得性愛令人暢快愉悅的人，通常更有可能（意外地）生育，並將享受性愛的基因傳遞下去。

同樣的分析也適用於利他行為。雖然，一群人如果合作並相互支持，傳承基因的機率確實更高，但驅使我們無私幫助他人的心理機制，或許是我們在助人時體驗的內在滿足。[143]如果幫助他人能給我們滿足與快樂——有些人稱這是利他行為的溫暖光輝——又算不算自私？[144]我們在觀察看似利他的行為時，通常會尋找隱藏的自私動機——長期下來，這個人將可得到一些實質利益，最終卻是不利於身邊的其他人。在我們企圖找出某種行為的自私根源時，不太可能會想，「他幫忙只是因為這樣讓他覺得好受。我猜他會繼續幫助別人，也不指望我們做什麼給他回報。多麼自私的混蛋！」是的，感覺我們可以將這種行為描述為自私，但並不是那種道德有問題的自私。

如同達賴喇嘛的忠告，「如果你想自私，應該要做得非常聰明。愚蠢的自私就是我們向來採取的作法，只尋求自己的快樂，卻在過程中愈來愈痛苦。聰明的自私就是為他人的幸福而努力。」[145]因為這樣做本身就令人愉快滿足。

囚犯困境研究是最早證明，大腦的獎賞系統除了重視自己的利益結果，也對重視他人的利益結果有反應。或許有人會說，進行的研究還不足以證明這一點，因為參與者選擇合作時，他們還是能拿到錢，只是沒有背叛時拿得多。但更近期的研究提供了更有說服力的證據，證明我們的獎賞系統對他人的幸福感覺靈敏。

莫爾（Jorge Moll）與美國國家衛生研究院（National Institutes of Health）其他同仁進行一項fMRI研究，觀察我們捐款給慈善團體時的腦部活動。[146] 掃描儀中的人被要求做一連串的決定，其中牽涉到參與者個人及慈善機構的財務結果影響（不同的決定涉及不同的慈善團體）。第一項測試問參與者是否同意接受五元，但與任何慈善團體都毫無關係。毫不意外，那些人很快就接受這種獎賞。第二項測試則問參與者，是否願意放棄部分彩金（例如損失二元），好讓慈善團體得到五元。不可思議的是，這個研究的整組人在選擇放棄部分金錢而去幫助他人時，比起沒有附帶條件得到金錢時，整個腦部的獎賞區域活動顯得更活躍。由此可以推測，原本被認為「自私」的**大腦獎賞系統似乎更喜歡給予，勝過得到回報**。

我與泰茲（Eva Telzer）及費里格尼（Andrew Fuligni）決定複製這個研究發現，對象是你可能認為地球上最自私的一群人：青少年。[147] 我們沒有提及慈善團體，而是請青少年捐出一大筆錢給自己的家庭。我們告訴那些青少年和他們的父母，參與這個研究的先決條件，就是捐給家裡的錢絕對不能用在捐錢的青少年身上。那些青少年絕大多數都表示，幫助家人的日常生活可以讓他們得到滿足；他們捐錢給自己的家庭時，也顯示大腦的獎賞系統活動增加。

根據類似的思維，特莉絲坦．稻垣與娜歐蜜．艾森柏格仔細分析男女朋友之間的相互支持行為。[148] 他們請來戀愛中的女孩躺在MRI掃描儀裡，她們的男朋友坐在掃描儀外面旁邊。實驗有一些測試，會讓男朋友受到電擊，有些則不會。在兩種情況下，掃描儀中的女朋友都知道男朋友在外面的情況。在一些測試中，她會收到指示，可以握住男朋友的手，或者握住一顆小球。和夥伴有肢體接觸應該會比握球更令人滿足，情況果然如此。比較令人意外的是，測試期間男朋友遭到電擊時，女孩若碰觸同伴，獎賞系統活動最活躍。在這些測試當中，女孩知道男朋友可能承受痛苦時，透過肢體接觸而提供支持，會比在男朋友不需要支持時碰觸他們，她們更感到滿足。即使提供社會支持會讓我們更緊密接觸到別人的痛苦，但這種行為在我們的大腦得到強化。能幫助我們關心在乎的人，讓我們感覺很好。一般來說，當我們想到良好社會支持網絡的好處時，會想像自己就是接受他人支持的受惠者。但這個發現顯示，支持他人對我們的幸福也有顯著的貢獻。[149]

人類是複雜的生物。我們無疑是自利的。現代經濟學奠基者亞當．斯密（Adam Smith）就犀利地指出，「我們不會期望我們的晚餐來自肉販、釀酒人，或麵包師的善行，而是來自他們對自身私利的重視。」[150] 他們協助把食物送到我們的餐桌，是因為藉由向我們索費，他們也得以將食物送上自己的餐桌。但他更加明智地表示，「無論我們認為人類有多自私，天性中顯然也有些原則的，使他對別人的命運感興趣，令別人快樂對他而言也是必要的，即使他除了親眼目睹的滿足愉悅，再無所獲。」[151]

我們通常把「獎賞」想像成有形的東西（食物、居所、iPhone），並把這些東西想像成具客觀價值。十元總是比五元好，而五元也總比什麼都沒有好。但物質獎賞之所以令人高興，只因為我們的大腦的演化，讓我們認為從這些東西可以感受到滿足。我們也被設計成從合作及幫助他人中獲得滿足。我們可以說這是「自私」，但如果這樣說，自私就不再是壞事了。以合作及慈善為主題的神經科學研究，排除了典型的利他主義問題——「我們到底是不是無私利他？」換上了兩個新問題：我們的演化為何讓我們享受無私利他？以及我們為何不明白無私利他本身就令人滿足？我們就來一一探討這些問題。

社會獎賞為何令人滿意？

我們已經看到社會獎賞有兩種——我們知道自己受別人喜歡、尊敬，或關心時，我們所得到的社會獎賞；以及當我們關心或善待別人時，我們得到的社會獎賞。把這拿來和母嬰關係相提並論不意外。有陌生人表達對我們的喜歡，這是令人開心的事，有部分是因為人類已經推斷出受母親關心是正面的感覺。許多哺乳類動物在受到母親或同儕照料培育時，腦部呈現類鴉片相關的愉悅反應。[152] 但就人類來說，我們所受到的培育照顧多數是以語言表達，而非身體方面。[153] 當其他人花時間以語言來關心照料我們，那是我們安全無虞且受關照的訊號。由於我們的未成熟期漫長，這也是一個我們所能收到相當有效的強烈增強信號。[154]

受到他人善待令人高興，這並不意外。我們知道受人喜愛和關懷的感覺很好。這是個訊號，代表有實質物品可讓團體成員分配時，其他人會將我們納入其中一員。但我們如何解釋，在沒有實質益處時，我們有時候還是有動機去幫助別人，甚至是完全陌生的人？我們如何解釋真正無私利他的感覺？最好的答案大概跟親職照顧的演化變化有關。

所有哺乳類母親都是隨著生下子女，快速啟動進入照顧模式。[155] 老鼠在幼鼠出生之後幾天內，開始照料幼鼠並建立感情；母羊在生產後兩個小時內，對小羊產生感情；人類甚至是在嬰兒出生之前幾個月，就打從心理開始感到親近。無論什麼情況，一種神經胜肽（neuropeptide）——催產素（oxytocin），是引發我們照顧動機的關鍵驅動力。催產素的主要生理作用，就是在生產過程中幫助分娩，並在哺乳期間促進泌乳。[156] 在大腦的獎賞系統中，催產素還會驅使我們接近自己的嬰孩，維持他們的安樂幸福，同時在我們接近其他處在痛苦之中的人時，減少我們會感覺到的個人苦惱。

因此，這兩種社會獎賞取決於不同的神經化學歷程。受人關心會促發大腦由類鴉片產生的愉悅歷程。反之，描述催產素效果更恰當的方式，是催產素藉由調節多巴胺❶歷程，促進趨向行為（approach behavior）。[157] 我們拿巧克力棒，是因為多巴胺信號告訴大腦，吃了巧克力棒我們會開心享受。簡單來說，我們受到某些東西吸引，是因為大腦透過學習得知這些東西與多巴胺的釋放有關。不過，哺乳類的大腦天生不喜歡接近外來者，因為外來者可能代表威脅。而對老鼠來說，新生幼鼠其實就是外來者。於是哺乳類動物有點陷入兩難困境，一方面，子女是我們天生本性要避免的外來者，但另一方面，照顧幼小又是子女生存的必要條件。催產素顯然改變了哺乳類動物對幼兒的多巴胺反應，將天平從「逃避」行為撥往「趨向」行為。

有人形容，催產素是一種愛之藥，或是信任激素，但我比較喜歡將催產素當成**照護神經胜肽**（nurse neuropeptide）。大學之後，我有一年時間在紐澤西新布朗斯威克的聖彼得醫院外科部門工作。我每天和護士一起工作，而他們的工作非常人能及。他們的工作非常辛苦，顯然也不是十分有利可圖——更像養育兒女。每一天，他們都要應付狀況最糟的病人和家屬。而且他們不像我們這些普通人看到體液就反胃，看到必須包紮的傷口就雙眼一翻，護士會衝上前馬上執行該做的處理。他們做這些，並非因為他們愛病人或信任病人，他們通常根本不認識病人。他們做這些，是因為幫助別人就是他們的動機，這件事本身就

❶ 多巴胺（dopamine），是一種神經傳導物質，可影響人的情緒。主要與情緒調節、注意力、動作、獎賞與成癮機制有關。

是目的。一旦我們必須照顧自己的小孩時，催產素促使我們從小人物變大英雄。護士卻是每天對所有人做這樣的事。

在動物之中，對自己子女的利社會（prosocial）情感，和較高濃度的催產素調節大腦的獎賞反應有關——作用在**腹側紋狀體與腹側被蓋區（ventral tegmental area）**，這兩者都屬於獎賞系統。有一種說法指出，腹側被蓋區釋放的催產素導致腹側紋狀體區域釋放多巴胺，而這又關係到提高我們尋求獎賞的動機。[158] 無所畏懼顯然是受到中隔區（septal region）之內催產素互動的影響，而中隔區的位置緊鄰腹側紋狀體。[159] 催產素和大腦的中隔區，兩者都與減少痛苦的生理指標有關，而這或許會促使我們即使在痛苦煩惱或惡劣的情況下，也會幫助他人。[160] 換句話說，當我們看到別人有需要，譬如有人傷口在流血，催產素可能同時提高接近那個人的獎賞價值，並減少我們靠近痛苦之人時可能會有的苦惱不安。

雖然在各種哺乳類動物之間，催產素對促成關懷子女的作用有極大相似性，但催產素對靈長類動物與非靈長類動物如何對待外來者，卻各有不同影響。[161] 對非靈長類動物而言，催產素增加，會提高牠們對外來者的敵對情緒。一般而言，可用母親保護嬰孩不受未知威脅傷害的解釋理解。母羊會攻擊企圖尋求餵養，卻沒有血緣關係的小羊。[162] 但是催產素的歷程若是受阻，母羊就會給沒有血緣關係的羊羔哺乳。因此，在非靈長類動物之中，催產素促成牠們親自照料自己的子女，包括保護子女不受他者傷害。這確保母親的有限資源只會投注在能將其基因傳遞給後代的子女身上。

催產素對照料及攻擊的影響，在人類身上也得到證明。研究已經證明，在受試者參與囚犯困境等行為經濟學遊戲時，施予催產素可提高慷慨大方的行為。[163] 而另一方面，荷蘭心理學家狄德勒（Carsten De Dreu）也在多項研究中證明，施予催產素會導致在囚犯困境中對其他族裔的成員有更具侵略性的反應。[164]

儘管催產素可能導致內團體偏私（ingroup favoritism，偏袒自己所屬的團體），以及對不屬於同團體的人產生敵意，但對於靈長類及其他哺乳類動物而言，敵友的分界線卻有重大差別。在非靈長類動物方面，催產素會導致個體將所有外來者都視為可能的威脅，因而提高對外來者的敵意攻擊。相較之下，人類至少將他者區分為三類：喜愛團體的成員，厭惡團體的成員，以及所屬團體未知的陌生人。給人類施予催產素，會促進對喜愛團體成員及陌生人的關懷照顧，但對厭惡團體的成員產生敵意。[165]

催產素有助於促進人類對非我團體的利他傾向，因為這不算最強烈的利他，對象也不是厭惡團體的成員。但催產素能提高我們對陌生人的慷慨大方，這一點確實相當神奇，因為這讓互不相識的陌生人一開始對彼此抱持正面傾向，並合作共同完成大事，例如建造房屋、學校，以及其他支撐社會的機構制度。

我們為什麼不知道？

在我吃一球鹽味焦糖冰淇淋時，如果你掃描我的大腦，肯定會發現我整個大腦的獎賞系統活動增加。或者你可以省下一大筆fMRI掃描的錢，只要問問我是否喜歡鹽味焦糖冰淇淋。提到冰淇淋，我們的意識經驗和大腦說的話是同一套說法。那提到社會獎賞，為何就不一樣？為什麼受到善待，我們似乎並不覺得好受？為什麼我們不承認幫助他人本身就是報償？而且不是因為相信未來可能會因此得到物質上的好處，才幫助別人。研究顯示，因為我們覺得「不得不」告訴所有人我們有多自私——即使我們並不自私。

不久前，我參加了系上社會心理學家的會議，成員包括教授和研究生。主席特別強調要感謝研究生凱莉，因為她在暑假期間花了很多時間，把一套行政作業流程搬到網際網路上，並加以精簡改善。會議室裡所有人都為她的付出熱情鼓掌，凱莉紅著臉不假思索地說，她也會因為流程精簡而受惠，所以她也算從中獲益。這完全是瞎說。她在研究所的最後一年因此而省下的時間，絕對抵不過她投入的時間。凱莉後來告訴我，就算聽到自己這樣說，她也知道並非如此。但她還是說了這些聽似自私的說法。凱莉幫忙，是因為她善良體貼，看到問題又知道自己幫得上忙。凱莉幫忙，是因為幫助身邊的人本來就令人開心。只是基於某種原因，當有人問我們為何幫忙，我們往往會說些顯得自己更自私的說詞。

史丹佛大學社會心理學家米勒（Dale Miller）找出這種偽自私的行為根源。[166] 霍布斯、休謨，以及其他知識分子宣稱，「自利」是所有人類動機之來源，這套理論產生了自我實現的預言。他們的理論以及所有重複這套理論的人，影響了社會其他人的行為表現。因為我們一直被教導，人是自私自利的，所以我們遵從這套文化規範，避免與眾不同。[167]

米勒多次實驗證明，我們以為他人遠比實際情況更加自私自利。他在某個研究中找來一些人，詢問他們認為有多少比例的大學生願意為了十五元捐血，以及如果沒有金錢誘因，又有多少比例的人願意捐血。受訪者估計願意免費捐血的人，約為願意為錢捐血者的一半（三二％及六二％）。但估算實際的自願捐血者比例，發現不給錢卻願意捐血的機率有六二％，只比收錢捐血的比例略低（七三％）。

由於這些高估他人自私程度的錯誤假設，我們往往會避免讓自己顯得無私利他。我們不想自己顯得一副像在自吹自擂或是自命清高。如果你相信一般人都認為無私利他並不存在，那麼宣稱自己的行為是出於利他動機，感覺就像把自己捧成了高人一等。基於這個理由，當有人被問到為什麼從事利社會行為，他們通常會將自己的行為歸因為利己，例如，「我當志工是因為無聊，當志工讓我有事可做。」[168] 我們時常聽到，有些人會為自己的利他行為找些聽似自私的理由，這只會加強我們的信念，認為所有人的行為都是利己的，於是又讓我們更不可能承認自己的利他動機。這個循環會自我增強，久而久之，愈來愈根深柢固。

讓人更深刻認識到這其中的諷刺，是米勒的另一項研究。[169] 他們找人為慈善團體募捐。只被要求捐錢的人，發現自己很難找出一個利己的藉口，解釋他們幫助慈善團體的行為。其他人則被告知，他們會收到一個小蠟燭，作為捐獻的回報。這個蠟燭創造出虛構的交換想像，讓人可以說，「我並非為了助人而捐款。我買了個蠟燭。」一如預期，有蠟燭回報時，一般人捐款的可能性高於沒有蠟燭的情境。他們在這些情況下捐款的金額也更多。諷刺的是，拿到個小玩意兒做回報，讓我們可以用非利他的理由掩飾慷慨行為，因而令我們更無拘束地做出無私行為。

法國學者托克維爾（Alexis de Tocqueville）一八三五年寫下第一本有關美國的巨著《民主在美國》（*Democracy in America*），書中提到，美國人說起個人善行時的想法，令他驚奇：「美國人……喜歡以利己原則解釋生活中的種種行動……在這方面，我認為他們往往不能公平看待自己；跟其他國家一樣，在美國也常看到人屈服於那些無私（也就是非利己）的行為，及人類與生俱來且不由自主的衝動；但美國人很少承認他們屈服於這種情感。」[170]

其實我們本來就是充滿各種自私與不自私的動機。而這並非偶然。哺乳類動物大腦天生被設定成關懷他者，而在靈長類動物身上，這種關懷至少會擴及一些非親屬，即使是沒有實質報酬的投資。因為我們大腦天生的設計，不管我們餓不餓，吃下一片美味餅乾就是賞心樂事。同樣，無論我們是否期待有回報，幫助他人的感覺就是良好。

不妨想像我們若是在學校學到這些，並理解無私助人就跟自私自利一樣自然，那會是何種情況。與利他行為連結的奇怪汙名將就此解除，說不定產生更多有利社會的行為。

終生的痛苦與快樂

我們在本章與前一章探討兩種主要演化動機工具，聯合運用以確保所有哺乳類動物關心自己的社會世界。痛苦與快樂是我們積極人生的驅動力。[171] 動物世界充滿各種物種，牠們具有能力成功躲開那些會造成傷害的威脅，並受到有助於生存與繁殖的潛在獎賞吸引。這也難怪，哺乳類動物被設計成天生會避開掠奪者，或者記住上次在迷宮的哪個位置找到乳酪。

令人意外的是，這些基本的痛苦與快樂動機，卻也被用於我們的社交生活。哺乳類動物幼崽唯一的重要需求，就是持續由成年動物照顧。少了這一點，幼崽的其他需求皆無法滿足，便會死亡。設法保持聯繫，因此成了**哺乳類演化的核心問題**。藉由將各種危及社會連結的威脅變得非常痛苦，我們的大腦對這些威脅就會產生反應（例如，嬰兒的哭聲會引起照顧者的注意）。而把「照顧子女」變成本身具有獎賞滿足及增強作用，大腦會確保在子女需要我們之前，我們就已在他們身旁照護。

演化適應往往有意料之外的結果。社會連結的需求以及照顧他人得到的快樂，是促成人類超越單純生殖目的，發展出愛情的原因嗎？這些痛苦／快樂反應，或許是為了照顧嬰兒的目的而演化，卻陪伴我們一生，從根本塑造我們的思想、感覺，和行為，直到生命盡頭。這種社會動機的缺陷就是，在它們未能獲得滿足時，可能造成非常不良的後果。切斷社會聯繫（social bond）——無論是長期戀愛關係的終止，還是摯愛之人的死亡——是憂鬱及焦慮的重大風險因子。[172]雖然成人的社會需求若未能得到滿足，遠比生理需求未得滿足時存活得更久，但社會聯繫關係到我們的生存時間長短。社交網絡欠佳對身體健康的危害，幾乎就跟一天抽兩包菸一樣。[173]

渴望連結的社會動機，從嬰兒時期就顯現在所有人身上。那是種迫切的需求，是大寫N的需求。對那些能將社會痛苦降到最低，又能將社會快樂放到最大的人，社會需求的存在造成的演化後果是一大優勢。建立並維繫社交網絡並非易事，從《我要活下去》（*Survivor*）到MTV的《單身宿舍》（*Real World*）只要看看這些真人實境節目就知道。幸好，演化給我們兩個大腦網路，幫助我們理解身邊的人，並加強與他人的團結合作。連結是我們奠定社交生活的基礎，但演化仍未完成，還未能確保我們充分善用社交生活。

PART 3

社交天性適應之二：心智解讀

在這一生當中，理解他人的想法和意圖，心智化功能的高低優劣可能就是重要因素，造成生活「擴大幸福滿足與社會連結」，或是「感到更加孤獨與挫折」的天壤之別。如此說來，倘若演化選擇讓大腦有多餘的系統理解他人，或許就言之成理了。

第五章

心靈魔術的祕密

Mental Magic Tricks

在這世界上究竟要如何建造一部機器，才能夠假設別人有這些心理歷程，還能有效地納入考慮？這聽起來或許不真實，但我們卻總是在不知不覺中這樣做。或許這就是為什麼我們花了那麼長的時間，才發現我們有這種能力。就像魚不知道自己在水中，因為牠們被水包圍，心智解讀對於「我們是誰」是如此根本，以至於我們很少注意到這項能力的存在。

大部分人相信，丟銅板幾乎可以快速而公平地解決所有僵局。古羅馬人稱之為navia aut caput，意思是指錢幣兩面的船隻與頭像。丟銅板似乎是解決這種僵局的合理方式，因為看來銅板只可能落在正面或反面。只不過並非如此。幾年前，一群住院醫師被要求在嚴峻的測試條件下，各自丟銅板三百次，並且盡量每次丟出正面向上的結果。[174] 這些人不是賭徒也不是老千，也沒有給他們太多時間練習。不過，每個住院醫生丟出的正面都能比反面多。一名住院醫生丟出的正面超過兩百次，命中率六八%——遠高於隨機機率。史丹佛大學的統計學家針對丟銅板的物理學進行分析，且判斷丟銅板的人並無任何不良企圖，結果發現，一枚正常的錢幣通常落地時傾向出現「拋出時朝上的那一面」的結果。[175]「拋出時朝上的那一面」具有極其微弱的優勢（五一%對四九%）；但倘若如此，誰會同意再用丟銅板決定勝負？

舊金山49人隊（San Francisco 49er）的南德尼（Joe Nedney）聽說了這個丟銅板的結果，於是建議改成以猜拳決定國家美式足球聯盟（NFL）每次比賽的開球隊伍。有多少小孩因為猜拳輸了，被指派要去可怕的鄰居家院子把球要回來？如果丟銅板不合宜了，猜拳才是打破僵局的公平作法，那麼鮑伯·庫珀（Bob Cooper）必定是全球最幸運的傢伙了。二〇〇六年，他打敗四百九十六個競爭對手，贏得猜拳世界冠軍的頭銜。

就像多數人所知，這個遊戲很簡單。兩個人同時做出一個手勢代表石頭、剪刀，或布。石頭砸壞剪刀。剪刀剪開布。布包住石頭。玩家有三種選擇，每一種選擇可以打敗另一種，也被另一種打敗（如果兩人選了同一個手勢，就是平手，再來一次）。在猜拳世界錦標賽的總決賽，來自倫敦的銷售經理庫珀以石頭對上對手的剪刀，比數來到五比二。他只需要再多贏一次。下一輪兩人都出布。接著是石頭。再來是剪刀。連續三回合平手。最後，在他們比賽的第十五回合，庫珀以剪刀打敗布，衛冕成為猜拳之王。

這場比賽在 YouTube 看得到，影片下方出現的第一條評論極盡挖苦嘲弄，「我等不及要看丟銅板錦標賽了。」對於不明就裡的人，猜拳似乎是隨機的，各方猜贏的機率相等。如果你這樣想，我知道有一些猜拳專家很樂意和你安排一場高賭注的比賽。高手中的高手是讀心專家；他們在你出手之前，就知道你要出什麼拳。新手有些明顯的傾向可為對手利用。比方說，剛接觸猜拳的人在與人比賽時，通常出石頭的機率高於布或剪刀，可能是因為石頭和力量有關。另一個傾向是，在連續兩回合出同一個手勢之後，就會改變手勢。經驗較多的玩家可以反其道而行，大幅提高勝利的可能性。

當然，競賽之中沒有新手。經驗豐富的玩家可以執行一連串複雜的攻擊與反擊。在登上世界冠軍寶座之後，庫珀告訴記者，猜拳的基本要素就是「預測對手心中對你的預測。」大概的意思是，你要進入對手的腦袋，操縱他認為你會出的拳，並推斷他會如何利用這個資訊來反擊你，這樣你就可以使出足以還擊對方的手勢。這完全就是心智解讀。

牛津大學數學教授索托伊（Marcus du Sautoy）嘗試以另一項策略猜拳，不仰賴心智解讀，而且就算遇上其他人的讀心功夫，也能有無敵的效果。他決定每次猜拳完全隨機，利用 π 的數字順序（三・一四一五九……）決定下一拳。由於每一回合都完全沒有制定策略，也就去除了對手操弄他的辦法。只是他這個「輸不了，贏不了」的策略雖然運氣還算不錯，但也不是鮑伯・庫珀的對手。庫珀連續八次打敗他。庫珀並非仰賴統計知識，反倒可能是察覺到細微的臉部表情與肢體語言，洩露了索托伊的下一個對策。這還是心智解讀的力量！

日常讀心術

布倫塔諾（Franz Brentano）是一位名聲不顯的德國哲學家，卻是二十世紀幾位舉足輕重的哲學家及心理學家的祖師爺。他教出了胡塞爾（Edmund Husserl），胡塞爾又教出了現代現象學及存在主義哲學的一代巨擘海德格（Martin Heidegger）。布倫塔諾的弟子還有斯圖姆夫（Carl Stumpf），斯圖姆夫教出了第一代完形心理學家（完形是指整體大於部分的總和），以及被視為美國社會心理學奠基者之一的勒溫（Kurt Lewin，於第二次世界大戰爆發時離開德國，前往美國）。

一八七四年，布倫塔諾出版一本曾被遺忘許久的著作《從經驗主義觀點看心理學》（*Psychology from an Empirical Standpoint*），與馮德（Wilhelm Wundt）影響深遠的《生理心理學原理》（*Principles of Physiological Psychology*）在同一年發表，是最早的心理學現代文本。[177]布倫塔諾主張人類心理的核心重點就是，我們的思想是「意向性的」（Intentional）。布倫塔諾的主張衍生自亞里斯多德及十二世紀探討客體「意向內存性」（intentional inexistence）的經院派哲學家。基本上，**意向性**（Intentionality）指的是我們對其他事物有思想、信念、目標、欲望，和意向。我們的思想可能是**關於**世界中的客體，或是**關於**想像的存在（例如，霍格華茲的巫師），甚至是**關於**其他思想，但思想一定會衍生超越思想本身而指涉其他。除了人類，已知全世界沒有其他物種具有這種「關於」（aboutness）的內在特質（例如，石頭沒有「關於」任何東西；石頭就是石頭）。

在布倫塔諾之後過了半世紀，才在我們的社會心智發現相應的核心事實：我們擁有能力，或者更精確地說，我們有無可避免的傾向，會從他人的意向性心理歷程去觀看及理解他人。當我們看到他人，就會想知道他們在思考什麼，以及他們是如何思考。

為了證明這個日常讀心術的強烈傾向，海德（Fritz Heider）讓人觀看一段兩個三角形和一個圓圈繞行移動的動畫短片，然後問大家看到了什麼（見圖5.1）。[178]大家不會這樣看：「兩個三角形和一個圓圈繞行移動。」大家看到的是一齣齣的戲碼：「**大三角形是個惡霸，在欺負小三角形和圓圈，把他們嚇得四處逃竄，但後來他們想出辦法戲弄大三角形，並全身而退。**」或者「**大三角形是小圓圈女孩的男朋友，他妒火中燒是因為逮到小圓圈和小三角形在打情罵俏。**」每個人都從這些形狀看到了明顯不存在的思想、感覺和意向——可是形狀沒有心智！我們能從周遭處處看到會思考、感覺的心智：我們對待電腦、汽車，甚至天氣的態度，彷彿它們都有自己的心智與思想。這種從實體世界的事件背後看到心智的過度概括傾向，想必是演化為了確保我們不會在不知不覺中，忽略了他人的真正心思。畢竟真正的心思隱密無形，如果我們沒有被設計成對這些細節留意，很容易就會忽略過去。

一九七一年，布倫塔諾的意向性宣言發表一世紀後，哲學家丹尼爾．丹尼特系統化整理了這種「以心智引導行為的角度去觀察他者」的傾向。[179] 丹尼特認為，無論我們假設其他心智存在的看法是否合理，我們天生就會假設他人都是意向性動物。丹尼特稱之為採取**意向立場**（Intentional stance）。這是因為我們自己的心智會思考他人的心智（而他人也

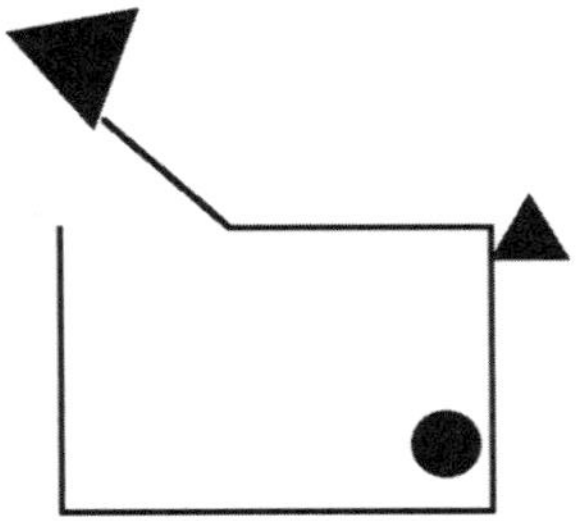

圖 5.1　海德與希梅爾的三角實驗
（Heider and Simmel's Fighting Triangles）[1]

[1] 圖片改編自 Heider, F., & Simmel, M. (1944). An experimental study of apparent behavior. *American Journal of Psychology, 57*, 243–259.

會思考我們的心智），所以我們才有達菲鴨（Daffy Duck）與兔巴哥（Bugs Bunny）「我知道你知道我知道」這類僵持對峙的高雅喜劇。儘管兔巴哥和達菲鴨或許誇張了一點，但這種互動是社會之所以能協力合作，建立足球協會、學校，和摩天大樓的主要原因之一。

意向立場如此普遍，在日常生活中更是信手拈來，我們幾乎不可能領悟這是何等成就。**我們所有人都是讀心者**。在你看到這裡時，你理解的並非只有頁面上的符號，還有我寫下這些文字時的想法。同樣，在寫下這些文字時，我必須能夠預測紙面上的這些符號在你的心中會引起何種感受，才能讓我的想法更容易理解。在這世界上究竟要如何建造一部機器，才能夠假設別人有這些心理歷程，還能有效地納入考慮？這聽起來或許不真實，但我們卻總是在不知不覺中這樣做。或許，這就是為什麼我們花了那麼長的時間，才發現我們有這種能力。就像魚不知道自己在水中，因為牠們被水包圍，心智解讀對於「我們是誰」是如此根本，以至於我們很少注意到這項能力的存在。

試著想像如果你無法理解別人的心思，或寄望別人理解你的心思，這一天會怎麼過。就舉個最微不足道的例子，每當我搭飛機回洛杉磯，機場有接駁車會載我到停車場。在接駁車接近我所在的航廈時，我揮揮手，司機就知道我想要他停車，讓我上車。當他停車打開車門，我也知道司機的意圖，他要我上車。這是兩個陌生人之間的簡單交涉。但是，倘若我們沒有準確理解他人行為的心理意義，那就無法完成這個不起眼的互動。現在，再想像有個顧問團隊正和一家公司合作開發新的招聘計畫，或是數學老師正在指導二十幾位學生正弦、餘弦定理的細節。在這些情況下，我們必須有敏銳的洞察力，清楚那些與我們合作的對象如何理解我們的行動。如果我們不再有這種能力理解或預測他人的心思，現代世界將停止在軌道上。思考的能力讓我們得以想像偉大成就，但若沒有能力進行社會性思考，並引人投入分享我們的願景，我們就只能獨力實現願景了。

這種**理解**「他人具有思想可驅動行為」的能力，心理學家稱之為擁有「**心智理論**」（Theory of Mind），而當人運用這種能力，就叫做**心智化**（mentalizing，我們思考他人的心理狀態即是心智化）。就像科學家有理論可做預測，並根據證據得出結論，成年人的運作就像我們有套理論——預設身邊的人都有心智，並根據一套規則條理分明地做回應（例如，輸掉一場比賽讓人難過，不高興）。正是這種特色鮮明的成就，讓我們得以將自己原本孤立隔絕的想法和他人的想法協調，促成共同的目標與合作。

我知道你知道我知道

過去這三十年，研究心智理論的學者一直專注在兩個相關問題：**誰有心智理論，以及在什麼時候得到心智理論？**「誰」這個問題通常主要在判斷，若有非人類物種也有跟我們一樣的心智理論能力，會是哪一種？地球上只有人類有能力理解他人的心智？還是說，如同使用工具等諸多能力，我們與動物王國其他生物的差別，只不過是程度高低差異而已？[180]普利馬克（David Premack）與伍卓夫（Guy Woodruff）是最早開始思考解決這個難題的人。就遺傳基因來說，黑猩猩是與人類血緣最接近的生物，所以若有其他動物具心智理論，黑猩猩是最有可能的物種。普利馬克和伍卓夫找來一隻名叫莎拉的黑猩猩，莎拉懂得表演一些有趣的把戲，且頗令人驚嘆。研究人員給莎拉看一段影片，影片中有一個人會做些活動，例如企圖摘取位置太高而難以企及的香蕉。影片會在那人解決問題之前暫停，並給莎拉看四張照片，顯示那個摘香蕉的人接下來可能採取的步驟。莎拉能準確挑出代表正確解決辦法的照片（找個箱子來站在上面）。雖然這對你我來說輕而易舉，但是黑猩猩也能做到就頗令人驚奇。普利馬克和伍卓夫認為，黑猩猩莎拉能完成作業的唯一辦法，就是理解那個人是個有欲望及目標的實體，而在這個情況下，他有特定的欲望—目標組合：藉由摘取香蕉以滿足飢餓。

所以黑猩猩有心智理論？到頭來，莎拉的本事更像是辯論的開端而非辯論的終結。丹尼特等人提出，這一招或許令人印象深刻，但所反映的實驗意義與其說是黑猩猩理解情境，不如說，更像是根據制約作用訓練鸚鵡提問，或是只為了自己解決問題（「我該怎麼做？」），而未思考他人的心思。一九七八年，丹尼特以十八世紀潘趣與朱迪（Punch and Judy）木偶戲的喜劇風格為發想，提出一個更為權威的**錯誤信念作業**（false belief task）：

觀看潘趣與朱迪節目時，年紀非常小的孩子在看到潘趣準備把箱子丟下懸崖時，他們會興奮期待地尖叫。[181] 為什麼？因為**他們知道潘趣以為朱迪還在箱子裡**。他們再清楚不過了；他們看到潘趣轉過身時，朱迪逃走了。我們認為兒童的興奮激動就是壓倒性的證據，證明他們理解狀況——他們知道潘趣的行為是根據錯誤的信念。

丹尼特的評論導出心智理論第二個重大問題，主要著重於**人類在發育期間的什麼時候展現心智理論能力**？丹尼特的例子顯示，人類確實能理解他人的錯誤信念，但不是天生具有這種能力。一九八〇年代中期，一些研究人員將丹尼特的潘趣與朱迪思想實驗轉變成真實實驗。[182] 知名的潘趣與朱迪變化版本的實驗，又稱為**莎莉與小安測驗**（Sally-Anne task）。莎莉與小安這兩個玩偶都在大家看得到的地方，旁邊有個籃子和箱子。莎莉將一顆彈珠放進籃子，然後離開舞台。莎莉離開的時候，小安悄悄把莎莉的彈珠從籃子裡拿走，改放到箱子裡。等莎莉回來時，觀看表演的孩子就被問到，莎莉會在哪裡找彈珠。這裡的奧妙就是，觀看迷你劇場的兒童對於彈珠在哪裡有正確理解，但莎莉有的卻是錯誤信念。

莎莉依然以為彈珠在她放置的籃子裡，但她錯了。如果孩子抱持的是自我中心的看法，認為所有人都知道他們所知道的，他們回應莎莉會到箱子裡找。然而，如果他們可以理解旁人可能有與他們不同的看法，而且可能看法與現實並不相符，他們更可能回答莎莉會從籃子裡找。許多研究的結果都提供了強而有力的一致證據。[183] 三歲兒童的測驗表現不佳，五歲兒童卻相當擅長。

隨著設計出不同的新測試，證據顯示，具有這種社交技能的兒童年齡愈來愈小。[184] 黑猩猩雖有出現這種能力前兆的證據，但尚無證據能明確證明，牠們可以跨越思考他者錯誤信念的門檻。[185] 說到徹底理解他人心思本質的能力，人類或許是世界上獨一無二的代表。

為何兒童思考他人的心理狀態會令人驚嘆？因為心理狀態是看不見的。你可曾見過思想、感覺，或欲望？可是我們多少都學會推斷，他人腦中存在的這些無形東西引導他們做出行為。當我們看到石頭滾落山坡，我們不會推論：「它想去山腳下。」但是當我們看到有人跑下山坡，我們就會這樣想。

我們漸漸發展出一套非常複雜的理論，用以說明不同的狀況與結果，對一般人的思維可能有什麼影響，以及這個人隨後會有什麼行為表現。如果比爾和泰德是好朋友，但泰德開始花更多時間和喬治相處，我們知道比爾會有什麼感受（被忽略、嫉妒），以及比爾可能的反應（企圖拉攏喬治，創造穩定的三人行，或是和喬治爭奪泰德的友誼）。我猜想我所描述的任何情境，你都能很確信一般人會做出什麼反應。**正是這種考慮身邊其他人心理反應的能力，讓我們預先想像別人的反應，進而增加我們接觸社會獎賞的機會，並將社會痛苦的經歷降到最低**。如果你能預測即將寄出給某人的電子郵件會導致那個人排斥你，為此，你可以修改電子郵件，更委婉地敘述來意。這種事我們每天或多或少要執行無數次。我們懂得利用自己的心智解讀能力，支援渴求社會連結的動機。

一般智力系統

我們是如何施展這種理解他人心思的招數？最早的一種說法著重在由前額葉皮質支援的抽象推理及努力思考（effortful thinking）等一般能力。[186] 邏輯推理有兩種類型：演繹與歸納。

採用演繹推理時，倘若有一組假設前提為真，我們可以推論情況**必定**是什麼結果。以下面的假設前提為例：

一、如果下雨，野餐就會取消。

二、正在下雨。

如果這兩個前提為真，那麼我們必可合理推斷野餐已經取消。這是演繹推理的例子，而這種「如果—就會」（if-then）的推理，是我們非凡的解決問題能力核心。

相反地，歸納推理則是利用過去已知的真確事實，預測未來何者可能為真。舉例來說，我們相信太陽明天將會升起，是基於我們有生以來看到太陽每天都升起，此一強而有力的證據而斷定。不同於演繹推論，合理的歸納推論並不保證正確。過去的日出並無法真正保證未來就會繼續如此，就像有了十二部《十三號星期五》（*Friday the 13th*）電影，我們也不能保證還會有下一部。如果世界保持不變，那麼歸納推理產生的結論通常就是正確的，這也是為何預測太陽會繼續升起，以及還會有更多《十三號星期五》電影至今仍算合情合理。

許多神經造影研究發現，外側前額葉皮質與外側頂葉皮質（lateral parietal cortex）中的區域，又可合稱為外側額頂葉皮質（lateral frontoparietal cortex），在我們從事演繹推理或歸納推理時，比不進行推理作業時更活化（見圖5.2）。[187] 有些大腦研究顯示，儘管兩種推理方式看似有差異，但是兩種推理歷程在神經結構相似性，明顯大於表面上看來的微小差異。

更廣泛來說，這些外側額頂葉區域透過**工作記憶**歷程，支援無數種努力思考。工作記憶是一種心理歷程，通常與心中存有及更新多項資訊有關。如果我請你觀看電腦螢幕上的七位數字（八六七五三〇九），當數字從螢幕上消失後再請你記住數字十秒鐘，讓數字在你的腦中保持活躍的就是工作記憶。同樣，工作記憶可以用來思考腦中事物之間的關係，例如兩個數字何者為大。

想大致了解工作記憶對日常運作的重要性，不妨想想閱讀能力。在你看完前一個句子時，你正使用工作記憶記住句子的開頭，這樣就能理解完整的思路。想像你只在讀到的當下處理那個字，之後就從你的腦中消失，你將永遠沒有句子前半部的脈絡背景可清楚理解後半部的意思。無數個關於工作記憶的fMRI研究顯示，工作記憶和大腦外側額頂葉區域有關。[188] 當工作記憶的負載增加（例

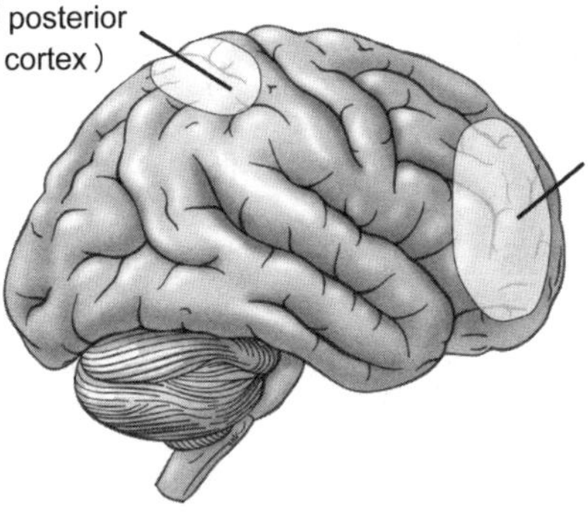

圖 5.2　外側前額葉與頂葉區域和智力、推理，以及工作記憶有關

如，背誦五位數字、七位數字、九位數字），腦部這些區域的活動也會增加。這些區域有的會同時涉及邏輯推理和工作記憶，其實是可以理解的——從事邏輯推理牽涉到記住資訊片段並加以比較，這種思維是工作記憶幫助我們執行的。

工作記憶與推理能力皆與我們對一般智力的概念有重疊。在外人看來，能夠記住更多資訊並有效推論資訊的人，就比做不到的人聰明。所以研究智力的神經基礎，會指向同樣涉及工作記憶與推理的外側額頂葉區域，也就不足為奇了。[189] 在測試主動思考能力的流體智力❷測驗中獲得高分的人，執行涉及努力思考或主動思考等任務時，這些區域活化得更多。

由於在一個又一個的研究中，這些思考及推理都徵用同樣的腦區，有關心智理論的第一個假設，自然會著重在腦部這些區域。外側前額葉皮質是大腦執行抽象推理的萬用裝置，幫你計算稅賦、下棋，還有記住電視購物的電話號碼，以便訂購吸毛髮的吸塵器。如果外側前額葉皮質通常支援一般推理任務，為什麼不能支援推論他人的心思？[190] 就像一般推理，社會推理的結構也可能是演繹或歸納。

不妨看看莎莉與小安測驗的錯誤信念作業：

一、莎莉將彈珠放進籃子。

二、莎莉沒有看到小安將彈珠挪到箱子。

這些前提得出的合理結論就是，莎莉並不知道彈珠已經挪走，所以她對彈珠的所在位置抱持不正確的信念。這是標準的演繹推理，而在解決這個問題時，我們感覺和其他類型的演繹推理並無兩樣。同樣，我們在社交場合汲取過去的經驗做出歸納預測。舉例來說，我們看過人家考試得低分時會失望沮喪。根據這些觀察，我們可以預測，未來若有人成績得低分大概有什麼感覺。這個解釋聽起來雖然十分簡略，事實卻證明，認為「社會思維跟非社會思維差不多」的看法是錯的——大錯特錯。

社會智力系統

令人意外的是，即使社會思維與非社會思維在結構上與經驗上都很相似，但大腦處理這兩種思維使用的卻是迥異的兩套神經系統。[191] 佛萊斯夫婦（Chris and Uta Frith）發表的一篇早期神經造影論文就證明了這一點。他們研究的參與者閱讀三種句子。有些句子組合

❷ 流體智力（fluid intelligence），是一種以生理為基礎的認知能力，如知覺、記憶、運算速度、推理能力等。流體智力受先天遺傳因素影響較大，與後天的知識、經驗無關，會隨著年齡的增長而衰退。

形成的段落，需要心智化能力才能理解。其中一段說的故事是：一個竊賊跑過警察身邊時掉了手套。警察大喊，「嘿，就是你！站住！」警察想把手套還給竊賊，但竊賊誤以為自己東窗事發，於是束手就擒。要理解竊賊的行為，讀者必須知道竊賊的錯誤信念，以為警察對他大喊是因為知道他剛剛犯了罪。研究中的另外兩種句子就不是敘述故事，而是彼此之間毫無關係、也不可能引發心智化的句子。例如，「機場的名稱改了」，以及「路易斯拔起小油瓶的蓋子」。

就像其他基本閱讀理解的研究，受試者在MRI掃描儀中閱讀不相關的句子時，產生活化的大多是和語言及工作記憶有關的外側前額葉區域。[192]不過，倘若句子組合起來能引發心智化，外側前額葉區域就相當平靜。反倒是另一組區域更為活躍，包括背內側前額葉皮質（dorsomedial prefrontal cortex, DMPFC）、顳頂交界區（temporoparietal junction, TPJ）、後扣帶皮質（posterior cingulate, PCC），及顳葉端（temporal poles, TP）（見圖5.3）。

還記得海德的兩個三角形和一個圓圈動畫短劇嗎——沒有生命的形狀，卻很自然地誘使人思考形狀的想法、感覺和意圖。如同前一項研究，佛萊斯夫妻在另一項研究中發現，觀看這些動畫時，背內側前額葉皮質及顳頂交界區會產生選擇性活動。[193]不過，有心智化缺損的自閉症參與者，這些區域的活動比非自閉症參與者微弱。所以在沒有任何明確指示下，觀看可做出社會性詮釋的幾何形狀，會在涉及心智化的腦區產生活動。但是日常生活中有心智解讀困難的人，這些區域的活動並未增加。

我很喜歡的心智化研究之一，是不久前由心理學家卡別薩（Roberto Cabeza）所進行。[194] 他的團隊採取更模擬自然的心智化作法，要人在胸口處戴著一架固定間隔時間拍照的相機，四處走動。過程結束時，每個人都為自己平凡的日常經歷留下幾百張圖片。接著參與者進入MRI掃描儀，依序看這些照片。他們也觀看別人的照片展示。在看自己的照片時，他們再次重溫那些經歷。但是看別人的照片，他們就得轉動心思，想像能將這些照片點連成線的經歷（「這個人要去哪裡？」以及「她想做什麼？」）。相較於觀看自己的照片，觀看別人的照片時，與心智化相關的區域（背內側前額葉皮質與顳頂交界區）較為活躍。

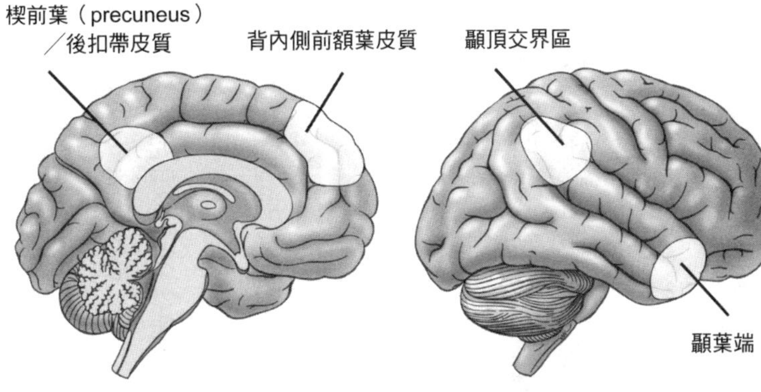

圖 5.3　心智化系統（mentalizing system）

過去十五年進行的多次類似研究，有兩點發現是很一致的。[195]第一，進行心智化時，背內側前額葉皮質與顳頂交界區幾乎都更為活躍（後扣帶皮質及顳葉端的活動，也表現出相當的規律性）。因此，我將這些區域稱為**心智化系統**（mentalizing system）。第二，那些涉及工作記憶、非社會推理，以及流體智力的腦區，在這些研究中幾乎不曾觀察到有活動增加的情況。換句話說，我們若只思考心智的內在運作，可能永遠不會知曉神經造影研究結果告訴我們的訊息：雖然社會思維與非社會思維感覺像是同一種歷程，但事實上，演化創造了兩種截然不同的系統來處理。

預設心智化，大腦最常做的事

這並非我們第一次提到心智化系統。第一次出現是在第二章時，我稱之為**預設網路**。在理解他人心思時所涉及的腦部區域，與受試者（在掃描儀中）在認知作業中一遇到片刻休息就會啟動的腦部區域，大致相同。[196]這些區域在我們做夢時也會「啟動」。[197]這些區域從我們出生那天起，就開始合作形成網路。在前面章節時，我將這些區域形容為，有助於促進我們對人際社會的強烈興趣。現在見到這個網路在心智化的功能，更能清楚想像這個專用網路對我們的作用。

不久前，我及史邦特與梅耶進行了一項研究，目的是為了搞清楚人在休息時大腦內部的活動情形，以及這與我們著重他人心思的社交焦點有何關係。[198] 先前的研究已經證明，預設網路和心智化網路在大腦結構上有重疊；只要看了這兩個神經網路，就能清楚看出兩者幾乎是同一回事。[199] 重點是，休息時間出現的大腦活動，究竟是不是與人際社會相關，以及是否有重要目的。或許這個網路在休息時做的事情，不同於執行心智化任務時所做的事。這一點我們始終不清楚。至今為止，大部分企圖解釋預設網路功能的說法，都顯示那大多是某種干擾阻礙的東西，讓我們更容易犯錯。[200]

我認為，預設網路或許是為了讓大腦用上幾千個小時，練習處理社會資訊。倘若如此，這些年更能強力開啟預設網路的人，現在應該更善於社會思維——畢竟練習得愈多，結果應該更好。我和兩位研究夥伴為檢驗這一點邁了一小步，測量一群人在休息時間活化預設網路的強度。如果有人在這時候強力活化預設網路，大概就反映受試者過去曾在休息時間強力活化預設網路，導致現在心智化技能獲得加強。為了測試這個構想，我們將每個人的預設網路活動強度，和他們在另一項作業的心智化表現結合對照。

在掃描儀內休息時，背內側前額葉皮質活化得愈多的人，稍後在執行心智化作業時速度明顯更快。事實上，活化背內側前額葉皮質最多的人，比該區域活化最少的人快上一〇%。想像你在每次社交互動都比別人好一〇%，那就像時時都能棋先一著。這是預設網路活動與實際社會思維的第一個關聯。但沒有長時間追蹤研究這些人，我們無法確定休息時間的預設網路活動，就是導致社會思維增強的原因。所以我們執行了第二組目標更為精確的分析。

我們的第二個假設是，預設網路會影響我們隨時進行社會性思考的敏捷度。我在第二章時曾討論過這個概念，休息時的預設活動或許有促發作用，讓我們準備好從社會層面而非物質層面，看待接下來發生的一切。更具體地說，預設網路或許是為了讓我們準備好透過心智化的鏡頭，觀看他人的行動。

為了測試這一點，我們請參與者就三項任務進行測試，一項需要心智化，另外兩項則不必。這些測試混合進行，因此參與者無法預知到接下來是哪一種測試。我們還在測試與測試之間給予參與者短暫的休息時間（二至八秒）。我們觀察預設網路在短暫休息空檔的運轉程度，以及這與隨後的測試表現有多大相關。令人驚奇的是，參與者的預設網路在休息時間若活動強勁，他們緊接在休息之後的心智化測驗表現，會明顯優於休息時間預設網路活動疲弱的參與者。然而，非心智化任務測試就不見得了；非心智化測試之前的預設網路活動強度，並無法預測後面的非心智化測驗的表現。這項研究提供了雖然只是初步，但強而有力的證據，顯示預設網路活動促發我們喜歡社會交際，讓我們準備好根據身邊人們的心理狀態觀看世界。拜心智化系統之賜，我們不會將軀體單純視為軀體，而是視為由心智主導的感覺容器。演化大可促使其他系統在休息時間運作，讓我們準備好從數學屬性或其他非社會鏡頭觀察世界。但演化做了這種「選擇」——讓大腦只要一有機會，就重新設定到社會性思考的狀態，並減弱其他非社會性思考的影響。

輸贏都在社會性思考

我們一天動用心智化網路幾百次，就為了對別人的心思做出有憑據的猜測。有時候，這種活動只是內心思索的結果，因為我們天生好奇別人的行為動機。前述的心智化研究確實給人這種印象，因為實驗中的觀察者是超然客觀的，與被觀察的參與者毫無關聯。不過，我們演化出心智化能力，不太可能只為了作壁上觀。哲學家暨心理學家威廉·詹姆斯（William James）曾有名言，「我的思維完全是為了自己的行為。」[201] 我們的社會思維也是如此。多數時候，我們做某件事的成就高低與別人表現是否優秀，關係密切，或者取決於我們與此人的互動。在這種情況下，記錄或者預測別人的心理狀態，可能就是關鍵的成敗之別。

想像你和朋友一起打電玩遊戲，遊戲需要你們兩人將一隻猛獸困在迷宮之中。迷宮沒有死巷，所以你和朋友在一條路徑的兩端包抄猛獸，讓牠無路可逃。再想像你和朋友不在同一個地方，而是透過網際網路玩遊戲，所以你們無法商量對策。不過，你可以看到朋友的招數，所以你必須推敲朋友的走向，並決定自己的下一步。神經科學家吉田和子（Wako Yoshida）針對這項稱為「獵鹿」（Stag Hunt）版本的實驗任務，進行神經造影研究。結果發現，愈是難以預測同伴的下一步，徵用心智化系統的程度愈高。[202] 要注意，雖然日常生活中我們可以用語言明確分享意圖，但我們的靈長類祖先無法以語言促成合作。他們缺乏語言技巧，意味著如果有更大的團體要協調狩獵或躲避掠食性動物，有很多工作必須由狩獵團隊的其他成員提供簡單明顯的線索來完成。

我們和他人競爭及合作的頻率不相上下，而在這些情況下，準確解析他人的目標和意圖最為重要，因為別人可能會刻意誤導我們。對於未經訓練的一般人而言，撲克牌之類的紙牌遊戲，似乎大多是靠運氣再加上一點知識，清楚哪種牌組能勝過其他人，或抽出特定牌卡組成同花或順子的機率。職業選手則會告訴你，撲克牌幾乎全靠技巧。技巧一，就是耐心。通常，大家玩牌都想把把皆贏。參與牌局比在邊上袖手旁觀有趣。但大部分時候拿到的牌都不會太好，如果不多加按捺，貿然出手的衝動很快就會讓籌碼喪失殆盡。想大贏一筆必須時時謹記何時該停損。技巧二，是虛張聲勢。你能不能拿著一把爛牌，卻讓旁人相信你有一手葫蘆（full house）？你能不能讓人縮手，卻沒有人發現你從一開始就是在虛張聲勢？技巧三，看出別人有沒有虛張聲勢。當玩家的技巧旗鼓相當，比賽的輸贏大多取決於虛張聲勢的技巧，以及發現對方虛張聲勢的較量。

隨著各方採用對策反制對手，心智化軍備競賽可能隨之升級。《風流軍醫俏護士》（*M*A*S*H*）中有一段故事，貴族出身，但不受整個軍營喜歡的傲慢醫生溫徹斯特，時時和鷹眼皮爾斯等人玩撲克牌。他每次總讓其他人輸得一敗塗地，因此惹毛了他們（甚至讓他們身無分文）。到了故事最後，他們發現溫徹斯特有個小動作，代表他在虛張聲勢。他們發現，只要溫徹斯特手上的牌比預想差，他的口哨吹得愈響亮。直到故事結束，溫徹斯特終於輸光了身家。溫徹斯特在故事中一直扮演笑柄；然而現實生活中，他可能已經發現別人識破了他的祕密，反而將計就計。他可能會改變吹口哨的時間和方式，以便在自己有一手好牌時拉高賭注，在拿到一手爛牌時逼退他人。當然，這些應變調整可以無限延伸。

寇利伽利（Giorgio Coricelli）進行的一項研究，正體現了這種心智化能力的軍備競賽現象。[203] 這項研究的參與者在幾次不同的實驗嘗試中，必須從零到一百挑出一個數字。每次測試獲勝的規則都會改變，但一定與個人如何揣測其他參與者的猜測有關。舉例來說，其中一次嘗試的規則是，猜測結果最接近所有猜測數字平均值的三分之二者就是贏家。意思就是每個人的猜測都會影響到正確答案。毫無策略的人或許會從零到一百隨便猜一個數字，完全不管規則。稍有策略的受試者或許會想到所有人都沒有策略，假定他們的平均猜測結果是五十，於是自己猜了三十三（也就是五十乘以三分之二）。更有策略的人或許會想到其他人可能略懂策略，假設他們平均會猜三十三，自己就提出二十二的猜測結果（也就是三十三乘以三分之二）。這種策略化可以不斷推演下去，直到最後達到零的奈許均衡（Nash equilibrium）。其他嘗試則讓參與者猜測不同的平均比例（例如，二分之一或三分之三）。寇利伽利計算出一套**策略智商**（strategic IQ）衡量標準，以顯示個人進行猜測時，將他人是否有策略的可能性納入考量的程度。策略智商與背內側前額葉皮質活動（心智化）有高度相關，但與外側額頂葉區域活動（工作記憶與推理）完全無相關；外側額頂葉區域一般與非社會智商有關。策略智商看起來很像社會智商，而且和大腦的心智化系統有連結。[204]

資訊ＤＪ，來點有趣的東西吧！

在我成長期間，始終沒怎麼關注電台的音樂節目主持人（disc jockey, DJ）。我在研究所的英國同學對特定ＤＪ的沉迷程度，幾乎跟我沉迷喜愛樂團的程度不相上下。直到我在洛杉磯開始去俱樂部（一種早已終結的例行儀式），我終於明白ＤＪ為什麼厲害。每一種音樂類型都有無數作品，多到根本無法一一細究。優秀的ＤＪ把心力花在過濾所有音樂，他們有過人的耳力和判斷力，知道哪些曲目在晚間某個時段、在某特定地點播放給特定觀眾，可令所有人亢奮激動。雖然多數人聽音樂主要是為了個人享受，但音樂ＤＪ聽音樂卻是為了了解可以和什麼人分享，以及如何把這件事做到最好。

從某方面來說，網際網路和社群媒體讓所有人都變成了資訊ＤＪ。每天有幾百萬人在臉書和推特發布貼文，他們期望自己覺得有趣的東西也能讓別人覺得有趣。當我偶然在Gizmodo看到有關社會腦的最新研究，或十分出色的科技報導，我會轉貼到推特，因為我知道許多追蹤我的推特貼文的人，對這些文章有興趣。但我不會把兒子做蠢事的照片貼在推特，因為那是不適宜的管道。我的家人朋友會追蹤我的臉書貼文，所以那些照片就放到臉書（向那些根本不想再看到別人家孩子照片的朋友說抱歉）。身為資訊ＤＪ，除了要能選出可分享的東西，還要充分了解受眾，才能知道怎樣分享最好。

幾年前，我和艾蜜莉．法克（Emily Falk）開始有興趣了解，我們最初接觸可能與他人有關的資訊時，心裡在想什麼。我們一開始吸收資訊純粹是出於自利的心態，重點主要放在資訊對我們有多少用處或娛樂性。我們好奇的是，大家是不是一直在過濾新資訊，看能不能發現對別人有幫助或是有趣的東西，以便與人分享。當個好消息的傳遞者或是說好故事的人，是增進社會連結與人脈的好辦法。

為了檢視這個構想，我們找人躺進掃描儀，同時給他們看一些電視前導概念資訊（也就是新節目的構想）。[205]我們編造這些前導節目，並給他們看每個節目的名稱、內容描述，和名稱圖案。在參與者離開掃描儀後，他們有機會分享個人看法，哪些節目構想應該進一步考慮，哪些又應該捨棄。他們被要求想像自己是在電視網公司工作的實習生（例如，國家廣播公司〔NBC〕），協助將提案分類，讓製作人可以只花時間考慮最好的構想。其他參與者則扮演製作人的角色，而且他們從未看過原始的前導計畫內容描述，他們所知道的一切資訊只是從實習生那裡聽來的。最後，我們請製作人告訴我們，他們是否興趣濃厚到願意將節目構想進一步上呈，例如電視網的執行高層。

我們感興趣的是實習生大腦的活動情形，亦即第一個看到前導節目資訊的人，因為這關係到實習生能否成功分享構想，讓製作人興奮得願意進一步傳遞構想給高層。當實習生看到稍後可傳遞的概念，確定能傳播到製作人以外的人，心智化系統就像耶誕樹一樣亮了起來。除了少數例外，大腦其他部分對構想能否成功傳播給製作人和其他人，敏感度顯得非常之低。

我們可能以為推理或記憶系統與這種作用有關，因為記住構想似乎有助於稍後做出更理想的溝通。可是我們看到的卻是心智化系統，這表示即使在最初接受新資訊的那一刻，我們做的部分思考仍是考慮可以和誰分享資訊，以及根據選擇分享的對象，要如何分享最具說服力。很重要的一點是，這種作用並非因為某些節目構想特別受大家喜愛。事實上，實習生對節目構想的排名各有迴異，因此我們看到的結果，關乎實習生將他們對節目的看法傳達給製作人的能力。

此外，我們也觀察實習生之間的差異。有些實習生比其他人更能確保製作人對每個前導構想都與他們的看法相同。換句話說，這類實習生是更優秀的業務推銷人才。因此，我們在實習生觀看每一個前導節目時，從他們的神經反應尋找**業務員效應**（salesperson effect）。那些普遍更善於將構想兜售給其他人的參與者，大腦只有一個區域較為活躍，即心智化系統的顳頂交界區。這些發現顯示，心智化系統的運作超乎我們所知，一直在過濾我們每天接觸到的洶湧海量資訊，並挑出應該傳遞給他人的部分，幫助他人並加強我們與他人的社會連結。我們再一次看到心智解讀如何促進社會連結。

熟練未必能生巧

心智化系統發揮了十分特別的作用，幫助我們與別人應對。讓我們能一窺身邊他人的心思，考慮到他們的期望、恐懼、目標，和意圖，因而能更順利地與他們互動。同時讓我們了解每日所見之人的心理特質，以便更有效地預測他們對新狀況的反應，並避免不必要地激怒別人。我們利用這些能力與人合作，完成無法獨自完成的任務，同時有謀略地與身邊的人競爭。心智化系統讓我們過濾自己的經驗，找出最適合與人分享的資訊以及如何分享最好。如果沒有萬能的讀心機器，我們大概會陷入茫然不知所措的困境。

那麼，我們的心智化系統運作起來，是否輕鬆不費力？[206] 是像工作記憶系統一般，只在有意識地企圖使用下才運作？沒有人會在沒有意識到的狀態、或偶然地倒數十七吧？或者，心智化的運作更像視力，我們一睜開眼睛就自動能看見？這個問題的答案相當複雜；不過，我們有充分的理由可以這樣想，雖然心智化系統是自然而然地啟動，但運作模式卻像工作記憶系統，是個**社會工作記憶系統**（social working memory system）。[207] 我與梅耶對此進行研究，請參與者執行一項工作記憶任務。但並不像非社會工作記憶任務要求他們記住數字或字母，而是請他們必須回想一下自己的幾個朋友，那些朋友們是多麼有趣、執著，或焦慮。（預期的實驗設定是：與非社會工作記憶任務相似，測試愈是困難，參與者愈不可能答對，而且答對所花的時間愈長。）不過，不同於非社會工作記憶任務，測試愈困難，愈容易關閉心智化系統；這項研究中，面對比較困難的測試時，心智化系統活動的活躍程度大於簡易測試。[208] 在後續的研究中，我們發現社會工作記憶任務的表現，基本上與傳統的工作記憶任務表現不相關，顯示這其實是截然不同的心理歷程。[209]

所以在大部分情況下，**心智化系統似乎都需要費力投入才能有效運作**。這很重要，因為人類討厭耗費力氣，所以他們在日常生活中盡量避免運用心智化系統。如果有辦法避免費神勞力，我們幾乎會毫不猶豫直接執行。倘若有心智捷徑可避免辛苦費力，那一定是我們會選擇的路徑。這些捷徑稱為**捷思法**（heuristics），而且我們都是以此簡化決策。會演化出捷思法歷程，是因為應用在大部分的情況都有不錯的效果，而且代表了在精準度與費力程度之間合理的取捨。但有時候也會讓我們陷入麻煩。

遇到社會思維時，捷思法捷徑十分普遍。儘管成人知道自己在接受測試時，輕輕鬆鬆就能通過所有心智理論測驗，但成人在日常生活中未必會充分使用這項能力。「有能力做」跟「實際主動使用」能力，這之間有重大差別。[210] 我們在日常生活中，通常會以「較不費力的捷思法」取代「耗費心力的精準心智化」。我們經常以自己的心思充當別人的心思，彷彿我們所見即他人所見，我們相信的就是他人相信的，我們喜歡的別人也喜歡。[211] 我們推斷朋友是否喜歡一部電影，不是根據朋友過去對電影的喜好而仔細衡量，反而大多只是假設我們如果喜歡，朋友也會喜歡。如果你想到的是史上最成功的電影《阿凡達》（*Avatar*），這種捷思法不太會出狀況。但如果你是跟我一樣的少數特例，認為《大開眼戒》（*Eyes Wide Shut*）是部值得一看的電影，那麼假設別人也有這種偏好，就不是什麼好主意。

芝加哥大學心理學家凱瑟（Boaz Keysar）為了說明成人心智化的局限，建立一個簡練的實驗典範稱為「指揮者作業」（director's task）。[212] 想像你和另一位參與者同坐一張桌子；你們中間有一個四層的架子，每層各有四個格子（見圖5.4）。有些架子裡放了些小東西，例如一輛玩具汽車或一顆蘋果。部分格子則有一側被蓋住，所以這一側的你看得到架子上都有哪些東西，但你的同伴看不到。總計有十六個格子，你可以看到全部的格子，但你的同伴只能看到其中十二個。你們需要做的遊戲，是依照同伴（指揮者）要求的方式移動東西（實驗人員已經給你的同伴一份底稿，說明要求移動的內容）。假設你的同伴要你將玩具汽車往下挪動一個空間——很簡單。蘋果往右移動兩個空間——沒問題。但有一種特殊要求就麻煩了。

注意架子裡有三格放置蠟燭，你能看到最小的蠟燭，但你的同伴看不到。當同伴要你移動「小蠟燭」時，你該怎麼辦？[213] 杜孟迪爾（Iroise Dumontheil）與布雷克摩爾（Saray-Jayne Blakemore）分別找來幼童、青少年，和成人執行這項作業。遇到蠟燭測試時，幾乎有八〇%的幼童會移錯蠟燭。一般來說，兒童會

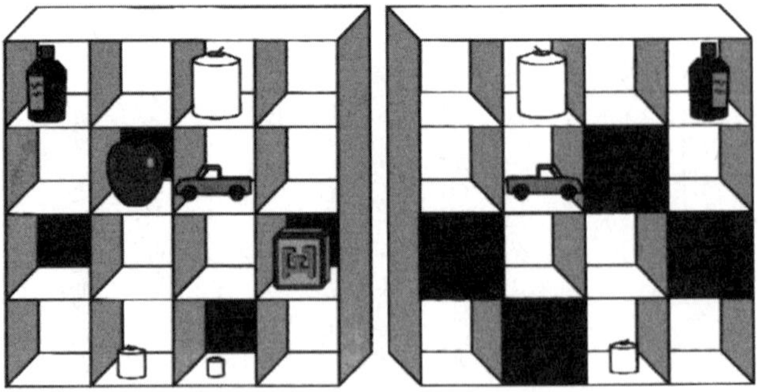

左圖為參與者所見；右圖顯示指揮者所見。❸

圖 5.4　指揮者作業（Director’s Task）

移動最小的蠟燭——也就是說，他們會移動同伴看不到而無法提及的蠟燭。這種行為是以自我為中心，因為兒童顯然沒有考慮同伴的視角，以為同伴能看到自己所看到的。

成人在這項作業的表現就比兒童好多了，而且理應如此。因為他們的心智化能力開發得更好。不過，成人的表現也未必有我們想的那麼好。多數人會認為，這個容易上當的測試要做得正確，可能花的時間略長一些，因為要考慮的更多，但我們也認為這種測試幾乎每次都能正確做到。如果你知道同伴看不到最小的蠟燭，為什麼要移動那個蠟燭？不過，在杜孟迪爾與布雷克摩爾的研究中，成人遇到這個微妙的要求，仍有四五%會犯錯。是的，成人具有良好發揮心智化的能力，但誠如這項研究所顯示的，他們未必會實際應用這項能力。或許是因為支援精確心智化的大腦區域，需要費力才能表現得好，而我們的心理是只要能僥倖成功，天生就是懶惰蟲。我們或許常常進行心智化，但不表示我們一直都能做得好，或者我們無法學著做得更好。

---

❸ 圖片改編自 Keysar, B., et al. (2000). Taking perspective in conversation. *Psychological Science*, 11(1), 32–38.

心智化的奇蹟

雖然我們在學齡前就開始有能力理解他人有不同的信念與觀點，但即使到了成年，我們使用這種能力的效率依然不怎麼好。不過，心智化是人類心智的一個標誌性成就，是區分我們與其他物種的成就。加上我們的語言能力和抽象思考能力，心智化是我們之所以能住在有空調的家裡，透過微小的無線裝置溝通的主要原因。沒有這個神奇的心智歷程，就無法成功發展出企業、教育，或友誼。心智化不但讓我們得以想像別人此刻的想法或感覺，還能想像他們對未來一切的反應；甚至思考他們的反應可能隨著發展、興趣或環境的改變而有何變化。

蘋果的共同創辦人賈伯斯（Steve Jobs）曾說，他對產品設計的看法與福特（Henry Ford）更相似。福特曾說過一句名言：「如果我問顧客他們想要什麼，他們會告訴我，『一匹更快的馬。』」福特真正要說的是，成功發明的基本要素，就是在東西出現之前，找出大家想要什麼。賈伯斯就是個中高手，比我們發揮想像所能想到的，更明白我們想要什麼。二〇〇一年，iPod 初問世，被眾人一片看衰後續發展。但到了二〇一一年，卻已經賣出超過三億個 iPod，這還沒有算上它帶動的 iPhone、iPad，以及無數靈感源自於此的對手裝置。對大多數人來說，iPod的概念或許不算有啟發性，但賈伯斯將蘋果的整個未來押注在他的信念，等其他人體驗過他的產品，就會愛上那些產品。

每一天，我們在生活中的各種小地方運用心智解讀的能力，臆測生活中其他人的欲望和憂慮，並努力讓他們過得好一些。如果運氣好，他們也會對我們這樣做。社會痛苦與社會快樂——會成為沒有意義的隨機事件，還是我們可以刻意操縱趨避的終點，心智化能力就是其中的關鍵。

第六章
魔鏡啊，魔鏡！神奇的心智旅程
Mirror, Mirror

自從發現鏡像神經元以來，一長串的心理現象都歸因於此，包括我們在語言、文化、模仿、心智解讀，以及同理心等能力。這實在令人無比興奮——一個神經元就解釋了所有人類的奇蹟。

我有個朋友曾經開玩笑說，如果有一天他發現自己活在像電影《楚門的世界》（*The Truman Show*）中金凱瑞（Jim Carrey）所處的虛構世界，第一個反應大概是，「飛機！我怎麼會被騙得相信三百噸的金屬公車真的能飛？」雖說看似不可能，但飛機一天平安無事地起降幾千次。飛行是最安全的移動模式之一，只比用Google Earth看世界的風險略高一些。當然，航空旅行未必都那麼安全。以每小時幾百英里的速度在空中飛行，意味著一丁點系統故障都有可能釀成災難，或者說，至少在飛機被建造成各項設備系統皆擁有充裕的安全保障之前，都是如此。每架飛機的引擎、飛行控制，以及通訊設備都各複製一份，以確保萬一其中一組故障，飛機依然能安全抵達目的地。飛行是高風險事業，完全有必要多花錢避免致命的系統故障。

我們理解別人心思動向的能力，或許沒有飛機失事般的生死攸關，但在這一生當中，理解他人的想法和意圖，心智化功能的高低優劣可能就是重要因素，造成生活「擴大幸福滿足與社會連結」，或是「感到更加孤獨與挫折」的天壤之別。如此說來，倘若演化選擇讓大腦有多餘的系統理解他人，或許就言之成理了。

本章將檢視第二個與**理解他人**有關的神經系統——與心智化系統大相逕庭的結構。不同於心智化系統，第二個系統是人類與其他靈長類動物皆有。在理解他人方面，這兩個系統何者更勝一籌，眾說紛紜。就像科學常見的現象，每一種系統的辯護者，研究偏好系統的設定條件，通常會將可歸因於該系統的貢獻最大化，並將其他系統的明顯貢獻最小化。事實上，這兩種系統往往執行互補的不同職責，各自扮演關鍵角色，促成我們成為如今這般極為社會化的生物。兩者都能幫助我們理解旁人日常的尋常行為，因此我們能夠對別人有同理心，並對別人的不幸感到同情，兩者系統皆功不可沒。然而，上述兩者理解他人的功能在自閉症患者身上都顯得異常，這令自閉症患者無法輕易理解他人心思，因而也更無法形成重要的社會連結並加以維繫。

有樣學樣的猴子

義大利帕爾馬大學的里佐拉蒂（Giacomo Rizzolatti）研究專長在靈長類動物的神經生理學。整個一九八〇年代，他的實驗室都專注於分析恆河猴做某一個動作時，單一神經元的反應。在猴子用手抓取東西時，前運動皮質（premotor cortex）部分神經元會選擇性有反應。當猴子把東西放進嘴裡時，另一些神經元會出現反應。部分神經元則是在看見可以抓取的東西時有反應，即使當下並無法抓取；而其他部分神經元在看到東西時不會產生反應，除非猴子對東西做出動作。[214]換句話說，即便是最簡單的動作，靈長類動物也有很多不同的神經元，負責與動作相關的不同功能。

在進行其中一項研究時，研究人員發現了意想不到的事。他們在機緣巧合下的發現，對許多來人說，改變了我們原先對於「人類如何成為如今這般社會性動物」的基本認識。[215]例如，在猴子用手抓花生時出現反應的神經元，其中有部分神經元在猴子看到科學家抓花生時也會有反應。若只是看到花生，但缺乏針對花生的動作，這些神經元不會有反應。而且牠們看到明明沒有花生，實驗人員卻假裝要拿起花生時，這些神經元也不會有反應。

這些結果令人詫異，因為神經科學家一直以為大腦區分成不同的區域，分別處理知覺、思考，和動作。但從這些**鏡像神經元**（mirror neurons）來看，知覺與動作卻是發生在同一個神經元。「撿起一粒花生」和「看見別人撿起花生」，對這些神經元有相同的影響。雖然有些心理學家以前就主張過這種知覺—動作重疊的論點，但對大多數人來說卻是驚人的真相。[216] 多數神經科學家認為，對動作有反應的神經元，不應該和知覺有關。但里佐拉蒂的研究成果卻顯示兩者之間可能有相關。

發現鏡像神經元的振奮期待持續發展，迅速成為心理學界中許多艱難問題的熱門解決方案。擁護這種觀點的知名神經科學家拉瑪錢德朗（V. S. Ramachandran）寫道，鏡像神經元是「十年來……唯一重要的發現」，並認為「鏡像神經元之於心理學，將有如DNA之於生物學：提供統一的架構，且有助於解釋許多迄今依然神祕且無法付諸實驗的心智能力。」[217] 事實上，正如他的預測，自從發現鏡像神經元以來，一長串的心理現象都歸因於此，包括我們在語言、文化、模仿、心智解讀，以及同理心等能力。[218] 這實在令人無比興奮——一個神經元就解釋了所有人類的奇蹟。

令人振奮的科學發現通常會經歷黑格爾式三段論，一開始是寄望該發現能百分之百說明那些無法解釋的現象〔階段一：正（thesis）〕，接著是對該發現能做出什麼解釋失去信心〔階段二：反（antithesis）〕，最後漸漸地能夠切實理解該發現能有什麼貢獻〔階段三：合（synthesis）」。如今，鏡像神經元大約就在階段一和階段二之間；在一些角落仍然被吹捧得有如萬靈丹一般，但也有愈來愈多直言不諱的人齊聲貶抑。我個人開始漸漸偏向第二個陣營，但我想等到階段三進入最高潮時，我應該會覺得最安心。說到底，我認為鏡像神經元有兩點非常重要。第一，鏡像神經元對我們模仿他人的能力扮演重要角色。第二，鏡像神經元發揮基本功能，才能促成心智解讀，但我認為比起一般的理解，更像是幕後角色。

模仿是人類文明的巨大推手

人類大腦大約在二十萬年前發展到目前的大小，但是在五萬年以前，並沒有什麼先進文化的證據（例如，複雜的工具、語言、宗教，或藝術）。一般認為，大約在那個時候有些較細微的基因變化，把我們推過了臨界點，人類創造了一連串如泉湧般的大量自我增強文化發展。有些人主張，這種基因上的改變增強了工作記憶系統，讓我們得以同時記住更多抽象概念。[219] 拉瑪錢德朗反駁，認為或許是基因的改變影響鏡像神經元，加快了我們的發展，他將這種變化定位為「人類演化『大躍進』背後的驅動力」。[220]

人類在技能與習慣的文化發展，取決於模仿的能力。由於鏡像神經元在動作以及感知動作時都有反應，促使個人根據所見而微調自己的動作，所以這似乎是理想的機制，支援模仿和以模仿為本的學習。特別是在前語言社會，透過模仿進行學習的能力，可能是創新的想法在人與人之間傳遞，甚至世代相傳的主要途徑。任何技能的創新，例如狩獵或建造棲身之所，每個人可以藉由向別人傳播分享，再促使他人進一步地創新改善，形成螺旋向上的循環分享、造福彼此。鏡像神經元是原始的社群媒體？——在我們能夠開口說話、發送推文，或是將狀態更新傳上雲端空間之前，向他人分享自己所知的方法。漸漸地，看起來答案是肯定的；鏡像神經元似乎在模仿方面扮演關鍵角色。

一九九九年，我的同事亞科波尼（Marco Iacoboni）發表了人類存在鏡像神經元系統的第一個證據。[221]不同於先前的猴子研究專注在動作與觀察，亞科波尼把重點放在觀察與模仿。他向參與研究的人展示手指動作的畫面，一面進行大腦掃描，並請他們觀看畫面或模仿畫面。亞科波尼發現，參與者在觀察或模仿畫面時，人腦呈現活化狀態的區域與里佐拉蒂在猴子大腦發現活化的區域相似。這代表，這些位於外側額葉與頂葉的區域（見圖6.1）具有鏡像特性，類似在猴子大腦觀察到的鏡像神經元。因為ｆＭＲＩ無法觀察單一神經元的活動，類似這樣的研究無法宣稱在人類身上發現鏡像神經元。因此這些區域，具體來說就是額葉中的前運動皮質、連同頂內溝前端（anterior intraparietal sulcus）和頂下小葉（inferior parietal lobule），通常稱為人類**鏡像神經系統**（mirror system），而非「鏡像神經元系統」。要注意的是，儘管鏡像神經系統與工作記憶系統都位於外側額葉與頂葉皮質，但其實分屬該區域的不同位置。

雖然第一個神經造影研究顯示，鏡像神經系統對模仿有一定的作用，但還需要另外兩種證據才能成立。亞科波尼的下一步，就是測試在鏡像神經系統暫時性受損時，究竟會不會影響模仿能力。他的團隊使用的是穿顱磁刺激（transcranial magnetic stimulation, TMS），這種方法是將電磁場對準皮質的特定區域，讓該範圍的神經元暫時性「筋疲力竭」，以便讓這個區域實際上呈現離線狀態。[222] 聽起來像是種可怕的方法，但若在健康的人身上操作得當，卻是安全的暫時性作法。這項研究的參與者被要求在施用TMS時，依序模仿按壓按鈕。當TMS作用在鏡像神經系統區域時，參與者在企圖模仿他人時犯的錯誤比較多。但是TMS若集中在非鏡像神經系統區域，錯誤率

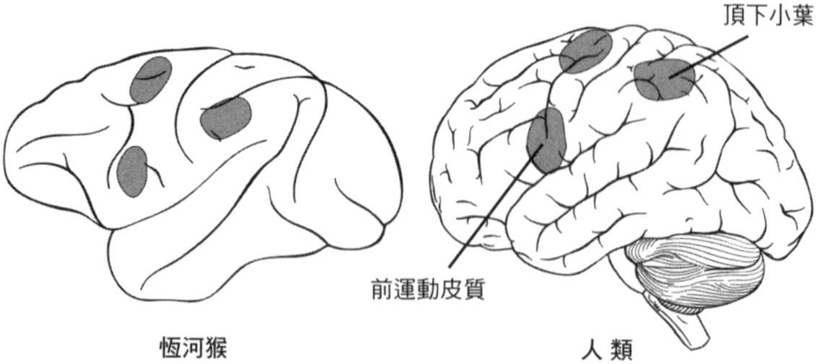

圖 6.1　恆河猴與人類的鏡像神經系統

則沒有增加，顯示鏡像神經系統與模仿能力有重大因果關係。

這些研究證明，當即將模仿的行為並無新意時，鏡像神經系統涉及的是基本模仿型態。成人在參與這些鏡像研究之前，已經非常擅長靈活運用手指。要測試鏡像神經元是否支援以模仿為本的**學習**（傳播某種做事的新方法），需要有證據顯示，透過模仿習得新行為的歷程與鏡像神經系統有關。因此，里佐拉蒂的團隊找來一些非音樂家受試者，觀察他們模仿吉他和弦指法時所涉及的神經系統。[223]果如預期，受試者模仿毫不熟悉的複雜手部動作期間，牽涉到鏡像神經系統。其他認知能力在各種模仿無疑也扮演重要角色，但我們似乎可以相當有把握地說，說起鏡像神經系統對模仿的作用，顯然符合大家的高度期待。

神奇的讀心裝置

鏡像神經元研究人員提出的第二個重大主張，就是鏡像神經系統負責理解他人的心思。在我們企圖理解社會心智時，這個主張最令我們感興趣。正如柯林頓總統（William Jefferson Clinton）被彈劾的結果，取決於對「性愛」等字眼的意義進行交鋒，我們最後究竟相不相信鏡像神經元有助於心智解讀和詮釋他人的意圖，將取決於我們對**心智解讀**、**目標**，和**意圖**等字眼代表的意義。要了解鏡像神經系統與心智解讀的關係，必須稍微回溯腳步，回到我們如何洞悉旁人心思的這個哲學辯論。

一九八〇年代初期，發展心理學家對心智理論的說法議論紛紛——**心智理論乃是指我們推測別人有心智，而我們利用這個推測，可以合理推斷他們在無數情境下的想法、信念，以及欲望**。許多哲學家如丹尼特及我的大學導師之一史提希（Stephen Stich），就非常支持我們如何預測他人行為的這種說法。有幾年時間，心智理論成了唯一顯學。但一九八六年，哲學家高登（Robert Gordon）提出另一種說法，解釋我們如何理解他人心思。

高登的重要洞見是，我們有多種方式預測別人在特定情況下的意圖。第一個途徑就與心智理論有關。基於我們對心智大致如何運作的理論，可以利用**若則敘述**（if-then statement）的命題，合理推演出一個人可能的意圖。舉例來說，倘若我們知道有個人八小時沒吃東西了，就能推斷他大概餓了，又假如我們推斷出他餓了，也能推斷出他現在有找東西吃的意圖。

第二個途徑需要我們將心比心，自己若身處那樣的情況是什麼樣子，並以我們對這個模擬體驗的自然反應為指引，了解別人可能如何思考、感覺，和行動。如果我想理解別人被情人用手機簡訊分手的感受，我可以試著在腦中重新創造那個情境，想像自己是當事人。當這個情境在我的腦中展開時，我看到自己有什麼反應？這些或許能幫助我理解別人會有的反應。

通常這兩種途徑會讓我們達到同樣的結論，只是歷程不同。在一個情況下，我以邏輯思考情境以及任何人可能做出的反應。在第二個情況下，我設身處地想像，找出自己會有的反應。在第一個情況中，準確度取決於邏輯的品質，以及對方的心思與自己推理的一般心智有多相似。而在第二個情況，準確度取決於我重新創造情境的品質，以及目標對象的心智與我的心智有多相似。高登所說的第二種途徑被稱為**模擬理論**（simulation theory）；至少在一些情況下，我們從自己的經驗推己及人沒有什麼問題。[224]

這時候的關鍵問題就是，鏡像神經元究竟和這些說法有沒有關係。鏡像神經元的最早發現者之一迦列賽（Vittorio Gallese）主張，鏡像神經元是模擬理論的神經實踐。[225]此外，他還主張，這**就是**我們在正常情況下得知他人心思的方法，顯示「我們之所以能直接憑經驗理解他人心思的基本機制，並非概念性推理，而是透過鏡像機制，直接模擬觀察到的事件。」[226]

說起高登等人經常描述的那種心理模擬，聽起來就像艱難的任務。他們表示心理模擬類似在模擬飛行狀況時，建造風洞以測試機翼，或是建立一個具多項變數的複雜電腦模擬，以數位化方式進行同樣的飛行模擬。他們在討論社會模擬時，常常提到，要先建構情境的各個相關面向，才能透過模擬情境觀察自己有何反應，預測別人可能有的反應。聽起來好像很複雜。但如果像迦列賽所言，光是感知另外一個人，就能讓我們自動且直覺地理解別人的感受，那麼鏡像神經系統執行模擬理論就更加可信了。

迦列賽的論點是這樣的。當你看到別人「伸手拿」東西時，你的「伸手拿」神經元跟著活躍，代表你腦中的神經元正在比較觀察對象的神經元狀態。當你看到觀察的對象「伸手拿」杯子，你和對方的「伸手拿」神經元都是活躍狀態。迦列賽等人形容這是你和對方之間的**動作共鳴**（motor resonance）。如果你感受到跟對方一樣的運動狀態，基本上，你的大腦是在模擬對方大腦的關鍵部分，好讓你能自動理解對方的心理狀態，以及心理狀態與對方的動作或活動之間的關係。我的大腦在鏡射你的大腦——因此只要我知道自己的狀態，也就能知道你的心理狀態。[227] 換句話說，鏡像神經元似乎提供我們近乎神奇的讀心裝置，無論我們是否企圖理解對方，鏡像神經元都會自動運轉。

鏡子的裂痕

但有愈來愈多批評者眾口一詞地表示，鏡像神經元陣營做的研究，不足以證明人類的鏡像神經系統是心智解讀的核心。還有批評者認為，這個主題做的研究已經夠多，結論也很清楚：鏡像神經系統**並非**心智解讀的核心。同時，這群批評者正在投入概念性及實徵研究的努力，確保我們最終能正確理解鏡像神經系統及其貢獻。這是積極進行的科學民主。

鏡像神經元的研究人員主張，說到與心智解讀的關係，這些神經元的關鍵特性之一，就是對他人行為的抽象意義感覺靈敏。想像你看到有人剝開花生殼。看到這個動作，會讓你得到一些未經處理的視覺資訊，同時也會得到一些與此動作相關的聲音資訊。但無論我們是看見或聽到這個動作，我們心智解讀的重點都著重在動作的意義——有人想要剝開外殼，以便吃裡面的花生。一方面，如果有個神經元的反應是針對「看見動作」而非針對「聲音」，或者有神經元的反應是因為「聲音」而非「看見動作」，那麼它只是反射某種感官知覺（也就是感官的層次）。另一方面，如果神經元的活化是因為別人動作的意義，那麼我們究竟是看到動作，還是聽到動作就不重要了。二〇〇二年，里佐拉蒂的團隊發現了符合條件的鏡像神經元。[228]其中一組鏡像神經元對看見及聽到動作都有反應，顯示這些神經元的活動增加，可能是對動作的意義做反應，而非只是動作的現象與聲音有反應。

最直言不諱批評鏡像神經元陣營的其中一位學者希科克（Greg Hickok），他特別強調這種視覺—聲音研究的重大局限。[229]研究人員一開始就是找出展現標準鏡像神經元特性的神經元（也就是說，在視覺觀察與執行動作時會有反應的神經元），接著測試這些神經元，觀察哪些神經元同樣對動作的聲音有反應。一開始，被鑑別為鏡像神經元的神經元當中，只有一五%也顯示對動作的聲音有反應。這表示八五%的鏡像神經元只對看到動作有反應。確切來說，它們無法對動作的意義有反應。一方面，沒錯，恆河猴的部分鏡像神經元似乎對動作的意義有反應，而非只針對動作的表象資訊；另一方面，絕大多數的鏡像神經元卻不是如此。這個一比五的比例很重要，因為在fMRI掃描中，我們並非觀察個別神經元，而是看大量神經元的整體作用。當fMRI研究的結果用來宣稱「鏡像神經系統表徵動作的意義」，我們並無從確定，是這個對動作意義有反應的鏡像神經元在驅動效果。這個分析並不是說，鏡像神經系統不能支援人類的心智解讀，但確實暗示了要以fMRI來評估這種能力非常困難。

捍衛鏡像神經元表徵動作抽象意義，而非只是感官知覺層次的第二個發現，就是動作若涉及看不見的物體，鏡像神經元也有反應。[230]里佐拉蒂的團隊給猴子看個物體，但是之後在物體與猴子之間放上分隔牆，讓猴子再也看不到物體。在猴子看見實驗人員伸手拿可見物體時會出現反應的鏡像神經元，當實驗人員伸手拿隱藏起來的物體時**同樣會啟動**。里佐拉蒂認為，如果鏡像神經元只對看得見的動作有反應，對於別人伸手拿藏起來的東西就不應該有反應。

但希科克指出這個論點有瑕疵。猴子可以利用工作記憶記住隱藏物體的形象。人類在看見一個物體後，就算再也看不見那個物體，肯定也能繼續在腦海中想像其形態。[231]或許猴子也一樣。鏡像神經元反應的或許並非動作的意義，而是留存在我們腦中的視覺形象。

牛津大學心理學家海耶斯（Cecilia Heyes）提出迥異的論點，反駁讀心鏡像神經元的說法。她表示，鏡像神經元的效用不可能是從動作共鳴去引發對他人的理解，因為這些神經元本身的設定，並非為了映射觀察到的動作、或由執行動作產生的意義。[232] 海耶斯反而認為，「伸手拿」神經元會在我執行動作，以及我觀察到「伸手拿」的動作時啟動，原因是過去的經驗，而不是本身固有的反射功能。海耶斯認為，鏡像神經元其實只是運動神經元隨著時間累積，已經被制約成一看到自己做動作就產生反應（之後神經元就概括為：一看見別人做同樣的動作，也有反應）。有鑑於海參可以被制約訓練成學會一個事件與另一個事件相關，所以制約作用並不代表任何有意義的理解。從嬰兒時期以來，我已經見過自己的手伸手拿湯匙無數次，所以鏡像神經元究竟是特地為了動作共鳴而設計，還是只不過是制約作用把「動作」與「看見動作」形成連結。海耶斯與鏡像神經元陣營都同意，當我看到別人使用湯匙，我的「伸手拿湯匙」鏡像神經元也會啟動。只有在特殊情況下，海耶斯與鏡像神經元陣營的預測才有不同的結果。

為了測試她的說法，海耶斯設計一個巧妙的**反鏡射**（countermirroring）操作程序，在這期間，動作的執行會連結**不同的**視覺動作。[233] 如果我被下指令，每當看到有手在揮動就要移動腳，真正的動作共鳴機制對這種行為設計，應該反應不靈敏。但海耶斯發現，當人學會對看到的動作以不同行為反應，鏡像神經系統會與直接模仿時一樣活化。這個結果表示，儘管鏡像神經系統頻頻因為見到同樣的動作而有反應，但這種反應並非原本的功能；

它能學會看到一個動作，卻以不同的動作回應。如果鏡像神經元將我的足部動作連結到你的手部動作，很難看出這種反應如何構成動作共鳴或者促進心智解讀。

另外一項研究則檢視，在個人做出互補行為，而非模仿觀察到的行為時，鏡像神經系統究竟如何反應。[234] 想像桌上有兩樣東西：小的東西用大拇指和食指拈著就能拿起來（例如一塊方糖），較大的圓柱得用手捧著拿起（例如湯罐頭）。在第一種測試中，參與者被告知，要模仿影片中人物所用的動作拿起東西。第二種測試的參與者則被告知，要配合對方以另一種方式拿起另外一個東西。這時候，如果你的同伴開始拈起方糖，你就要捧起湯罐頭。鏡像神經系統在互補動作測試中，比在模仿動作測試時更為活躍。在我們進行與所見動作不同的行為時，動作共鳴機制沒有理由會更活躍。結合前一個研究，表示鏡像神經系統的設計目的，只是為了讓我們的內在狀態配合別人的內在狀態。

你的意圖是什麼？

受模擬理論啟發，關於心智解讀的鏡像神經系統研究有數十種，由心智理論說法啟發的心智化研究也有數十種。兩種研究計畫都著重在一個人如何去理解另一個人的心理狀態。或許有人會想，無論採取什麼理論，所有人看的都是同一個大腦，所以這些研究的結果必然會趨於一致，說出同一套道理。雖然這些研究是由不同理論啟發帶動，但最後應該都是殊途同歸，因為大腦不在乎我們的理論。它只顯示何者正確。

可是，儘管鏡像神經系統與心智化系統兩大陣營都做了許多ｆＭＲＩ研究，實驗結果卻幾乎怎樣都兜不攏。單單觀察不同研究的大腦掃描，你根本猜不到這些研究人員都在探討心智解讀。不但兩個陣營持續創造出神經結構上無法重疊的研究成果，而且兩個陣營觀察的腦區往往表現出負相關。如果我們觀察休息時的大腦，當心智化系統產生的活動愈多，鏡像神經系統產生的活動就愈少。[235] 這不但是相反的理論陣營，研究的目標更是看似相反的神經系統。但照理說，這兩個系統才是心智解讀的完整解決方案，其他的系統對心智解讀起不了作用。

為何兩個陣營明明都在研究同一件事，卻只看到各自偏好的腦區活躍，當中有兩個原因。其一，這兩個陣營是以截然不同的方式研究心智解讀。心智化陣營傾向使用語言材料和漫畫圖。換句話說，實驗素材相當抽象。如果鏡像神經系統是藉由看見實際動作而活化，那麼沒有展現實際動作的心智化研究未能活化鏡像區域，並忽略它們對心智解讀的貢獻，也就可以理解了。反過來說，心智化研究的主要強項，是操控參與者是否企圖理解另外一個人的心思。在看過一段暗示某個人心理狀態的文字，心智化研究的參與者通常會被問到主角的信念、動機，和人格——唯有做出適當的心理推論，才可能正確回答問題。然而，鏡像神經系統研究從來不對參與者提這些心理狀態問題，或許是因為當你看到的只是一截手臂，有關信念和人格的問題就沒什麼意義了。因此，鏡像神經系統研究將心智化系統的參與降到最低。

第二個重大議題，是柯林頓式咬文嚼字的吹毛求疵問題，關於字眼的意義，例如**目標**及**意圖**等字詞。假設你看到一個朋友在上午八點喝了一杯單一麥芽威士忌。你問他怎麼了。如果他回答：「就是想喝一杯。」嚴格來說，他確實回答了你的問題，給你一個目標（「想喝一杯」）。[236]但他的答案根本無法令人滿意。很顯然他喝酒是因為他想喝酒。你真正想知道的是，有什麼特別的刺激導致他有這個不尋常的目標，想在早上這個時間點喝酒。「想喝一杯」和「因為失業，所以借酒澆愁」，嚴格來說都是這個問題的答案，但突顯了**目標**這個名詞可能有不同的意義。

一九八〇年代，瓦拉切（Robin Vallacher）與韋格納（Daniel Wegner）系統性地研究這些區別。[237]他們進行一系列的研究，側重在我們如何以同樣精確的不同方式，理解同樣的動作。我可以將我此刻在電腦鍵盤上的行為描述為「輕巧地上下移動十指」、「打字」、「寫書」，甚至是「企圖分享我從別人身上學到的東西」。依照我提出這些選項的順序，可以看出它們構成一種層次結構，前面的答案是對特定動作行為做出較低層次的描述，後面幾個則是描述有較多意義、較高層次的長期目標。沒有人會在生命終點時說，「我真希望我能多上下移動手指。」但我們可以想像有人會說，「我真希望有時間分享更多我所學到的東西。」我們生活在一個行為均有意義的世界，而這些行為皆可用高層次和低層次個別描述，但我們通常一次只將焦點放在一個層次，端看我們對何者有興趣。新手打字員著重在移動哪些手指能找到特定的字母，有經驗的打字員更可能著重在他們企圖傳達的想法。[238]

鏡像神經元與心智化兩大陣營研究員的最大差別，就是他們有興趣解釋的目標種類。鏡像神經元一派著重在，我們如何理解他人較低層次的動作意圖（「他打開電燈開關，因為他希望有光線照射」）；而心智化一派更感興趣的是較高層次的意圖（「他開燈，是因為他想讀書準備考試」）。兩個例子都描述了別人的意圖，但我想可以持平地說，我們日常生活中通常對第二種目標的興趣大於第一種。

動作共鳴的說法很適合用來解釋我們如何理解低層次的動作意圖。我看到你打開電燈開關，這個動作活化了我的「打開電燈開關」鏡像神經元。但同樣這些神經元就不適合用來解釋別人希望開燈的高層次理由。[239] 我可能有無數理由希望開燈，而其中有許多理由是有依據的（「我半夜聽到樓下有聲音，於是想開燈看看是不是有人」，或者「我想到一個很好的故事構想而醒來，所以想開燈把構想寫下來」）。這些例子的開燈動作並無不同，所以動作共鳴不能提供我們線索，了解其中存在何種較高層次的意圖。最終還是需要大腦的心智化系統來了解別人較高層次的意圖。問題是，在我們理解周遭他人的較高層次動機時，鏡像神經元究竟有沒有扮演什麼角色？

做什麼、怎麼做、為什麼

觀看別人的行為時，有三個問題可能是我們有興趣回答的。這三個問題呼應瓦拉切與韋格納研究分析行為的不同層次。第一，有個明顯的問題就是別人在**做什麼**（what），而我們的回答是最普通的動作語言：「她在過馬路」、「他在打字」、「貓在吃我的剩菜」。我們太常如此詮釋動作，甚至沒有意識到自己這樣做，除非有人真的做了什麼非比尋常的事（「他是在爬那棟建築的側面嗎？」）。依照我們的目的，接下來可能會問自己兩道後續問題的其中之一。如果我們對那個人有更多興趣，最有可能想知道那個人**為什麼**（why）做正在做的事：「她過馬路是**為了**去工作」，或「他在打字，**以便**完成期末報告」。只是有時候，我們的興趣不是針對人，而是著重行為。我們可能想知道**怎麼做**（how）出同樣的行為，例如上吉他課的學生注意觀察老師，以便了解老師**怎麼做**手上的動作。

對此，我與史邦特進行一系列的研究，驗證鏡像神經系統與心智化系統對我們理解別人行為的這些「怎麼做、做什麼、為什麼」有何貢獻。[240] 大腦是以不同的系統各自處理不同的問題嗎？我們本能地以為，大腦是以不同的部分處理視覺與聽覺，因為「看」與「聽」的體驗本質差異太大。我不是很確定看著別人同樣一個行為，並問**怎麼做**、**做什麼**，及**為什麼**，三個問題的差異是否足以涉及大腦的不同區域。但這正是我們進行研究的原因。

進行這些研究時，我們的想法是，如果你看到了一種行為（例如，有個女人拿個瓶子去回收），並提問「她為什麼那樣做？」你的答案可能牽涉到需要大腦心智化系統的高層次、有意義的答案（例如，「她是有良知的人」、「她想保護環境」，或「她想讓一個她認識，也做回收的人留下印象」）。不過，如果你只是想模仿行為並問「她怎麼做？」，回答就涉及低層次答案，不需要用到心智化系統，而是仰賴大腦中表徵動作的鏡像神經系統（「她將玻璃和塑膠放進藍色桶子」）。這正是我們在許多「**為什麼做—怎麼做**」的研究中看到的。無論參與者是觀察日常動作，還是看到別人經歷強烈的情感，問**為什麼做**會動員或動用到心智化系統，而問**怎麼做**則動用到鏡像神經系統。

我們還想觀察一個人在回答**做什麼**的問題時，大腦的活動情形。若是提出**為什麼做**和**怎麼做**的問題，我們只能命令參與者回答那些問題。但是有鑑於一般人日常生活中回答**做什麼**的問題時，通常不會停下來多想，我們認為提醒參與者停下來思考，或許不能真正捕捉到實際歷程。我們的變通方式，是藉由控制參與者，在回答真正給他們的**為什麼做**或**怎麼做**的問題之前，是否需要先回答**做什麼**的問題。有時候我們給參與者看某個人執行任務的影片（例如，一個女子對教科書的一段文字畫重點），有時候則以動作的描述取代影片（例如，「她正在給教科書的一段文字畫重點」）。無論回答**為什麼做**還是**怎麼做**，參與者看到動作時要做的第一件事，就是了解發生**什麼事**。相反地，動作若是用文字描述，動作的內容已經在敘述中表現清楚——其實已經是「**做什麼**」問題的答案了。藉由比較以視覺或語言描述動作，可以分辨出大腦的哪些區域支援內隱的「**什麼**」（what）解碼歷程。

我們觀察大腦哪些區域對視覺描述比語言描述更活躍，結果發現兩件事。第一，我們看到大腦後方的視覺皮質有大量活動。這在預期之中，因為影片包含的視覺資訊遠比文字多。我們看到的另一件事，就是鏡像神經系統的活動增加。無論外顯任務是問**為什麼做**還是**怎麼做**，在動作以視覺呈現時，鏡像神經系統的活動都有增加。[241] 事實上，如果參與者在執行**為什麼做**—**怎麼做**的作業時，被打岔要求背誦七位數的數字，結果仍是如此。[242] 用這種方法分心是常見的方法，用來找出參與者被打岔時仍會自動發生的歷程。即使被打岔，鏡像神經系統對看到的動作仍有反應，這一點代表，鏡像神經系統對於解碼出**發生什麼事**是相當自動化的反應。相對而言，當人有認知負荷時，心智化系統明顯較不活躍，就代表這個系統在人分心時表現並不好。

只有我們活在「有意義」的世界

為什麼做—怎麼做的研究讓我們獲得大量知識，了解鏡像神經系統在心智解讀方面的作用，以及不會發揮的作用。鏡像神經系統自身不會主動產生高層次的心智解讀。不會以人格或動機來解釋為什麼某人會做出某種行為，例如在上午八點鐘喝一杯單一麥芽威士忌。我們若想知道某人為什麼做某事，心智化系統才是產生滿意答案的關鍵。

不過，在多數日常情境下，鏡像神經系統所做到的事，是心智化的基本前兆。能夠將一連串的身體動作，視為寥寥數語即可描述清楚的協調連貫行為，這種能力是大腦的傑出成就。威廉・詹姆斯有句名言提到，我們看到的是秩序井然的世界，而不是「模糊嘈雜的混沌」[243]。這多麼地令人驚嘆。由於這世上沒有什麼事，能清楚明白地告訴我們物體的起始與終點（「那是一張桌子上面有個馬克杯，還是桌子有個馬克杯形狀的突出物？」），然而我們竟然輕而易舉就能做到，委實驚人。從「行為」上而非「動作」的角度來觀看這有情眾生所在的世界，同樣令人驚嘆。

我們看到的每個動作，幾乎都能以無數的運動參數形容（角度、方向、力矩、加速度），但這些參數不可能有意識地被合起來理解，也無法讓我們得知動作背後的心思。唯有將複雜動作合成為簡潔的行為，才能開始對他人的目標、意圖、欲望和恐懼進行心理分析。動作無關心理，而且不含特定意義（例如上下移動手指）。相反，行為則是有心理意義（例如打字），而且行為本身雖然不提供高層次意義，卻暗示背後隱藏有待發現的心理意義與動機。能夠辨識某人在**做什麼**，是了解**為什麼**的第一步。基本上，鏡像神經系統提供的假設前提，令心智化系統可接續進行邏輯運作，以便回答**為什麼**。拜鏡像神經系統之賜，我們生活在一個行為的世界，而非動作的世界，讓我們得以存在於一個「有意義」的世界。

最後，鏡像神經系統使我們能感受到這個世界是社會性的，充滿他人富含心理意義的行為。雖然我們的心智化系統可以在沒有鏡像神經系統的協助下，滲透文字的言外之意，但以文字為本的心智解讀，在我們的演化歷史是晚近的事。在日常生活當中，自然也包含前語言期兒童的發展過程，鏡像神經系統時時在為大腦做好心智解讀的準備功夫。鏡像神經系統將世界的種種動作切割成碎片，重新包裝成具心理要素的行為，供心智化系統取用。這個過程說得保守了——就像幕僚長大多隱身幕後，卻是推動總統的職務順利進行的重要角色。靈長類在長久以前就已有鏡像神經系統，但似乎只有人類擁有先進的心智化系統。靈長類動物生活在其他個體**做什麼**的世界，但只有人類生活在**為什麼**的世界，以豐富的意義與詮釋去理解身邊眾人的行為。

第七章
感同身受，同理心的高峰與低谷
Peaks and Valleys

同理心可說是我們社會認知成就的頂點，是社會腦的巔峰。同理心需要我們理解他人的內在情緒世界，再以有益他人及人我關係的方式採取行動。同理心可激勵我們減輕別人的痛苦，或是祝賀別人的好運。

一九九二年，我意氣風發地從大學畢業，身邊有知交好友，並且取得傑出博士班的入學許可，同時，還有交往三年的女友，感情穩定。短短幾個月後，我獨自在宿舍房間裡思索，為何這麼快就人事全非了。進入研究所的過渡時期，對我來說並不好過。我等著指導教授弄明白我的入學許可是個錯誤——其他研究生似乎都比我聰明，也更有生產力。我在研究所也沒有真正的朋友可以傾訴；我一度有好幾個星期都避著不去學校餐廳，因為我和宿舍裡的其他研究生格格不入。雪上加霜的是，我的感情生活岌岌可危，而且身無分文。那大概是我人生最落魄的一段時間。可以說，我是靠著看一個小時又一個小時的電視重播和電視購物熬過去的。《銀河飛龍》（*Star Trek Next Generation*）影集馬拉松連續播放到凌晨四點？我看了。拳王智烤爐的購物廣告又來了？繼續看。

就在這樣孤單悲傷的一個夜晚，有個半小時的節目呼籲觀眾捐款改善非洲小朋友的生活，否則他們將會餓死或死於可預防的疾病。你大概看過無數類似的節目，我也一樣。但因為某種原因，那一夜，我發現自己眼眶含淚地大半夜打電話過去捐錢。像我這般不快樂又經濟困頓的人，卻因為電視畫面的某種東西打動了我，而令我想要對半個地球外的陌生人做一些或許有幫助的事。那些兒童的苦難瞬間打破我對人生不斷的自怨自艾，並對那些人生遠比我坎坷的人感到同情。

表面上看來，我的行為並不理性。我需要的錢只會更多，不會更少。我從來沒有見過那些我自以為能幫助到的人，可能也永遠不會見到，而他們也永遠不會感謝我或報答我。我從來沒有告訴別人捐款的事，我也不記得那次的經驗有什麼愉快或滿足的感覺，或是想到自己是個多好的人。由於我只捐了一次，隔年沒有繼續捐款，所以我也沒有拿這點小事當成證明自己美德的證據。當我回想起那一刻，我只能說，那時的我覺得好像不得不去做。我的同理心迫使我做一些「對的事」，不管做的事有多麼微不足道，都要撥亂反正。

我感受得到你的痛苦

同理心（empathy）這個單字不過是一百多年前才自德文的 *einfühlung* 翻譯引進英語，意思是「移情」。[244] *Einfühlung* 是十九世紀美學用來描述我們的心理或是精神上進入藝術作品，乃至於大自然之中的能力，從客體的角度獲得親身感受。[245]「同理心」還意味著「感同身受」，但幾乎都是指我們能與另外一個人的感受產生連結，而不是「進入」客體。

我們前面已經討論過，幫助他人如何產生社會獎賞的感覺。不過，同理心是更複雜的歷程，是為了讓我們準備好幫助他人。同理心是激勵我們幫助他人的前端歷程，而社會獎賞則是後端歷程的結果。

要產生同理心狀態，至少得組合三種心理歷程：**心智解讀**、**情感比對**（affect matching），以及**同理心動機**（empathic motivation）。[246] 依照情況不同，鏡像神經系統或心智化系統提供輸入資訊，讓同理心狀態運轉。正如第六章討論的，鏡像神經系統讓我們能把觀察到的行為視為心理活動，而且在眼前所見的景象可直接詮釋發生什麼事情時，也同樣讓我們能夠理解行為背後的情緒狀態。我們之所以知道鏡像經系統對別人的情緒信號感覺靈敏，有一方面是我們通常會如實鏡射反映，產生與對方感受一致的動作反應。

比方說，你看到有人的前臂被施以電擊，你可能會握緊自己的拳頭，為那痛苦而抽搐畏縮。在一次研究中，參與者看到他人的雙手或雙腳遭到電擊，[247] 觀看者自己的手或腳也產生觸電反應，映射他們所見。當他們看到有人的手遭電擊，大腦會傳送信號到他們的手。同樣，當我們看到別人露出強烈情緒的表情，我們臉上的肌肉會立刻微微地模仿相同表情。[248] 如果有人因為剛施打肉毒桿菌，導致臉部表情肌肉麻痺而無法模仿那些表情，這個人將更不善於辨認他人的情緒。[249]

因此，我們看到別人的情緒時所產生的模仿反應，其實有助於立即理解那些感受。由於鏡像神經系統牽涉到理解他人動作的心理意義，也涉及模仿他人動作，所以同理心及情緒模仿的研究，會連繫到鏡像神經系統並不令人意外。[250]

有時候，只是看到別人的情緒表情，不見得就能充分理解一個人的感覺、並感同身受。想像有個人臉上洋溢著燦爛笑容朝你走過來。你的鏡像神經系統大概會幫助你本能地了解那個人「有什麼感覺」，但不知道那個人「為什麼會有那種感覺」，很難同樣感受並分享那種喜悅。那個笑容是因為考試得到好成績，還是因為與心愛的人訂婚了？在很多情況下，企圖理解別人為什麼有特定的情緒，最終還是得靠心智化系統。[251] 由於心智化系統的彈性，人類能夠同樣感受自己未能親眼目睹或親身體驗的事件。你的母親或許告訴你，你的舅舅未能得到夢寐以求的升遷。心智化系統可能就是理解舅舅心理感受的關鍵，甚至是小說中角色的感受。事實上，看小說的人通常心智化能力更強，這代表投入虛擬人物的內心可強化心智化系統。

無論我們理解他人感受是透過鏡像神經系統、心智化系統，或兩者皆有，依舊只是一片拼圖，並非完整的同理心狀態。我可以不帶感情地模仿。我也可以不帶感情地理解。我可以理解獨裁者手中的權力瓦解時，必定會感受到的恐懼，但我的理解更有可能導致幸災樂禍而非同理心。只有在大腦透過鏡像神經系統或心智化系統收集資訊，誘發情感比對和同理心動機時，才會產生同理心。

研究人員在研究同理心的神經科學時，頗費了一番功夫研究同理心的情感比對。事實上，正是最有名的同理心神經科學研究突顯了情感比對的重要性。當時在倫敦大學學院的辛格（Tania Singer）進行一項同理心研究，嚴謹仿造對猴子進行的原始鏡像神經元研究。但是辛格不是觀察一個人伸手拿花生，或看到別人伸手拿花生時的神經反應，而是研究人在接受電擊，或觀看別人接受電擊時的大腦。她請女性參與者躺進掃描儀中，而她們的男朋友則坐在掃描儀外附近。在研究的不同測試，掃描儀中的女性，或坐在外面的男朋友，藉由貼在手臂的電極接受電擊。女性能看到男朋友被施以電擊。與鏡像神經元的研究一樣，辛格等人試圖尋找女性遭到痛苦電擊時，以及看到男朋友遭到同樣方式電擊時，哪些腦部區域會活化。

辛格發現，無論是誰受到痛苦電擊刺激，女性參與者都會啟動腦部痛苦不適網路（pain distress network）中的背側前扣帶皮質與前腦島區域（見圖3.2）。女性會一本正經地對男朋友說，「我感覺得到你的痛苦。」有史以來，人類提出種種同理心的說法，但始終不清楚這些是否更像是社會性姿態（social gesture）。辛格證明，或許看著所愛之人感到痛苦也會真的痛苦。而且不單是比喻的痛苦，而是類似個人生理感受到的痛苦。

我想當個好人：促成照護與利他行為

情感比對是一種能動搖我們生存本性的驚人能力，但這種能力本身還不是同理心的完整狀態。同理心的神經科學研究，大多將焦點放在痛苦不適的情感比對神經基礎。這是很自然的起點，因為我們對他人的痛苦反應十分強烈。不過，把研究焦點放在對痛苦的同理心，同樣也帶來一些局限。

首先，我們看到別人受苦時的情感比對，未必都能導致利社會的同理反應。在本章開端，我描述自己如何受影片感動，而捐錢幫助非洲的貧窮兒童。我沒有提到的是，我之前無數次看到類似的廣告卻轉台，因為太讓人難受了。即使我做了情感比對（也就是看到他們的不幸，導致我感覺不幸），我的重點仍放在如何減輕自己的不幸，而不是減輕他們的不幸。換句話說，情感比對有時候可能導致逃避行為，而非助人的同理心動機。[252]無論我是專注在自己的不幸還是他人的不幸，大腦的痛苦不適網路都可能活化。大家普遍都同意，唯有存在適當的情緒反應[253]（也就是情感比對），並且持續關注他人的狀況而非關注自己的狀況，才會發生同理心。所以同理心不光只是情感比對。

神經造影研究幾乎只專注在痛苦感受的同理心，還有第二個局限。負責情感比對的神經系統，應該會隨著比對的情感種類不同而變化。由於辛格開創性的發展之後，幾乎所有後續研究都專注在生理痛苦的同理心，查閱這類文獻很容易就能得出結論，背側前扣帶皮質與前腦島大概就是支援同理心的核心機制。[254]事實真的是如此嗎？抑或，出現這些區域只是因為它們牽涉到痛苦，而大部分研究的重點都是痛苦？

最後，這些研究中幾乎沒有一個將同理心狀態期間的神經反應，連結到實際的助人行為。[255]感同身受的目的之一，似乎就是為了激勵我們幫助不幸的人，但是大腦如何將我們的理解（心智解讀）與情感比對歷程轉換成助人的同理心狀態，卻不得而知。

我與莫瑞利（Sylvia Morelli）及雷姆森（Lian Rameson）進行ｆＭＲＩ研究，希望能將同理心的三個組成要素都記錄下來：理解（心智解讀）、情感比對，以及同理心動機。[256]首先，我們交替變換實驗變項，以便了解參與者是否需要背景資訊才能理解關鍵事件。第一種實驗測試，我們給參與者觀看別人遭受痛苦的照片，展示立即掌握事件所需知道的全部資訊（例如，手被車門夾到）。而第二種測試的照片，則是呈現一個人看起來快樂或焦慮，但需要背景資訊才能理解（例如，「這個人正在等待他的健檢結果」）。第一種事件會用到鏡像神經系統；有賴背景資訊的第二種事件則動用到心智化系統。此外，雖然快樂與焦慮的事件都包含了背景資訊，但需要不同的情感比對，因為牽涉到不同的情感事件。焦慮的事件與痛苦的事件都會活化痛苦不適網路，但快樂的事件活化的則是腹內側前額葉皮質區域，該區域通常在獎賞任務時活化。

或許最重要的是，我們尋找的是這三種同理心事件（痛苦、焦慮，和快樂）都會活化的腦部區域。我們的看法是，儘管理解（心智解讀）與情感比對的差別，取決於驅動同理心的內容，但兩者的最終結果應該都是助人的同理心動機。只有一個腦部區域在各類型的同理心事件都會活化：中隔區（見圖7.1）。除了

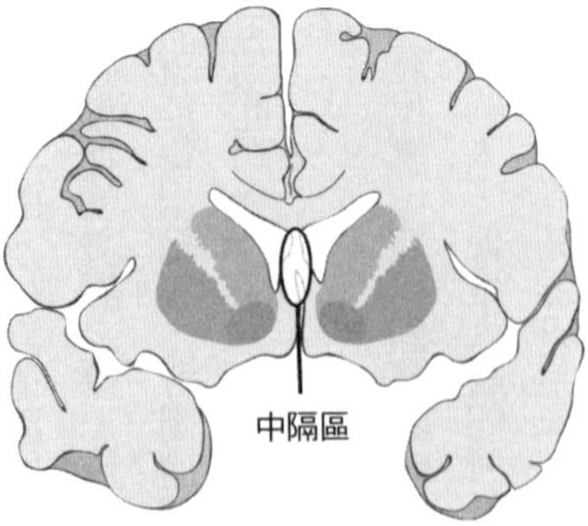

圖 7.1　中隔區

在各種情況都出現活化，中隔區似乎也是同理心動機的指標腦區。我們讓送進掃描儀的受試者每天填寫問卷長達兩週，記錄他們每天「感受到」與「未感受到」的事件。每天的問卷內容皆相同：他們那一天是否幫助了別人。藉由這兩週的平均答案，我們有了衡量標準，得知一般人在日常生活中通常願意多幫助他人。在掃描儀中執行同理心作業時，中隔區呈現活化較多的人，在離開掃描儀後，通常也更願意多幫助別人。這符合研究事前的構想，中隔區匯集來自腦部其他有關同理心區域的資訊輸入，並轉換成助人的動力。相較於無數次看到捐款廣告就轉台的經驗，我決定捐款幫助非洲兒童的那一夜有什麼不同的改變？或許是中隔區活動。

無私無懼，無比快樂的關鍵節點

如果要我說，在如今的社會神經科學界哪個腦部區域最受人忽略，卻將在未來十年成為熱門研究領域，大概就是中隔區了。[257]這個腦區在靈長類動物的演化歷程，大得不成比例，而且和背內側前額葉皮質——大腦心智化系統的執行長——有直接關聯。[258]絕大多數的中隔區研究，是在囓齒類動物身上進行而非人類，有部分是因為這個微小的區域很難用ｆＭＲＩ辨識。研究囓齒類的缺點，就是我們無法衡量牠們的感受，甚至無法證明牠們有任何感受。優點則是可以進行更為侵入性的研究，檢視中隔區的個別神經元如何反應，或是手術移除中隔區對行為有何改變。

動物研究提供我們線索了解中隔區的作用，但這些線索似乎引導我們走上不同的路徑。早期針對中隔區的研究，有部分專注在快樂與獎賞。雖然一般多認為獎賞與腹側紋狀體有關，亦即中隔區的神經系統鄰居，但其實中隔區是第一個被真正發現與獎賞歷程有關的腦部區域。最早，是在一九五〇年代發現大腦的獎賞系統，當時研究人員將電極植入老鼠腦部各個區域，並連結到一個控制桿。老鼠若壓下控制桿，其中一個腦部區域就會受到電流刺激。[259] 當電極放在中隔區，老鼠陷入瘋狂激動。老鼠每小時按了將近二千次控制桿——每兩秒鐘超過一次，一個小時毫無間斷。二十年後又做了類似的研究，在一個人的三個腦區植入電極，並給他一個有按鈕的匣子，三個按鈕分別刺激三個腦區。[260] 如同先前的老鼠反應，他持續不斷地按下刺激中隔區的按鈕，顯示這個腦區帶給他強烈的快感，而且每次測試告一段落從他手中拿走按鈕匣時，他還會抱怨。

在研究人員將獎賞連結到中隔區的同時，其他研究人員則證明中隔區和恐懼的關聯，或者更精確地說，中隔區減少恐懼行為的作用。[261] 衡量焦慮或恐懼的最佳標準之一，稱為**驚嚇反應**（startle response）。如果有人出其不意地在你背後大聲拍手，你會產生一連串的神經反應、生理反應，和行為反應，將這個聲音編製成潛在威脅，並讓你做好迅速因應的準備——典型的戰或逃反應（fight-or-flight response）。你可能會跳起來、轉身，或許還會注意到心跳加速。這些反應都是由杏仁核（amygdala）協調安排，杏仁核是大腦演化過程中的舊結構（phylogenetic structure），通常與情緒性反應有關。中隔區遭移除的老鼠，所顯現的驚嚇反應要大得多，並有其他證據顯示對威脅更有反應。這表示中隔區完好無缺時，或許在我們應對威脅時，具有抑制痛苦不安的作用。

最後還有很重要的一點，另外一些研究顯示，中隔區的存在對母性照護行為非常重要。老鼠、兔子的腦損傷研究（lesion study）顯示，如果中隔區受損，動物會成為可怕的父母。[262] 那些中隔區受損的動物不再預備保護幼崽的巢穴，給幼崽的奶水較少，而且幼崽致死率高出許多。

我們該如何理解中隔區的各種功能——獎賞、恐懼調節，及母性照護行為？特莉絲坦．稻垣與娜歐蜜．艾森柏格近來的研究顯示，有個方法可綜合協調研究的結果，就是將中隔區定位成：調整我們趨避動機的平衡機制，而這種動機有利於促進積極主動的養育行為。[263] 雖然人類早在嬰兒誕生前幾個月，甚至前幾年，就開始著手關於養育的準備，但大多數哺乳類動物對自己與新生幼兒的關係，可能並沒有相同的理性認識。對缺乏這種認識的多數哺乳類動物而言，面對發出尖叫聲的幼兒，其實是個兩難。究竟應該衝過去幫助牠們，還是趕緊逃走？哺乳類動物天生害怕嘈雜不安定的事物，但中隔區或許能幫我們平抑恐懼，增加我們的動機，幫助有需要的人。我們沒有讓自私心理占上風，而是無私站上火線幫助他人。因此，中隔區顯然是個關鍵節點，將我們的「情感反應」轉變成「提供幫助的動機」。

如此描述中隔區，極類似我們在社會獎賞背景下稱催產素為**照護神經胜肽**，這並非偶然。中隔區有大量催產素受體，而且在一些哺乳類動物的中隔區，催產素受體的密度是腦中最高的區域。[264] 有意思的是，催產素受體的密度會受早期養育經驗影響。在囓齒類動物當中，接受較多父母照顧的幼崽，長大後中隔區的催產素受體密度較高，而從小與母親隔離的幼崽，長大後中隔區的催產素受體密度較低。[265]

同理心可說是我們社會認知成就的頂點，是社會腦的巔峰。同理心需要我們理解他人的內在情緒世界，再以有益他人及人我關係的方式採取行動。同理心可激勵我們減輕別人的痛苦，或是祝賀別人的好運。我們至今討論過的所有神經機制都需要加以協調，才能實現這不可思議的成就。依照情況不同，我們需要鏡像神經系統與（或）心智化系統理解別人的感受。我們需要支援社會痛苦與社會快樂的機制做情感比對，才能體會別人的感受，而非只是知道別人的感受。最後，我們需要母愛般的照護行為的核心——中隔區，敦促我們以積極正面的方式，投入身邊眾人的生活。當這些機制都就緒了，我們才能成為最好的自己。

社會邊緣人

一九九二年，也就是我從羅格斯大學畢業的那一年，經歷了這一生最糟糕的日子。就我這樣的人——長期對人類的心智感興趣，好奇大腦的心智如何建構現實，也對以創造交錯實境（alternate reality）聞名的科幻作家如菲利普·狄克（Philip K. Dick）感興趣——年輕時淺嘗迷幻藥物，多少是必然的事。如果心智將因此彈性多變，而且現實會隨之曲折，我怎能放棄親身驗證的大好機會？清楚說出那個下午我服用何種藥品沒什麼意義，因為事實就是你永遠無法清楚知道自己用的是什麼。從羅格斯大學畢業前的幾個星期，我和室友前往庫克校區參加一場正午的慶祝活動。我們一起服用了相同的藥品，是大家以前都用過的。所有人都很開心，除了我之外。我真的覺得那是個「不愉快的經歷」。那時我除了熬過去，別無他法。

我多次在腦中重複播放那一天的畫面，彷彿只是要提醒自己，藥物為何不是我的良伴。每次重溫這部恐怖電影，我從來沒有想過自己在身邊眾人的眼中是什麼模樣。他們看不出我內心的感受。大部分的人不知道我嚥下的是比劣質啤酒威力更大的東西，知道的人又忙著尋歡作樂，沒空多關心我。別人一定覺得我非常奇怪、難搞，而且反社會（希望其他時候並不會有人這樣想）。我和人群保持距離，言詞盡量簡短，而且避免眼神接觸。我很好奇，自己那天是否有點像自閉症（autism）。

自閉症是影響將近一%人口的疾患。主要的症狀包括重複行為，以及社交互動與語言溝通障礙。亞斯伯格症候群（Asperger's Syndrome）同樣有社交互動的困難，但沒有語言缺陷障礙。就臨床來說，目前的診斷是針對**自閉症類群障礙**（autism spectrum disorders, ASDs）。如果同理心是社會心智的巔峰，自閉症很不幸就是其中一個低點。這些年來，有許多理論說明，為何這些人應對人際社會有那麼多困難。我們將會看到，情況有時候幾乎跟表面現象完全背道而馳。

完成第一次為心智理論而設計的「莎莉與小安測驗」之後的兩年，英國心理學家柯恩（Simon Baron-Cohen）、萊斯利（Alan Leslie）及烏塔・佛萊斯（Uta Frith）提出，自閉症患者可能缺乏心智理論的能力。[266] 你能想像有個世界，你無法從別人的信念、目標，和感覺去觀察他們的行為嗎？下次與人打交道時，花個幾分鐘試試。你大概做不到，這只會證明這個能力在我們的大腦基本作業系統占了多大一部分。但如果你能做到，大概會覺得自己有點像外星人——在你身邊移動的軀體，代表的意義就只有你看到的表面特徵。行為可能看似隨機而不可預測，而你無法「看透」背後的心思。透過那樣的鏡頭看世界，你能保住工作、交朋友，或是維持長期關係嗎？沒有心智理論，似乎就能解釋自閉症患者日常生活中遇到的許多困難。

柯恩等人以「莎莉與小安測驗」分別對三組人測試：自閉症兒童（十一歲）、唐氏症（Down's syndrome）兒童（十歲至十一歲），以及正常發展兒童（四歲至五歲）。並以發展心理學家衡量兒童的**心智年齡**（mental age），將實際年齡不同的兒童根據整體心智能力加以比較對應。自閉症兒童的心智年齡是五歲，因此研究中找來年紀更小的正常發展兒童。

就像先前的研究，正常發展的五歲兒童在莎莉與小安測驗的表現非常好，八五%的兒童給了正確答案。相較之下，自閉症兒童只有二〇%通過測試——完全偏離正常發展兒童的測試結果。或許自閉症兒童的表現不佳，是因為作業的整體認知難度？倘若如此，唐氏症兒童應該也同樣表現不好，但他們的成績其實跟發展正常兒童相同。此外，三組兒童在回憶莎莉與小安測驗期間發生的事情，顯示能力不相上下，所以並非自閉症兒童無法記住事實。這些結果相當明確地指出，自閉症兒童的心智化能力有缺失。後續的研究證明，這一組兒童有其他心智化的能力缺失，包括無法理解虛張聲勢、說反話、嘲諷挖苦，以及失言。[267]

自閉症者也比較不可能以類似信念、情緒，以及人格等心理狀態特點，描述第五章的海德與希梅爾三角爭奪動畫（見圖5.1）。[268]耶魯的心理學家克林（Ami Klin）提出正常發展的兒童與自閉症兒童對動畫的描述，讓人更具體理解他們的心智理論能力缺失。我們先來看發展正常兒童的描述：

動畫故事是：大三角形——就像比較大的孩子或惡霸——把自己跟一切隔離開來，直到另外兩個新的小朋友出現，小圓形比較害羞、膽怯，小三角形更像是在維護、保護小圓形。大三角形嫉妒他們，跑出來開始挑釁小三角形。小三角形被惹毛了，於是說些像是「搞什麼？」、「為什麼這樣做？」的話。

看到這段描述時，很容易想像一場社交活動在上演，以及劇中各方的感受。這段描述充滿心理狀態語言，提供了動畫形狀的內心故事。如此描述這一幕很自然，而聽到別人這樣描述也同樣自然。

相反地，以下是自閉症兒童的描述：

大三角形進入長方形之中。裡面有個小三角形和一個圓形。大三角形出來，那些形狀互相彈開。小圓形進入長方形之中。大三角形與圓形一起在框架中。小三角形和圓形繞著彼此幾次。有點像是繞著彼此來回擺動，也許是因為磁場的關係。之後，他們離開了螢幕。

如果只看到第二個敘述，你不會有什麼戲劇情節展開的感覺。自閉症兒童描述的形狀移動沒有任何實際意義，無論是社會意義或是其他。很重要的一點是，嚴格來說，這樣的描述比正常發展的兒童精確多了。大三角形不是惡霸，也不嫉妒。小圓形既不害羞也不膽怯。它們只是安排好的形狀，沒有思想、感覺，或性格。

雖然自閉症兒童的描述更準確，**實用性**卻是遠遠不及。沒能提供我們那種迫切渴望洞悉心理劇場的洞察力，也無法讓我們或自閉症兒童預測接下來會發生什麼事（訴訟？割破輪胎？淚眼相對的大團圓劇碼？）。當所有人都能自然而然地做到，我們卻無法從「心理狀態」的視角看這個世界，那是嚴重不利的缺點。自閉症者不但無法從心理層面的角度觀看那些動作，他們也被限制了和其他人（以不同於自閉症視角看這些事件的人）連結與分享的能力。

自閉症與心智理論缺失

對於自閉症是否與心智理論能力受損有關，科學家並無太多爭議。確實如此。真正有爭議的是，第一，這種損傷是否說明了自閉症在現實世界相關症狀的主要緣由。第二，究竟是心智理論缺失引起自閉症，或者這些缺失是其他發展歷程的結果，而這些歷程原本與心智理論無關。換句話說，心智理論缺失究竟是自閉症的起因還是結果？

儘管從心智理論解釋自閉症的說法太過簡略，卻很少有研究將心智理論能力連結到在實驗室之外的自閉症疾患的現實世界問題，而且有愈來愈多證據顯示，心智理論缺失並非自閉症的完整解釋。這有幾個理由。第一，還記得只有二〇%的自閉症兒童通過莎莉與小安測驗吧。同樣的事實可以用不同方式陳述：至少有部分小孩能通過這項測試，但依然符合自閉症的診斷。如果心智理論就能完整說明一切，那麼有自閉症的人都應該顯示心智理論有相同的缺失。莎莉與小安測驗並非是唯一，或最困難的心智理論測驗，但在現實世界有社交缺陷的自閉症者，有部分的人仍可通過更困難的心智理論測驗，證實一個人可能有自閉症，但沒有心智理論缺失。[269]

第二個理由是，自閉症者有其他感知及認知異常，與心智理論缺失沒有太大關係。烏塔．佛萊斯對一組自閉症兒童及一組正常發展兒童進行藏圖測驗（embedded figure test）。[270]其中一個例子如圖7.2。這個測驗要求兒童找出左邊的三角形圖案「隱藏」在嬰兒車的什麼地方（大小、形狀，與方向都一樣）。我猜你會自己試試看，而且發現要花一點時間才能找到（提示：就在遮蔽嬰兒的車篷上）。好吧，如果你有自閉症，花費的時間大概會**比較少**。有自閉症的人執行這種作業的表現始終比其他人**好**。表現更優時，一般不會被稱為損傷，但在這個情況下，反映的是一種認知—感知不平衡。

為什麼一般人做這種測試要花費比較長的時間，原因是我們的心智設計成將重點放在所見事物的完整意義，而非必須整合起來才能構成高層次意義的事件細節。我們看見草地，而非草葉。我們對藏圖測驗的反應，取決於我們有多少能力從圖案整體意義抽離出來，尋找其中無實際功能的組成元素。自閉症其中一種缺陷是，難以著重在所見物體及語言的高層次意義，因此如果某一項作業需要專注細節而忽視整體意義，自閉症的人通常更為擅長，表

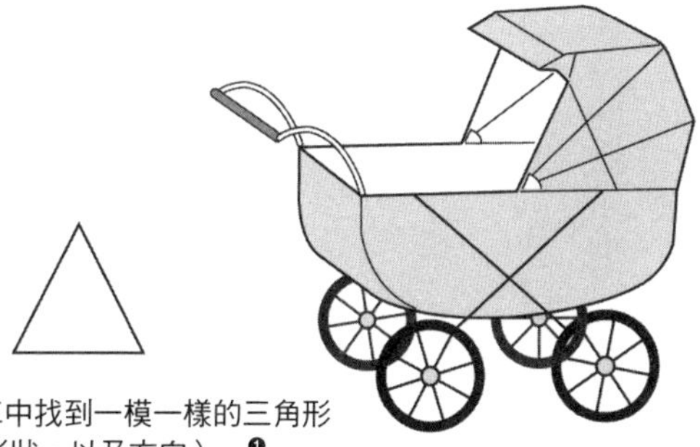

必須在嬰兒推車中找到一模一樣的三角形（大小、形狀，以及方向）。❶

圖 7.2　藏圖測驗範例

❶ 圖片改編自 Shah, A., & Frith, U. (1983). An islet of ability in autistic children. *Journal of Child Psychology and Psychiatry*, 24(4), 613–620.

現優於其他人。[271] 從所見物體中擷取高層次意義，以及推斷出別人行為背後的目的與動機，兩者肯定有相似之處。不過，這兩種缺失未必同時出現在自閉症的人身上。而判斷一個人為何以某種方式行事，以及判斷一起事件為何會發生，這兩種任務並非仰賴同樣的神經迴路，因此它們似乎是截然不同的歷程。[272]

有些人還是主張，心智理論缺失是自閉症社交障礙的主要原因，而對事物解讀整體意義的完形分析（Gestalt processing）能力缺失，或許可以解釋其他非社會性的能力障礙。倘若真是如此，我們就得假設，訓練自閉症者更善於心智化，或許就能相應降低他們的社交障礙。許多研究顯示，訓練可促使自閉症者的心智化能力獲得很大進展，然而遺憾的是，心智化的進步並未促成他們在現實世界的社交技巧進步。[273]

何者為因，何者為果？

前述的研究結果指出，自閉症者存在明顯的心智理論缺失，但也同時顯示，這或許並非導致我們在自閉症者身上看到的社交障礙。如果證明心智理論缺失是自閉症核心缺失的次要結果，而非自閉症主要的構成原因，或許更說得通。要說明這個差異，可想像一個跑者為比賽訓練時傷了左膝。她在一個星期內，右髖部也跟著出現疼痛的機率相當高。左膝的疼痛會導致她跛行而側重右腿，在那些關節過度施加壓力，通常就會在受傷膝蓋另一邊的右髖部造成疼痛。這種情況下，膝痛是原本受傷固有的，但髖部疼痛是次要的，是因為身體為了抵銷左膝疼痛而造成的。

就像心智理論是成人的基本天性，我們擁有這種能力，部分需仰賴年輕時有適當的經歷。「看到」或「聽到」別人發揮心智化能力與世界互動，有助於開發自己的心智理論能力。我們知道這一點是因為，天生聽障的兒童在心智理論的測試表現，跟自閉症兒童一樣糟。[274] 聽障兒童沒有心智缺失，也不會迴避社交，但他們聽不到別人說話，因此接觸到的是社交貧乏的環境，缺乏有關心理狀態語言的談話，或引起心理狀態語言的談話。有沒有可能自閉症也出現了類似的問題？有大量資料顯示，在兒童最早出現心智理論證據的年齡之前，自閉症的社交缺失就已存在，所以或許更早期的變化，改變了自閉症兒童接觸到的資訊輸入。

自閉症歷來是在兒童三歲以後才診斷出來。而拜家庭生活錄影分析之賜，我們現在清楚知道這些孩子在診斷出來之前，剛出生一、兩年的生活情況是什麼樣。科學家可利用嚴謹的系統性編碼協定，找出那些注定成為自閉症的兒童和其他沒有這種宿命的兒童之間有何差異。已有證據顯示，一歲以下的兒童如果社交互動欠佳，且對他人缺乏適當的社交反應，這些兒童在第二年期間，往往會忽略別人，寧可獨處，而且繼續表現出社交技巧不佳。

[275]如果這些兒童表現出偏好社交孤立，有可能他們和聽障兒童一樣，沒有得到必要的社會資訊輸入，因而無法依循其他兒童的發展時間表發展出成熟的心智化能力。倘若如此，那麼我們就想觀察看看，比心智化系統更早成熟的神經系統。

破鏡假說

就演化來說，鏡像神經系統比心智化系統更原始，因為猴子有鏡像神經元而無心智理論。一般認為，一週大的嬰兒表現出模仿的跡象，表示他們的鏡像神經系統在運作。如果要尋找「在心智理論缺失之前出現」，甚至是「可能導致心智理論缺失的缺陷」，鏡像神經系統或許剛好符合條件。

推斷鏡像神經元可能是自閉症核心的第一個線索是，有充分證據顯示自閉症兒童對「模仿他人」的作業表現有困難。實驗人員進行了超過四十年的研究，要兒童模仿各種行為和手勢。[276]診斷有自閉症的兒童在這些研究的表現，始終不如正常發展的兒童。[277]等到確知鏡像神經系統和模仿有連結，隨即有一些神經造影研究開始探討行為模仿的能力缺失與自閉症的關聯，於是得出**破鏡假說**（broken mirror hypothesis）——鏡像神經系統缺陷或許是自閉症的主要成因。[278]

雖然早期的研究發現相當震憾人心，但並不清楚對破鏡假說的支持有多穩固。舉例來說，早期有一項研究針對的是**μ波抑制**（mu suppression），這是以腦電圖（electroencephalogram, EEG）測量鏡像神經系統活動的生物標記❷。一般而言，發展正常的人在觀察別人，或是自己執行手部動作時，都會產生μ波抑制。不過，患有自閉症的人只會在自己執行手部動作時產生μ波抑制，觀察別人的動作時則不會。[279] 只是奇怪的是，研究人員並未回報這兩組人是否有顯著差異。或許這看似是不重要的疏忽，但如果沒有這樣的分析，「自閉症樣本的鏡像神經系統活動不同」的結論就站不住腳。[280]

另外兩項早期fMRI研究也顯示，自閉症患者有非典型鏡像神經系統，但未能清楚對應到自閉症的症狀學。鏡像神經系統包含在腦部的額葉部分〔後額下迴（posterior inferior frontal gyrus）與前運動皮質〕，以及腦中更後方的頂葉部分（頂內溝前端與頂下小葉前端）（見圖6.1）。一項fMRI研究發現，自閉症患者在模仿臉部表情時，鏡像神經系統的額葉部分的活動減少，但頂葉部分的活動增加。[281] 另一項研究發現，這組人在模仿手部動作時，鏡像神經系統的頂葉部分的活動減少，但額葉部分的活動增加了。[282] 兩

❷ 生物標記（biomarker），是指任何一種可以標記出特殊疾病狀況，或是有機體的生化機能狀態的物質。例如測量血液中的某種蛋白質可以反應出某種疾病的出現或是嚴重程度。

項研究都清楚看到，自閉症的人和正常人表現模仿能力時，大腦的活動情形有所差異，兩項研究在額葉與頂葉的活化程度各有增減，而且方向正好是相反的。或許更大的問題是，在兩項研究中，自閉症者都能跟非自閉症者模仿得一樣好，所以不清楚研究中看到的神經效果，是否促成了任何自閉症患者在現實世界的行為問題。

在這些早期研究之後，有不少其他研究與之矛盾。多項研究證明，自閉症患者與健康的人的μ波抑制程度相差不多。[283] 同樣，一些fMRI研究顯示，自閉症者的鏡像神經系統活動與正常人相差不多，甚至更為活躍。[284] 為何這些結果如此混亂且不一致？如果自閉症有模仿能力的缺失，鏡像神經系統一定也會有缺失，對吧？答案未必如此。

索思蓋特（Victoria Southgate）與漢彌爾頓（Antonia de Hamilton）提出強而有力的解釋，說明為何「模仿表現」不可輕易視同自閉症者的鏡像神經系統。[285] 他們指出，在現實生活中，甚至是實驗室中，成功的模仿其實不只是模仿。要能成功模仿，必須知道要模仿什麼，以及什麼時候模仿。如果實驗人員說：「請你這樣做。」然後從桌上拿起一枝筆，究竟是要你做什麼？重點是拿起筆？跟實驗人員一樣，用同一隻手拿起筆？用同樣的抓取姿勢，還是隔空做出同樣的動作？實驗人員或許會將任何一種失敗的嘗試編列為拙劣的模仿。出色的模仿需要知道應該模仿什麼，才能準確地執行。知道要模仿什麼，特別是在實驗室中的研究，就得了解別人想要你做什麼。這是有賴心智理論的心智化作業，是我們已知自閉症有障礙的部分。

解決這個問題的一個辦法，就是減少模仿過程的心智化成分。科學家的作法是仔細分析不由自主的模仿。有時候我們會在無意間模仿別人，甚至是在明知自己不應模仿的時候模仿。想像下列情境。你看到一隻手用大拇指和其他手指做出U形（見圖7.3）。當你看到大拇指與其他手指開始聚攏而握拳，你的手大概也會做同樣的動作。接著，你又看到U形手，但這次卻張得大開，而你想必也會跟著做。到目前為止都沒什麼問題。這就是個簡單的模仿任務。接下來才是有意思的。有時候會要求你模仿看到的狀況（也就是看到目標對象握拳時，要你也握拳），有時候要求你做相反的動作（也就是看到目標對象握拳時，把你的手張開）。

要做出與所見相反的動作很難，因為模仿是人類的天性。因此，正常組的受試者要完成矛盾的動作（做出與眼前所見的相反動作），他們花的時間比完成相容動

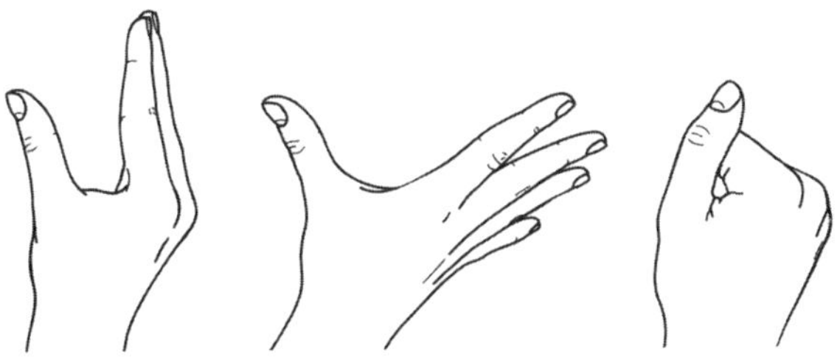

圖 7.3　自動模仿所用的手勢。大拇指與其他手指形成 U 形（左），手指大張（中），以及握拳（右）。

作（做出看到的動作）更長，這是顯示我們自動模仿傾向之強大的指標。[286] 在第一項研究，請自閉症者的受試完成上述的自動模仿任務，自閉症一組不但表現自動模仿效果，而且效果幾乎比非自閉症參與者強五〇%。其他研究也得出類似的結果。採用不同自動模仿典範的另外一組，也顯示超模仿（hyper-imitation）與自閉症有關的證據。[287] 一旦去除心智化成分，自閉症者並不是無法模仿，反倒可能是超級模仿者。

破鏡假說還算相當新穎，所以不清楚歷史會有何評價。目前證據的影響力並不利於該假說，一些最新資料顯示，自閉症者是超級模仿者，然而當他們被明確要求模仿時，並不知道什麼時候模仿，或究竟要模仿什麼。如果自閉症者的模仿困難其實歸結到難以理解要模仿什麼，這就又回到業已驗證的自閉症心智理論有缺陷的研究發現。但我們還需要找出為何這些人有這種缺失，由於社交障礙的存在早於心智理論能力發展，而且我們從聽障兒童的研究得知，心智理論發展不良可能只是因為個人的經歷。幸好，我們還有一個機會可試，並希望正好合適。

強烈世界假說，當一切感受超越極限……

還記得我在羅格斯大學那段「不愉快的經歷」嗎？那個故事還有下半段，關於內在的心理部分。我稍早描述過自己的行為，也就是我身邊的人看得見的部分。基本上，我和所有人保持距離，在社交環境中讓人感覺冷漠不關心。顯然我沒有變成自閉症，即使短暫的瞬間都沒有。但我可從經驗中學到一個教訓。我稱之為**海倫仙度絲效應**（Head & Shoulders effect）。

你可能記得一九八〇年代的海倫仙度絲廣告宣傳活動。那些廣告一定有兩個人，其中一人注意到另一個人的頭皮屑。看到頭皮屑的人會指出來，然後說了一句廣告詞：「嗨，試試我的海倫仙度絲。」然後將手邊的洗髮精遞給有頭皮屑困擾的朋友。拿到洗髮精的人一定都是回答：「可是你沒有頭皮屑啊！」第一個人一定會露出得意的笑容說：「一點也沒錯。」言下之意就是因為他用了海倫仙度絲，所以沒人知道他曾有頭皮屑。用心理學的類比來說，就是外表看起來的樣子往往與這個人的內心相反。我們傾向假設外在行為與內在心理相符，但因為人會對外部環境做出反應，並試圖在內外不一致的情況下取得平衡，所以往往我們外在行為與內在心理是不相符的。[288]

在羅格斯大學那個重要的一天，大家從我的外在行為猜不到我的內心感受。我的行為與感受緊密相連，只是並不明顯。我的外在行為是反社會，但這並非因為我對人際社交冷漠不感興趣。而是人際社交令我**無力招架**。說得更清楚一點，一切都讓我茫然不知所措，但那一天所有不知所措的經驗中，人際社交是最令人難以承受的部分。

我服用的藥物讓我的所有感官變得更敏銳。一般來說這很酷，但是就像《搖滾萬萬歲》（*This Is Spinal Tap*）裡的人會說的，我的感官已經「超過極限」。一切多到我應付不來。平常只在背景的感官知覺突然全部跑到最顯眼的地方，而且太過強烈。一個冰冷無情的環境已經夠令人痛苦，而我的周遭卻盡是人群的喧嘩吵鬧，充滿了人們的臉部反應、手勢，以及其他突如其來的動作。這一切對我來說都過於強烈，完全無法預測，而且坦白說，令人驚駭。我那一天顯得反社會，並非因為我不喜歡那些人，而是正因為他們就是人，那天的我才無力應付。

如果，自閉症兒童其實並非對社交世界感覺遲鈍，反而是太過敏感呢？如果早期社交互動強度導致這些一、兩歲的小孩寧可隔絕孤立，也不要有社交接觸呢？如果過度強烈的經驗促使社交隔離，這些兒童或許在接下來十年，會繼續錯過可訓練他們的大腦變成社交專家的無數互動機會。或許有自閉症的人蹺課，只是因為待在教室太痛苦了。你可能有這種經驗，電影院在播放電影前測試音效系統時，你會把耳朵摀住（我的妻子和兒子每次都會這麼做）。如果你的人生總是像這樣，你難道不會找個安靜一點的地方待著嗎？

我認為，有可能自閉症成人對社會情緒較不敏感，至少在某方面如此。就算真是如此，問題在於，他們難道都是因為遺傳特性而對人際社會感覺遲鈍，還是說自閉症者之所以缺乏社會參與，是童年對外在社會的高度敏感而產生的理性反應。這是自閉症**強烈世界假說**

（intense world hypothesis）的基本要點。[289] 早期生活的不安，導致這些兒童厭惡、迴避人際社會，使得他們錯過正常情況下有助於心智化系統成熟的關鍵社會資訊輸入。

強烈世界假說相當新穎且違反直覺。可有什麼證據？自閉症社群中確實有人提出這種感覺。傑．約翰森（Jay Johnson）是有一名自閉症部落客，他為了解釋自己為何不與人做眼神接觸，寫下這樣的感受：

> 人是喧嘩而令人困惑的生物……而且他們期望我增加眼神接觸？我真的不知道你們有什麼樣的感覺，但對我來說，看著另一個人的眼睛又讓對方回視我的眼睛，**我的感覺像是碰到一個滾燙的火爐**。我被燙著了。那就像另外一陣令人不知所措的強大訊息輸入。[290]

除了這種趣聞軼事般的經驗，還有為數相當多的實際經驗提供證據，只是很少研究人員真的有心推廣這個違反直覺的理論。由於我們都有驗證性偏誤（confirmation bias）傾向（只尋找我們想看的東西），或許這對該假說是個好兆頭。

早先以為自閉症患者可能情緒較不敏感，造成這種現象的部分原因，可能是杏仁核的敏感性減弱。本章稍早討論過，杏仁核是我們對周遭事件的情緒強度做反應及編碼的小結構。人類的杏仁核似乎對社會資訊輸入特別敏感，例如別人的情緒表現。[291] 而且，杏仁核雖然對環境中強烈的正面與負面信號都有反應，但我們有理由相信，更重要的是負面的情緒經驗，如恐懼和焦慮。[292]即使在潛意識浮現從未見過的可怕臉孔，也會活化杏仁核。[293]

杏仁核與自閉症連結最有力的初步證據，源自於在面對流露恐懼或憤怒等情緒的臉孔時，自閉症成人與非自閉症成人的神經反應對照。[294]這些研究最一致的發現就是，面對這些有威脅性的社會暗示，自閉症者的杏仁核反應較弱。這些研究結果，如果加上非人類靈長類動物的杏仁核受損，也會產生類似自閉症特徵，似乎就能理解自閉症者可能對外界社會有些感覺遲鈍，是因為杏仁核沒有調準校正並將注意力對準人際社會。[295]

比較近期將重心放在自閉症兒童而非成人的研究資料，則顯示杏仁核與自閉症有極為不同的關係。自閉症兒童的杏仁核確實比正常發展兒童**更大**。[296]這在兩歲到四歲的兒童就能看到，甚至十二歲的兒童也有。[297]以帶著擴大加強的社會情緒敏感度機制來說，這算很長一段時間，而且是在人生其中一段關鍵社會化時期擴大、加強。

我們在讀到某一組人的腦部區域比另一組人大時，會假設該部位發揮的功用一定更多。愛因斯坦的頂葉就大得異常，這個腦區對空間能力與數學能力相當重要，我們知道他有超乎常人的優勢：他的大腦內部有個更大、更好的電腦。[298]不過，腦區體積更大未必代表大腦這區域平常運作的工作表現就更好。只是對自閉症者來說，擴大的杏仁核確實與愛因斯坦擴大的頂葉相似——部位更大就代表功用發揮更多。

若說自閉症兒童的杏仁核較大，通常也容易感到更為焦慮——代表這可能是他們對環境感到茫然不知所措的起因。[299] 自閉症兒童也表現出更強烈的威脅偵測，而且他們的杏仁核並不像正常發展兒童的杏仁核，能對臉孔漸漸感到習慣（也就是說，持續接觸刺激後，會平靜下來）。[300] 嚴重的是，三歲時杏仁核體積變大，可預測六歲時的社會適應會較差。[301] 除此之外，將潛在威脅資訊提供給杏仁核的視覺路徑，也有證據顯示自閉症者在這部分有極度活躍的跡象。[302] 在執行知覺任務時，如圖7.2的藏圖測驗，自閉症這種不尋常的視覺處理可能是種優勢，但也可能導致到達杏仁核的資訊輸入過度強烈。有些證據還顯示，自閉症者除了視覺資訊輸入，對於聲音和碰觸也極度敏感。[303]

這些結果描繪出的情景符合強烈世界假說。但我們還是不明白，自閉症成人在看到情緒化的臉時，為什麼杏仁核活動較少。給自閉症者觀看臉孔圖片，並追蹤他們的眼球運動，給了我們重大線索。當你我看到一張臉時，大多是看兩個地方，眼睛與嘴巴，而且花在前者的時間多得不成比例。[304] 這兩個地方的表情特別豐富，而且傳達有關此人情緒狀態的資訊非常多。而自閉症者看一張臉時，他們的眼球運動顯示他們觀看人臉的方式大異其趣。自閉症者幾乎是隨機掃過臉孔，通常看的是臉上透露資訊最少的地方。非自閉症者觀看目標對象眼睛的時間，幾乎是自閉症者的兩倍。[305]

這些社交凝視的差異（也就是我們觀看別人臉孔的方式），顯示自閉症者在觀看臉孔時杏仁核活動較少，因為他們通常不看帶有情緒、會活化杏仁核的部分。[306] 威斯康辛大學戴維森（Richie Davidson）的研究團隊檢視這個構想。他們發現，相對於先前沒有控制參與者眼球運動的研究，自閉症成人看著目標對象帶有情緒的雙眼，展現的杏仁核活動比非自閉症者更多。自閉症者在發展期間或許是因為痛苦，學會不去注意情緒資訊，所以到了成年時期，由於使用這種應對機制而較沒有反應。我並不是要說這是一種有意識的選擇，而是許多人採用的自保策略是我們透過制約學習的，而且是不自覺使用的。

自閉症跟所有已知的心理疾患一樣複雜。它的病因複雜，牽涉到多種可能起因及發展路徑。但強烈世界假說似乎頗令人期待。該假說違反直覺，因為假說指出從外在世界看來像是對人際社會漠不關心，其實迥異於自閉症者感受到的世界。該假說認為，自閉症者迴避人際社會是一種應對機制，用來應付這世界最強烈及不可預測的部分（也就是人），這部分讓他們每次遭遇都不知所措。因為早期忽略無數社交互動，這些自閉症兒童失去了在大腦發育關鍵時期強化心智化能力的機會。許多能讓我們社會心智成熟的代償性資訊輸入，這些兒童卻始終看不到或聽不到。

社會心智的完美風暴

本書第三部分的三章中，我們看到社會心智多麼神奇，包括社會心智所能達到的高度，以及無法以正常方式運作社會心智時，可能產生的格格不入。同理心代表一場完美風暴，同理心能促使我們感同身受地分享他人的感覺，理解身歷其境可能是什麼感受，以及了解別人需要什麼樣的幫助或安慰，同時有「利社會」的動機幫助他人，卻不見得會衡量自身的得失利弊。自閉症也是一場完美風暴，只不過是悲劇性的一種，茫然不知所措的自閉症幼童或許為了選擇保護自己眼前的安寧，放棄有助於發展健全心理機制，並能在成年時更成功與人連結的訓練經驗。

至今，我們看到的社會痛苦與社會快樂都是真的，出現在所有哺乳類動物身上，而且仰賴的神經結構與生理痛苦及生理快樂相同。這些痛苦與快樂的感受產生動機驅力，讓我們與那些可幫助我們順利活過童年且餘生成長茁壯的人保持連繫。我們還看到社會認知結構，讓我們將渴望社會連結的動力轉化成與朋友、摯愛之人，以及同事之間深思熟慮的穩定關係。我們利用心智解讀的能力，積極主動安排如何與他人融洽相處，而非總是落於人後，被動而防衛。我們能利用鏡像神經系統理解別人的心理活動，同時仿效那些行為方式，至少猴子與大猿（great ape）也都有這種能力。相較之下，我們最為精密複雜且條理分明的心智化能力，大猿則僅只有部分，有部分的心智化能力卻是唯人類獨有。

現在我們要繼續討論演化所下的第三個，也是最重要的賭注。對社會連結的強烈欲望，以及理解別人思想感覺的能力，是成功塑造社會性動物的關鍵要素。演化的壓軸之作就是將我們打造成能夠自然適應所在的團體，並成為周遭眾人心目中期待的那種人。從這裡開始，演化變得隱晦詭譎了。

PART 4

社交天性適應之三：和諧

演化一直把我們推向更接近相互依賴的社會生活——將我們團結一致能完成的事情最大化。倘若如此，以「祕密行動」的方式從外界灌輸、形成我們的信念與價值，就能讓團體中的人們產生更大的和諧作用，並改善社會痛苦與社會快樂的平衡。

第八章 暗渡陳倉的自我

Trojan Horse Selves

我們喜歡把「自我」想像成人類之所以特別的原因，賦予我們獨特的命運，達成個人目標並達成自我實現。我們把「自我」想像成是一個嚴密封存的珠寶箱，牢不可破的堡壘，只有自己接觸得到。如果這就是全部的解釋，那麼有關「自我」之於社會腦的討論，就不會在本書占一席之地了。

一六四一年，笛卡兒（René Descartes）發表《沉思錄》（*Meditations on First Philosophy*），提出他的**身心二元論**[1]，後來又稱為**笛卡兒的二元論**（Cartesian dualism）。依照笛卡兒的說法，心靈是由迥異於物質世界及所有物理過程的無形靈魂賦予生命的。非物質的心靈，與物質的肉體，兩者各自存在，未曾交會。幾十年後，貝歐爾

（J. J. Becher）發表《理化探密》（*Physica Subterranea*），同樣著重無形的存在。[307]貝歇爾提出所有易燃物質都是可燃的，因為它們含有一種假設物質燃素（phlogiston），不具顏色、氣味、味道，或重量等可察覺的特性。就像笛卡兒對心靈的描述，火在這個系統框架下也是由看似無形的物質驅動。這兩種概念在提出的當時，都引起廣泛討論且普遍受人信服。

時代已經改變，這兩套理論的命運亦然。雖然，身心二元論一直是過去一千年來最根深柢固的信念，舉凡有關複製人、墮胎的道德問題、實驗室的動物試驗等政策討論，都看得到身心二元論的影響。而燃素只在科學界偶爾會被提及，之後不過是被調侃為不科學理論推斷的警世故事。或許有人會順理成章地假設，笛卡兒的二元論得以歷久不衰，燃素卻得不到重視，原因可能是前者獲得科學支持而後者遭到科學界駁斥。但這樣的假設或許是錯的。

在科學界中，兩個理論都受到尊重，只是科學家（包括我）依然時時以二元論的論述方式描述研究結果，提及心靈時，彷彿與身體涇渭分明。現代心智科學有個基本信條就是，

❶ 身心二元論（mind-body dualism），是一個心靈哲學的課題，由笛卡兒最早正式的提出。身心二元論的根本論據是指人由「心靈」和「肉體」兩部分所組成，與唯物主義強調「一個人的肉體就是它的全部」這種論據相對立。

心靈完全是生物性的，所以心靈是物質性的存在實體。不過，一般人卻對笛卡兒提出的簡單卻看似不可信的身心二元論深信不疑。就以下面所舉的兩難困境為例。你會寧可保留身體，而不想再擁有心靈？身體繼續如常行動，但能感受世界的「你」就不見了。你再也不會有思想、感覺，或記憶。或者你寧可保留心靈而不要身體？你還是會有感受，但沒有身體可以和世界互動。無論這個問題的答案是什麼，都是心照不宣地贊同身心二元論。事實上，將我們想成同時擁有涇渭分明的身體與心靈，確實容易多了。

鏡子裡的我

笛卡兒對心靈與身體二元本質的信念，是對大自然運作方式的徹底謬見，但是對我們的大腦如何表徵世界卻是準確的揣測。在大腦神經科學數據出現之前的幾百年，笛卡兒就已經意識到我們如何看待**自我**的兩個成分——即身體與心靈，有深刻的區別。這代表我們有兩個自我嗎？倘若如此，我們看見自己的倒影時，看到的是哪一個自我？

一九七〇年，蓋洛普（Gordon Gallup）藉機讓一群黑猩猩觀看一面鏡子。[308] 他感興趣的是，黑猩猩是否具有自我意識——牠們是否擁有自我，而且知道自己有自我。那些黑猩猩無法談論自己，但蓋洛普認為牠們對自己在鏡中映像的反應，可以透露出牠們是否有對自我的感知。黑猩猩的基因與我們最接近，所以牠們最可能有類似我們的自我意識。

黑猩猩在鏡子前會進行兩種行為，顯示牠們逐漸體認到鏡中影像代表的意義。起初，黑猩猩對著鏡像的行為反應，彷彿那是剛剛出現的另外一隻黑猩猩。到了第三天，這種行為顯著減少，取而代之的是關注自我的行為。比方說，牠們利用鏡子引導自己剔出牙齒裡的食物殘渣。十天之後，舉行關鍵測試。趁著黑猩猩睡著時，蓋洛普在每隻黑猩猩的額頭點上沒有氣味的紅色染料。稍後等黑猩猩醒來，又給牠們看鏡子，黑猩猩從鏡子裡看到染料，明顯露出認出自己的跡象，會碰觸自己的額頭一探究竟。此外，黑猩猩在社交互動與自我覺知（self-awareness）連結起來的作用，也與人類相似，蓋洛普發現，被隔離養育長大的黑猩猩，始終沒有顯示從鏡子中認出自己的跡象。[309]

但這也不是沒有爭議，來自不同物種的類似研究結果，確立了黑猩猩、海豚，以及大象都有自我意識。[310] 等到幾十年後ｆＭＲＩ普及了，科學家在掃描儀中檢驗自我認知（self recognition）的存在，以便判斷神經基礎。經過十餘次研究後，浮現了一個清晰的模式。相較於朋友、名人，或陌生人的照片，人在看到自己的照片並辨認出來時，大腦右側前額葉及頂葉皮質區較為活躍（見圖8.1）。此外，對自己臉孔有反應的頂葉區域，也負責記住自己的身體動作。[311]

神經二元論，相互分離的心靈與身體

四十年來，我們都將鏡中自我認知（mirror self-recognition）當成他人具有自我覺知能力的決定性跡象，但真實情況更為複雜。套用笛卡兒的說法，這種測試著重在認知我們的身體是自己的身體。在笛卡兒的沉思中，我們的心靈不可化約，才有了他的名言：「我思故我在」（cogito ergo sum）。早在笛卡兒之前，德爾菲神諭就力勸所有人「認識你自己」，蘇格拉底還告訴我們：「未經反省的人生沒有活的價值」。[312] 在過去千年，西方人愈來愈認真看待這個行動號召。當我們力勸他人認識自己，說的是我們從鏡子裡認識自己的那種認識嗎？鏡中自我認知是一種自我覺知的能力，但真的能代表我們追求的深刻自我認識？

為了明確回答這個問題，達特茅斯學院著名社會神

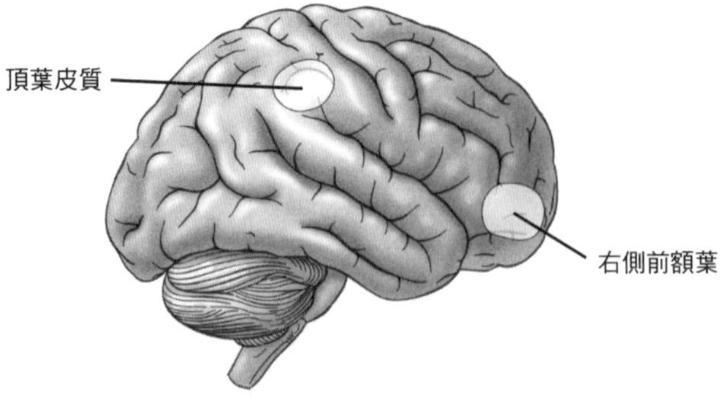

圖 8.1　右腦半球與視覺自我覺知相關的區域

經科學家凱利（Bill Kelley）、希瑟頓（Todd Heatherton），以及馬克瑞（Neil Macrae）對此進行一項簡單卻堪稱一流的實驗。[313] 他們在一次fMRI研究中讓參與者看一些形容詞，例如**禮貌**與**健談**。其中一些測試，參與者必須判斷那些形容詞能否形容當時的美國總統布希（George W. Bush）。另一些測試則是要參與者判斷，那些形容詞能否形容他們自己。關鍵分析是，檢驗這些參與者決定形容詞能否用在自己身上而不是布希時，大腦是否有哪個區域比較活躍。結果發現，大腦只有兩個區域的活動遵循這個模式。

就像鏡中自我認知研究一樣，前額葉皮質與頂葉皮質會出現活動。但不同於鏡中自我認知研究的是，觸發活動出現在內側前額葉皮質（medial prefrontal cortex, MPFC）及楔前葉——位於大腦中線兩個腦半球相交之處，而非位於接近頭顱骨的大腦側邊表面（見圖8.2）。換句話說，從鏡中辨認出自己以及從抽象概念思考自己，仰賴的神經迴路大不相同。看見自己與認識自己是截然不同的兩回事。這種「看見自我」與「認識自我」的區別，至少有兩大涵義。

第一，這個區別釐清了動物通過鏡中自我認知測試所透露的訊息。黑猩猩、海豚，和大象都對自己的身體特性有些覺察，牠們知道在鏡子裡看到的身體是自己的身體。不過fMRI資料顯示，動物通過這項測試並不代表牠們有跟我們一樣的自省能力——會思考究竟我們是否擁有特別的個性特徵，或思考十年後的我們會變成什麼樣子。也不代表這些動物懂得反省過去決定的教訓。當然也不代表這些動物會透過內省反思而對自我有概念性的了解。

第二，由於用來表徵身體與表徵心智的神經迴路不同，說明了我們為何無法擺脫笛卡兒的身心二元論。所有跡象都指向，用身心二元論來解釋「我們是什麼」並不理想，但大多數人（的大腦運作）卻像是標準的二元論者。我們無可奈何，因為從身心分離的角度來看世界，其實就根植在我們的大腦作業系統之中。我們有一套系統思考自己的心思，另外一套系統用來辨認自己的身體，而這些系統在大腦是分開的。心靈與身體在現實中並非各自獨立的領域，只是在大腦顯示的方式是各自獨立的，而我們對於跨越這種神經鴻溝無能為力。就像大腦對顏色和數字的感知完全不同，因為辨識顏色與

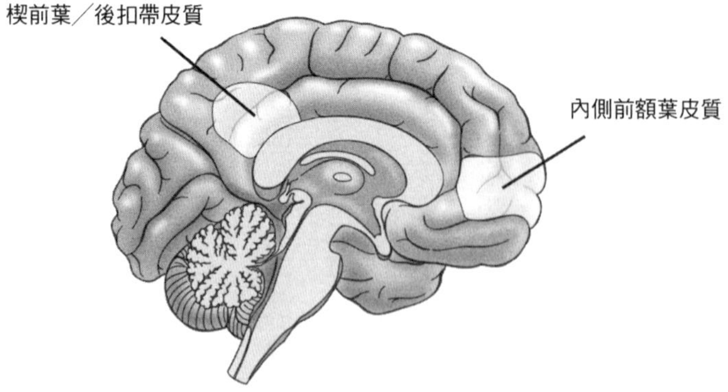

圖 8.2 與概念性的自我意識相關的大腦區域

數字的感知各自仰賴的是大腦不相關的系統，同樣地，從大腦內部運作模式來看，我們的心靈與身體也是永遠相互分離的。

只有人類擁有「自我」嗎？

凱利等人在研究中觀察到的內側前額葉區域，在無數的自我反思（self-reflection）研究不斷出現。[314] 這些研究證明，我們自我意識的概念與內側前額葉皮質有深刻聯繫。在我發表的一篇評論中，所有自我反思的研究，有九四％注意到內側前額葉皮質，而那是唯一如此明確與思考「我們是誰」有關的區域。[315]

由於我們可能是唯一能夠抽象思考自我的物種，內側前額葉皮質難道有什麼特別之處讓我們做到這一點？德國解剖學家布洛德曼（Korbinian Brodmann）在二十世紀之交左右檢驗整個人腦的細胞結構。他發現大約五十個不同的皮質區，每一個都確認為一個**布洛德曼區**（Brodmann area），該分類在一世紀之後依然沿用。前額葉皮質的內側壁可以分成三個區域（見圖8.3）。稍早在獎賞部分討論過的腹內側前額葉皮質，就確認為布洛德曼十一區。心智化系統的核心節點背內側前額葉皮質，由布洛德曼八區、九區組成。確認為布洛德曼十區的內側前額葉皮質，就夾在腹內側前額葉皮質與背內側前額葉皮質之間。當你指著自己額頭的「第三隻眼」（無論你是不是在嘲諷），指的可能就是這個內側前額葉皮質區，該區域負責的就是擁有「我」的概念。雖然，嚙齒類動物究竟是否擁有與前額葉皮質相似的區域這個問題，始終有爭議，但顯然牠們沒有與布洛德曼十區相等的腦區；只有與我們較接近的靈長類（亦即猴子與大猿）才有這個腦區。[316]

神經解剖學家賽曼德飛利（Katerina Semendeferi）觀察包括人類在內，六種靈長類動物的布洛德曼十區的體積大小。[317] 黑猩猩、倭黑猩猩、大猩猩、猩猩，及長臂猿的這個腦區，體積小於三千立方公釐；人類則大於一萬四千立方公釐。正如稍早我們看過的，粗略的體積對比並沒有太大意義，因為人類大腦普遍要大上許多。那麼真正更能提供訊息的是，整個大腦分配給布洛德曼十區的比例。在非人類靈長類動物中，布

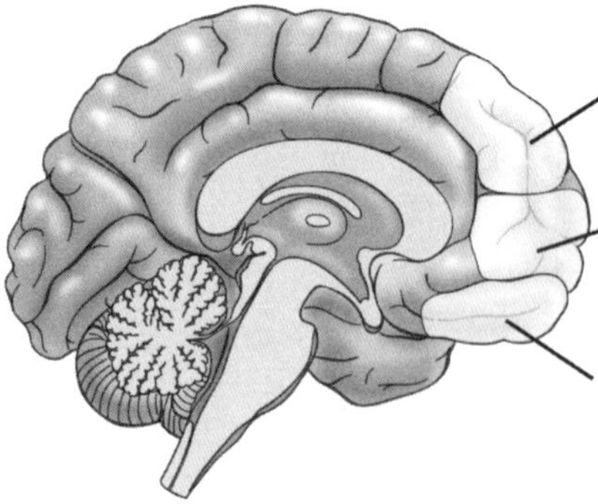

圖 8.3　前額葉皮質內側壁的不同區域

洛德曼十區占整個大腦體積的比例在〇・二%至〇・七%之間，人類的布洛德曼十區則占大腦總體積的一・二%。換言之，布洛德曼十區占人類大腦的空間，是黑猩猩的兩倍之多。人類大腦和其他靈長類動物相較，布洛德曼十區是已知的所有腦區中體積比例異常大的腦區。賽曼德飛利還發現布洛德曼十區的神經元密度不如其他皮質區。由於密集程度低，因此布洛德曼十區的每個神經元有空間與更多其他神經元連結。[318]

內側前額葉皮質顯然相當特別，讓我們有別於其他靈長類動物。由於人類是我們確定有抽象自我概念的唯一物種，所以可想而知，這種能力會連結到人類與眾不同的大腦區域。那麼這個區域對我們有什麼作用？西方世界投入了很多時間思考自我。有些人對自我認識的迷戀甚至到了走火入魔。

我們相信那個反省的自我，是由個人信念、目標，與價值等個人的祕密內在組成的。握有我們的希望與夢想，除了我們自己，沒有別人能接近。兩千多年前，中國哲學家老子將自我的概念描述為真理的來源——「知人者智，自知者明。」諾貝爾獎得主赫曼・赫塞（Hermann Hesse）強調自我與他人的特別之處，主張每個人「代表世界各種現象交會貫穿而獨一無二、非常特別，永遠舉足輕重且非凡的一點，僅此一次，再無重複。」[319] 如果自我代表我們獨一無二的天性，那麼內側前額葉皮質似乎就是了解我們自身隱藏真相的康莊大道，也是獲取個人幸福的最佳路線。但正如我們所見，情況並非都如乍看之下的簡單。

你的自我不是你的自我

維吉爾（Virgil）[2]與荷馬（Homer）說過一個神話故事，西元前十三世紀，海倫被一個名叫帕里斯的特洛伊人從希臘帶走。海倫的大伯阿伽門農和希臘王室貴族因而發起對特洛伊長達十年的圍攻。特洛伊人長年成功抵擋住正面的攻擊，始終不讓希臘人越過雷池一步。希臘人終於靠著眾所周知的特洛伊木馬計策扭轉局勢。希臘人佯裝匆忙撤退，留下一個巨大的木馬，讓特洛伊人當成戰利品運進城中。特洛伊人不知道的是，巨大的木馬裡藏著希臘士兵，正悄悄等待日落。天黑之後，那些希臘士兵從木馬中跑出來，並打開城門迎入希臘軍隊，攻得特洛伊人猝不及防，迅速終結一場漫長的戰爭。

為什麼離題說起希臘歷史？因為特洛伊木馬根本不是表面上所看到的樣子。它不是戰利品，而是巧妙掩飾的欺敵之術，成功讓希臘人進入特洛伊，並導致特洛伊遭到希臘人突襲。同樣，我會說我們可以將自我意識描述成**特洛伊木馬自我**（Trojan horse self）。在西方，我們喜歡把「自我」想像成人類之所以特別的原因，賦予我們獨特的命運，達成個人目標並達成自我實現。我們把「自我」——如何看待自己是什麼樣的人——想像成是一個嚴密封存的珠寶箱，牢不可破的堡壘，只有自己接觸得到。如果這就是全部的解釋，那麼有關「自我」之於社會腦的討論，就不會在本書占一席之地了。然而，自我可能是演化最為隱晦詭譎的計謀，用以確保團體生活順利成功。我相信，至少某種程度上，「自我」有部分是巧妙掩飾的欺敵之術，它允許外在的人際社會進入，並使我們在自己毫無察覺的情況下受到人際社會的「突襲」。

十九世紀哲學家尼采（Friedrich Nietzsche）就對這個特洛伊木馬自我，提出最憤世嫉俗的見解：

> 無論他們怎麼說、怎麼想他們的「本位主義」（egoism），絕大多數人卻是終生不曾為他們的自我做過什麼：他們的作為是為了自我的幽靈，那個幽靈是在身邊眾人的腦中自行形成，然後再傳達給他們的自我幻象。

尼采認為，自我意識並非我們與生俱來的本質，或我們存在的真正核心，也不是隨著人生過程愈接觸自我意識而有更多意義。他反倒認為我們的自我意識是建構出來的，主要

---

❷維吉爾（Virgil，70B.C.–19B.C.），奧古斯都時代的古羅馬詩人，被當代及後世廣泛認為是古羅馬最偉大的詩人之一。

是由生活中的眾人建構，而這樣的自我其實是個「祕密間諜」，它幫助別人的程度勝於幫助自己。如果有人相信——自我的目的是藉由「更了解自己是什麼樣的人」，幫助每個人盡量獲得個人最大的獎賞與成就——最後卻發現「自我」所做的事，正好與我們想的迥然不同，那就是悲劇一場了。

從我們對文化潮流的反應，可以一窺這個歷程如何運作。當我看到新潮的服裝樣式，第一個反應通常是「看起來真可笑」；但幾個月後，我發現這個趨勢看起來感覺「正常」。舉個極端的例子，就說嬰兒用的顏色吧。隨便去哪家嬰兒用品店，都會看到各式各樣藍色或粉紅色的衣服和用品，分別針對男生和女生。一方面，我不喜歡孩子一出生就以這種方式區分男生或女生。另一方面，我又能夠理解，藍色給男生，粉紅色給女生，感覺很正常。這或許不算政治正確，但就是正常——我的直覺感受如此。想像如果有商店企圖轉換過來，粉紅色賣給男生，藍色賣給女生，那永遠流行不起來，對吧？其實，早就變過了。一百年前，嬰兒的色彩搭配就跟現在剛好相反。參考一九一八年產業期刊發表的評論：

> 一般默認的規則為粉紅色是男生，藍色是女生。[320] 原因是粉紅色屬於更果決、更強大的顏色，更適合男生；而藍色比較細緻且嬌美，更適宜女生。

從一九一八年到現在，不知為何我們的本能反應出現徹底反轉。想像在一九二〇年代，有引領時尚的人決定將藍色分給男生，粉紅色給女生。我確信他們一開始一定會被嘲笑，但是不知道為何，這個改變漸漸蔚為風尚了。久而久之，所有人的聯想慢慢改變，直到藍色指派給男生從看似太不正常，變成似乎十分正常。然而，每個人都是自己得到這個結論的嗎？還是存在某些歷程的作用，確保我們看事情的方法能與我們眼中的眾人信念一致？和我們的多數信念一樣，這種對嬰兒用色的本能反應，是我們在毫無察覺時從外界習得的。我無意暗示百分之百的人，百分之百都會發生這種狀況。並不是。但奇怪的是，我們常常輕易地就跟隨大眾轉變態度。

我認為，演化一直把我們推向更接近相互依賴的社會生活——將我們團結一致能完成的事情最大化。倘若如此，以「祕密行動」的方式從外界灌輸、形成我們的信念與價值，就能讓團體中的人們產生更大的**和諧**作用，並改善社會痛苦與社會快樂的平衡。畢竟，每個人都有各種衝動——如果在錯誤的時間、錯誤的地點，跟錯誤的人行動，這些欲望可能擾亂公民社會。

我會說，自我的存在就像個導體，讓我們利用社會性的衝動來完善我們的自然衝動，以便融入所處的社會團體（亦即我們的家庭、學校、國家）。人際社會是個傳達大量有關我們自己、道德，以及什麼是對人生具有重大意義等信念的集散地。由於「自我」運作的方式，我們通常會堅持這些信念，彷彿是我們自己想出來的獨特見解——是我們私密心聲的產物。只有了解團體的信念與價值，對我們是不夠的。我們必須將那些信念與價值納為己有，引導我們的行為。換句話說，就像特洛伊木馬，自我意識的許多成分是趁著黑暗的掩護，從外界偷渡進來的。我們可能相信，自我的存在是為了在我們面對外在壓力時，強化我們對抗的能力，但這種「我們是誰」的理論，忽略了一件事——也就是大腦會利用那些外在力量建構自我，並加以更新。

從你的眼中觀看

想像你和二十個人坐在一個房間裡，每個人都要從一堆撲克牌中拿出一張牌。你們不許看自己的牌面，而是把牌放到自己的額頭，讓其他人都能看見。接著所有人被告知，要盡量「找到一個人能跟你配成對，而且組合成最高點數」。一開始，你看得到其他人的「點數」，但不知道自己的點數。但片刻之後，你就心中了然了。那個持有紅心A的女人會有一群希望被她選中的愛慕者，而那個拿著黑桃二的男人很快就會知道為什麼沒有人回應他的目光。

一九〇〇年代初期，舉足輕重的心理學家米德（George Herbert Mead）與顧里（Charles

Cooley）認為，在「現實世界中了解自我」和這個紙牌小遊戲沒有太大差別。[321] 很多時候，要透過觀看自己的內在，藉此確實知道我們是誰，並非易事，因此，我們往往在有意無意間藉由他人的反應，來了解自己是個什麼樣的人。米德和顧里討論的歷程後來稱為**反思評估生成**（reflected appraisal generation）。用最簡單的說法，反思評估就是——我認為你如何看待我。在生活中，我們頻頻接收到其他人對我們的回饋反應轟炸，有時候是語言文字，但更常見的是非語言行為和語調口氣。米德和顧里認為，我們利用這種資訊發現我們是誰。我們不是往內觀察，而是大多留意他人的反應來了解自己。如果心理學家想研究「仍然在建構中的自我」，也就是一個人積極生成這些反思評估，以便充實抽象的自我概念，就應該留意在這方面付出許多時間與精神的青少年。普菲佛（Jennifer Pfeifer）還在我的實驗室擔任研究生時，說服我這樣做。

我們請來一些青少年（十三歲）與成人回報他們對自己的**直接評估**（例如「我認為我非常聰明」），以及**反思評估**（例如「我的朋友認為我非常聰明」）。[322] 我們當然期待從這項研究看到幾件事。首先，直接評估應該會活化內側前額葉皮質，因為凱利等人在數十次研究證明了這種連結。事實上，青少年與成人都是如此（只是青少年顯現的腦區活動比成人多，符合青春期是強烈自我關注時期的說法）。第二，反思評估應該會活化心智化系統，因為反思評估牽涉到了解別人的想法。實驗中，同樣在青少年與成人都觀察到這一點。

隨著我們進入未知的領域，結果愈來愈令人振奮。在這次研究之前，沒有人仔細分析過一個十三歲的大腦如何理解自己。青少年對自己做直接評估時，整個心智化系統產生強烈活動。成人則否。別忘了，心智化系統一般與思考他人心理狀態有關。這些結果顯示，即使我們問青少年如何思考自己，他們可能很自然地想到反思評估，也就是他們心目中別人對他們的想法。青少年的回答不是直接將想法指向內心，反倒可能在回答有關自己的想法時，不知不覺中著重別人的想法。

這項研究另一個新奇的結果，強化了「自我知識（self-knowledge）是由外源建構」的概念。研究中的青少年進行直接評估與反思評估時，都活化了內側前額葉皮質。這一點很重要，因為表面看來，直接評估與反思評估是截然不同的心理歷程。反思評估是我評估你的想法——標準的心智化作業，可能與我的自我內在經驗無關。相反地，直接評估感覺像是探入有關自我的真相，那裡是只有我能接觸到的私人空間。但我們卻看到兩者歷程都牽涉到內側前額葉皮質。或許在與心智化系統協調時，內側前額葉皮質把我們如何評估別人對自己的看法，當成我們對自己看法的替代品。倘若真是如此，那麼內側前額葉皮質並非通往個人真相的康莊大道，而是反映各種我們了解自己的來源——有些是個人內省，有些源自我們心目中周遭眾人對我們的想法。這代表，內側前額葉皮質或許牽涉到自我的社會建構。但是別人對我們的影響，並改變我們的信念，這些歷程真的牽涉到內側前額葉皮質嗎？

我們天生容易受他人影響

我在二十多歲時，是藍人樂團（Blue Man Group）舞台表演的狂熱粉絲（我現在依然是鐵桿粉絲，只是最狂熱的那段時期已過）。我至少看過十幾次表演，在紐約市、波士頓、拉斯維加斯，和好萊塢，而且大概帶過幾百人跟我一起去看表演了。在不盡如意的研究所時期，我甚至去試鏡想成為藍人一員——這是我企圖逃家並加入馬戲團的故事。如果你沒有看過這個表演，趕緊去看。我等你。藍人是降落地球的外星人，想要理解我們是誰，同時企圖透過各種方法與觀眾連結。只是藍人不說話，自有他們一套獨特的行事風格。

這個表演其中一個我很喜歡的橋段是，從觀眾當中找一位女士上台。被選中的女士總是年輕貌美，而且通常穿著白色毛衣。一到了台上，她必須跟藍人一起坐在一張長桌，她參與的一幕是這樣的：藍人用吸塵器將家具圖案從繪畫上吸了下來，他們一邊吃奶油夾心蛋糕，一邊從各自戴著的護胸機關把所有食物「吐出來」。從頭到尾每個藍人都努力討好那女子，以只有藍人才懂的方式打情罵俏，努力要「勝過」其他人。

這是非常好笑的一幕，有很多饒富深意的非語言行為（別忘了，藍人是不說話的），而且互動的情節安排精緻細膩。大家都以為那女子是為了表演安插在觀眾裡的暗樁，因為沒有言語說明，她絕不可能如此精準地完成在那一幕的角色。畢竟，藍人不吝於耍花招。有一次，我被拉到台上，耳朵就被偷偷掛上耳機，以便給我提示。但是多年後我有機會認識藍人，他們向我保證奶油夾心蛋糕那一段短劇，那個女子一定是普通觀眾。

那段短劇之所以能發揮效果，是因為人類天生會受到身邊的人影響，並仿效別人。換句話說，我們比自己所知更容易受暗示影響。每個藍人的行為都會誘發那個不知情的女性觀眾做出適當的預定反應。在西方，我們稱之為屈從，那是令人鄙視的。但在東方，同樣的行為叫做**和諧**（harmonizing），是成功團體生活的根本要素。

耳根軟而容易受人影響並被說服的過程，已經有科學家分別以不同方式運用fMRI做過研究。如果內側前額葉皮質不但代表我們的自我意識，還開啟特洛伊木馬自我的大門，讓身邊的人影響我們，那麼內側前額葉皮質必定也和耳根軟，以及容易被說服有關。儘管我們的本能察覺到，了解自我能避免過度受人際社會的影響，但內側前額葉皮質其實是自我知識與受他人影響的核心。

如果你從來沒有接受催眠的經驗，大概也看過別人被催眠。催眠是真的，只是多數人無法被深度催眠。而對少數能被深度催眠的人而言，彩色影像可以變得沒有色彩，還可以不用麻醉直接進行手術，抽菸抽了一輩子的習慣可以在一個小時內被輕易抹去。[323] 瑞茲

（Amir Raz）進行fMRI研究，他想檢驗在催眠時，高度易受影響的與比較不易受影響的人，兩組人之間的神經差異。他找來受試者進行**史楚普作業**（Stroop task），也就是給他們看顏色的名稱（例如，紅色是R-E-D），而名稱可能是以相同顏色的墨水印刷，也可能是不同顏色的墨水。所有測驗都會要求參與者**說出書寫文字的顏色**。眾所周知，文字若拼寫為B-L-U-E並以藍色書寫，辨認出來的速度比拼寫為R-E-D時快。瑞茲發現，如果高度易受影響的人被催眠提示，將這些文字視為沒有意義的字母，而不是有色文字，他們對錯誤搭配的反應時間會加快。換句話說，瑞茲檢驗的假設是，如果一個人不再將藍色墨水書寫的文字看成為R-E-D的拼字，應該就不會產生令人減慢速度的認知作業衝突。在這些不一致測試中，高度易受影響的人速度要比較不易受影響的人快上許多。等到瑞茲觀察大腦，想了解這兩組人大腦有哪些區域的反應不同，內側前額葉皮質就是觀察到的核心區域之一。

雖然一般人的日常生活鮮少受到催眠的影響，但透過其他方式發揮影響的暗示企圖卻隨處可見。我們常受到無所不在的說服訊息轟炸；廣告透過各種媒體形式瞄準我們。我和艾蜜莉·法克進行一連串的研究，檢視他人的意見如何越過層層的血腦障壁，天天影響我們，使我們的行為表現與那些意見趨向一致。我們特別感興趣的是，大腦是否有關於這種說服過程的資訊，而一般人並無法有意識地任意提取、解讀。倘若如此，這就代表「特洛伊木馬自我」特別鬼祟隱密，在我們毫無察覺時，無聲地影響我們。

我們的第一次研究，是說服加州大學洛杉磯分校的學生多使用防曬品。[324] 由於洛杉磯嚴格來說屬於沙漠，在此地每日使用防曬用品是不錯的建議。我們把學生帶到掃描儀的房間，詢問一連串關於他們對防曬用品的態度和近期使用習慣的問題，包括：他們上週使用多少防曬用品，下週打算用多少，以及他們認為一般人應該固定使用防曬用品的程度等項目。接著讓參與者進入掃描儀，看一些來自類似美國皮膚科醫學會（American Association of Dermatology）等單位使用防曬用品的說服訊息。離開掃描儀後，再問參與者一連串的問題，包括評估他們下週使用防曬用品的意願，以及對固定使用防曬用品的大致看法。一星期後，我們出其不意地聯繫每個參與者，了解他們在前一週有幾天真的使用了防曬用品。

掃描之後，有幾個人表示他們已經「找到信仰」，他們計畫開始每天使用防曬用品。有些人說謝謝，但不用了，而且他們打算繼續不用防曬用品的日子。一般人嘴上說自己會怎樣做，與他們的實際作為，兩者的關係可以忽略不計。我們或許會想，如果有人看過說服訊息之後，而改變原本表達的意向，大概是他們真的會改變行為的有效指標。但我們只需想想自己那些失敗的「新年願望」，就知道意向未必都能實現。在我們的研究中，有些人增加防曬用品的使用，有些人則沒有，但他們的實際行為與他們口頭告訴研究人員的計畫沒有什麼關聯。單看他們的自行報告和行為，似乎不怎麼有規律性。

相反地，觀看說服訊息時，參與者的大腦內側前額葉皮質活動，就能相當精確地預測他們下一週的防曬用品使用情況。參與者的內側前額葉皮質對說服訊息的反應愈是活躍，事後愈會增加防曬用品的用量，無論他們告訴我們打算怎樣做。把大腦內側前額葉皮質的活動運用在預測下週的行為，表現比參與者明確告知我們的訊息更有用。將這一點往回連結到特洛伊木馬自我的概念，該研究顯示，一般人改變對使用防曬品價值的心理表徵，一方面會驅動行為，但另一方面他們自己卻是毫無察覺。一般人並未察知自己內心發生的變化。而大腦出現這種變化的地方，就是內側前額葉皮質。同樣，這也代表我們稱為「自我」的東西，其實遠沒有我們以為的那麼私密，嚴密地封存隔絕在世界之外。於是，內側前額葉皮質對廣告的反應，不但預測了我們將如何改變，還預測了全體人口將如何改變。

大腦能預測廣告的成功率

十九世紀零售業務先驅沃納梅克（John Wanamaker）曾調侃道，「我知道我浪費了一半的廣告預算……只是不知道是哪一半。」從此以後，大家在提撥廣告費用之前，都努力想預測哪些廣告宣傳活動能成功或失敗。事實上，我們並不是太擅長做這件事，因為典型的方法就是問「焦點團體」（focus group）的想法。這個廣告會讓你想買產品嗎？你認為會讓別人也想買嗎？這兩位代言人哪一個會讓你更想要產品？然而，焦點團體未必能發揮良好效果，因為一般人其實很難透過內省的方法取得這些問題的答案。[325] 利用焦點團體或許好過在黑漆漆的房間朝著鏢靶丟飛鏢，但也好不了多少。

根據我們的防曬用品研究，我和法克猜想，或許可以建立一個**神經焦點團體**（neural focus group），收集廣告引起的神經反應，以便預測廣告在電視播放時的成功機率。實驗第一步是複製防曬用品研究，只是這次我們拿反菸廣告給打算戒菸的人看。[326] 我們分別測量他們在實驗掃描當天肺部的一氧化碳濃度（也就是戒菸前），以及一個月後的濃度，作為他們每一次抽了多少菸的生物測定。我們完美複製了防曬用品研究結果：在參與者觀看反菸廣告的同時，內側前額葉皮質區域的活動同樣預測了成功減少抽菸的成果，效果優於參與者自己回報的想法及意圖。

我們接下來做的，就是根據宣傳活動的來源出處區分廣告。[327] 來自三個不同宣傳活動的廣告，在那一年內的不同時間在不同州播放。我稱之為活動甲、乙、丙。我們模擬一個焦點團體，詢問每位抽菸者認為哪個廣告對幫助戒菸最有效。他們說活動乙最好，其次是甲，丙排最後。但是，當我們觀察內側前額葉皮質活動對每個廣告宣傳的反應，看到的卻是截然不同的模式。參與者的內側前額葉皮質對宣傳活動丙的反應最強烈，對活動甲的反應最不強烈。換句話說，受試者告訴我們活動丙的廣告效果最差，但他們的大腦卻告訴我們，實際上活動丙的廣告可能是最有效的。

我們要如何分辨哪個正確，是參與者說出口的話，還是內側前額葉皮質的反應，又或者二者皆非？幸好，每個廣告最後都對觀眾提出具體要求：「拿起電話打一—八〇〇，立刻戒菸。」這是美國國家癌症研究院（National Cancer Institute）的反菸熱線，透過這個計畫的公共衛生合作夥伴，我們得以找出有多少人在看了其中一個宣傳廣告之後，真的撥了這個號碼。結果發現，人的內側前額葉皮質有預知能力。每一個廣告活動都是成功的，只是程度差別。參與者說效果最好的活動乙，增加的電話數量達十倍。參與者說表現次佳的活動甲，打進來的電話數量增加一倍。但是參與者說效果最差，內側前額葉皮質卻「說」最好的活動丙，卻讓電話數量增加超過三十倍。活動丙的效果是活動乙的三倍以上。

除了再次肯定一般人不太擅長預測自己或他人的行為，我們還發現有個方法可修正一般人做這些預測時獲取的典型錯誤資訊。一般人或許無法清楚自覺地告訴你，他們或別人未來會做什麼，但他們的內側前額葉皮質有時卻能提供更準確的預測。有時候，若能監測到大腦內含的隱藏智慧，可在許多方面給我們幫助，無論是行銷、偵測謊言，甚至是預測每日的股市波動。一般人或許不「知道」這些事，但說不定我們的大腦皺摺裡就存在診斷資訊等著被挖掘、發現。人類大腦是已知世界中最複雜精密的電腦。

這項研究做的第二件事，就是確定「自我，讓我們有別於他人」此一概念有誤。從催眠和防曬用品研究，都能發現大腦與我們的抽象自我概念有強烈連結，也是別人之所以能影響我們信念與行為的通衢大道。在神經焦點團體研究中，內側前額葉皮質並未顯現我們有什麼與眾不同的地方，反倒是充當了代理人，反映著外界的眾多他人會如何回應。內側前額葉皮質才不是造就我們獨特性的要素。

我們最終擁抱的自我認同

如果內側前額葉皮質其實是個導體，讓我們吸收身邊眾人的價值與信念，那麼自我或許真的就是形成人際社會的機制之一，也是融入人際社會的一個途徑。比起社會腦的其他機制，內側前額葉皮質的存在，更能確保社會團體的眾人長期共同擁有一套價值。內側前額葉皮質居中傳達的自我，或許是文化規範及價值得以蓬勃發展的途徑——在我們的腦中留下概念，在我們還沒有察覺之前就致力奉行，如此便能成為我們認同與信念的共同背景。

雖然青春期可能是我們特別關注自我的時期，但多數人最終都會接受那個以我們與朋友及摯愛之人關係為重心的自己，這些關係也包含與我們有連結的各種團體（例如，宗教團體、政治團體，或體育社團）。一旦我們不再企圖只以自我的獨特性定義自己，並接受較和諧平衡的社會認同，我們通常會覺得自己終於成為我們應該成為的那種人。就像哲學家艾倫・狄波頓（Alain de Botton）所寫的：「為別人活是多麼輕鬆，擺脫了努力滿足自己的不可能任務。」[328]早在幾十年前，愛因斯坦也表達過同樣的感觸：「只有為別人活的人生才是有價值的人生。」[329]喜劇演員路易C. K.（Louis C. K.）在一次訪問中，說起他對自己本身的認同在有了孩子之後如何改變，也是類似的說法：

> 我其實不太記得以前是什麼樣。無論我做了什麼，都是廢話。毫不重要。當爸爸是美好的事。現在，我的身分認同其實都跟他們有關，還有我能為他們做的事，所以那有點像是從你的生活中抽走了一些壓力。[330]

我自己確實也有這樣的體驗。妻子與孩子給了我重要的生活重心，並清楚什麼才是重要的。我的人生在擁有他們之前，所思所想的一切都不曾給我那樣堅定可靠的認同。現代社會延長了人類的青春期和自我探索的時間，因此我們把這種對自我獨特性的認同追求，視為世上最自然的事。但我不太確定自我的演化，主要目的是為了讓這世上眾多的瑪麗蓮・曼森（Marilyn Manson）及女神卡卡（Lady Gaga），靠著極盡可能的與眾不同而獲利營生。在現代社會之前，人類只有前面幾年的兒童時期受到照顧，到了青春期進入勞動工作，通常早早就背負起照顧他人的責任。[331]大部分的人沒有時間探索心靈——終其一生，除了被他人照顧，就是照顧他人。

我們每個人都是「與眾不同」與「平凡普通」的混合體，都是「獨一無二」與「人人共有」的融合。但我們常把自己想像成，身處在當個超然於眾人的真實自我，以及必須適應群眾而不得不違反自身意願屈從之間的激烈衝突。賈伯斯在一次畢業典禮演說中提醒畢業生，不要讓「別人意見的雜音壓過你自己內心的聲音」，而是要「有勇氣順從自己的心與直覺」。[332]我們從著重內側前額葉皮質的資料看到的，並不是這麼一回事。我們的自我意識，我們的「心與直覺」，其實是確保多數人順從團體規範、促進社會和諧的一部分。我們的「自我」為團體效力，以確保我們能融入、適應社會團體。這對賈伯斯而言或許並不正確，但對絕大多數人來說是合宜的。我們有自私的衝動，也有社會創造的信念與價值，都是內化成自我的一部分。它們之間或許有衝突鬥爭，但在衝突鬥爭發生時，往往不是我們去對抗它們。而是我們在對抗自己——形塑我們身分認同的兩大陣營在彼此較量。幸好，演化有妙計可幫助社會內化的衝動戰勝個體自利原則的衝動。

第九章

包羅萬象的自我控制

Panoptic Self-Control

如同本書開頭所提，我們認為人類天生就會將快樂放到最大，將痛苦縮到最小。事實上，我們卻是天生會為了遵循社會規範，抑制自己的快樂而增加痛苦。

無論是不是在上班時間，我都是一個心理學家。心理學是我看人生、看書，以及看電視實境節目的過濾器。所以，我偶爾比其他人更仔細檢視自己兒子的社會腦發展，也不足為奇。我沒有把他送進ｆＭＲＩ掃描儀，或是在他的頭皮貼上ＥＥＧ電極（尚未！），但我確實留意到各種與社會腦成熟有關的里程碑。已經有研究證明，嬰兒幾乎從出生的那一刻起就開始模仿父母，但我們家的兒子伊恩，出生第一年並不怎麼模仿我們。[333] 另一方面，嬰兒通常在兩歲左右能通過鏡中自我認知測試，但伊恩六個月大時就開始迷戀自己的倒影了。[334]等伊恩到了兩歲半，通過了蝙蝠俠與鋼鐵人版本的莎莉與小安錯誤信念作業，但在另外幾次其他的測試，卻無法成功複製心智理論結果。其中，我最喜歡對伊恩做的社會腦發展研究絕對是**冰棒測試**（Popsicle test）。

再忍耐一下！棉花糖實驗

我們住在距離南加州迪士尼樂園一個小時車程的地方，所以在伊恩還非常小時，他就已經是那裡的常客。當他兩歲大的時候，我們帶他去了迪士尼，儘管我們是早上八點最早進入樂園的那一批客人，直到晚上十一點還是幾乎沒辦法將他拖出樂園。顯然地，那一天不但是他出生八百天以來最美好的一天，我還敢打賭，那是他這一輩子所能體驗到最多純粹快樂的一天。當迪士尼想出宣傳詞：「地球上最快樂的地方！」顯然他們腦海中想到的是像伊恩這樣的孩子。

伊恩滿三歲前的一個月，我們問他想要舉辦一個生日派對，還是去迪士尼玩兩天。他只花了不到一秒的時間就回答了。生日的前一晚，他為此興奮不已，而且顯然沒有什麼比隔天去迪士尼是他更想要的禮物了……我如是猜想。於是冰棒測試來了。伊恩剛吃完晚餐，要求來一根冰棒當餐後甜點。娜歐蜜從冰箱拿出冰棒，打開包裝，正要遞給他，我攔了下來。

「伊恩，我們明天要去哪裡？」我問。

「迪士尼樂園！」他極度興奮地回答，雙手在空中揮舞。

當我問下一個問題時，伊恩雙眼緊盯著冰棒：「伊恩，如果這兩樣東西，只能要一樣，你想要哪一樣？你想現在就吃這根冰棒，還是明天去迪士尼樂園？如果你只能要其中一個，你選哪一個？」我們將這段小插曲錄了下來，你可以想見，我問了這個問題之後的第一個反應，就是伊恩的臉上有一瞬間出現存在恐懼（existential dread）。他聽明白了。兩者都是他強烈渴望得到的，卻只能選一個。那個瞬間消失了，迅速轉換成開心的回答，「冰棒！」

儘管迪士尼樂園是全世界伊恩最喜歡的地方，他卻願意放棄一整天的玩樂，就為了近在眼前的冰棒，此時冰棒的不可抗拒性，遠超過冰棒實際帶給他的稍許短暫快樂。他無法抗拒此時此刻的快樂，無論那快樂相較於隔天的迪士尼選項有多平淡。是的，我們還是帶他去迪士尼樂園（我們沒那麼殘忍），而且是的，那比冰棒好多了。

你或許看出這是米歇爾（Walter Mischel）有名的**棉花糖實驗**（marshmallow test）現代版，拿眼前較小的獎賞對比稍後較大的獎賞，提供孩子選擇。一九七〇年代，米歇爾找來三歲至五歲的學齡前兒童，測試他們面對眼前「馬上就能得到，但較不滿意」的替代獎賞時，能不能耐心等待另一個更令人滿意的獎賞。[335] 最有名的例子用上了棉花糖和鈴聲。小朋友坐在桌邊，他們被告知，實驗人員將離開房間，如果他們能等到實驗人員回來（十五分鐘後），他們會有兩顆棉花糖。但是小朋友也有個選項，就是隨時按下鈴聲，通知實驗人員早點回來，這時候他們會有一顆棉花糖（不是兩個）。

意志力競賽由此展開。這些小朋友都沒有在節食，所以對他們來說，糖果愈多愈好：他們全都想要兩顆棉花糖，而不是只拿到一顆。儘管他們有意堅持到整個等待期結束，真正做到的人卻不到三分之一；誘惑實在太大了。平均來說，小朋友放棄之前，大約可以堅持五分鐘。這麼多年來，米歇爾想方設法，試圖幫助小朋友能夠再堅持得久一點，以獲得更多棉花糖。用棉花糖的照片取代真正的棉花糖，顯著增加小朋友等待的時間。[336] 其實，小朋友抗拒「想吃棉花糖的欲望」的能力高於抗拒「實際的棉花糖」（即使兩個例子的獎賞都是真正的棉花糖）。象徵性的替代品不如實物的誘惑大。米歇爾還研究小朋友的心理如何以不同方式處理這項作業，以改善成功的機率。

即使把棉花糖放在桌上，如果給小朋友一些想像棉花糖的訣竅，他們也能展現驚人的等待能力。要求小朋友把心思專注在棉花糖相關的聯想，但與「吃」無關（例如，「棉花糖的顏色跟雲一樣」），能大幅增加他們等待的時間。[337] 驚人的是，如果小朋友只是把面前的棉花糖想像成相片中的東西，而不是真的就在眼前，他們能夠等待的時間，是看著一張棉花糖的相片卻假裝那是真正棉花糖的三倍時間長。[338]在適當情況下，心智的力量令人驚奇。

美好人生的關鍵

在美國，一個志向遠大的青少年決定未來最關鍵的時刻，莫過於找出自己「想」或「不想」進入哪所大學就讀。選擇喬治城大學，而不去格蘭岱爾學院，將開啟各式各樣的機會大門，並獲得更高的聲望，而且通常可以得到薪資較高的工作。而這也會連帶改善個人未來的約會對象人選、買得起的房子，以及力所能及的休閒渡假。對多數學生而言，中學的學業成績平均點數（grade point average, GPA）及學業性向測驗（Scholastic Aptitude Test, SAT）分數，對於錄取特定學校的機率影響過大。

延遲滿足（delay gratification）的能力對GPA及SAT成績皆有顯著作用。在棉花糖實驗的多年後，米歇爾找來當年棉花糖實驗的學齡前兒童，在他們考完SAT之後重新測試。[339]四歲時堅持較久的人，SAT分數也較理想。事實上，能夠等到實驗人員如約返回的學齡前兒童，SAT的分數比三十秒就放棄的兒童多了兩百多分。[340]不久之前，達克沃斯（Angela Duckworth）發現，個人延遲滿足的能力比智商更能預測GPA成績。[341]

發現自我控制與學業成績的關聯之後，其他各種研究結果也指出，自我控制是擁有美好人生的關鍵。通常，自我控制程度高的人所得也較高、信用分數較高、身體較健康，從童年到成年的社交技巧更好，而且他們也表示對生活更滿意。[342]

自我控制顯然是個人所能擁有的重大資產之一，但你可能會納悶，這跟社會腦有什麼關係？我們將會談到的，但在進入討論之前，我們要確定在談到「自我控制」時是指什麼意思。自我控制通常牽涉到一些我們想要阻止或避免的衝動、強烈欲望，或反應。衝動和情緒反應是引導我們邁向理想結果，並遠離危險的基本要素，但它們似乎也有自己的意志，常常需要加以抑制。[343] 無論是避免在凌晨兩點再多吃一塊披薩、不告訴上司你對他的真正想法，或是在倫敦時克制靠右開車的衝動，你的習慣性反應都需要被不時地提醒抑制。

當你覺得自己鎖定某種不想要的反應而努力克服，那就是自我控制。為什麼自我控制和GPA有關？或許是因為，能良好克制打電玩的衝動並完成家庭作業的孩子，在學校表現會更好。為什麼自我控制和改善SAT分數有關？有部分是因為，自我控制有助於在面對巨大無趣乏味的事物時堅持下去，而SAT測驗與相關的準備工作正是極為乏味無趣的事。自我控制有助於在考試時抑制答題衝動，才不會一看到題目就以第一個浮現腦海的直覺答案作答，然後直往下一題；自我控制能讓學生專注在每個問題，直到確定找出最理想的答案為止。

自我控制的其中一個典型特徵是，這看似是個有限的資源。本質上，我們一次只能有一種自我控制。企圖同時積極控制兩件事（例如，抗拒披薩，以及背誦課堂上教的詩），肯定其中一件事或者兩件事都做不好。比較令人意外的是，依序進行兩種形式的自我控制也可能有困難。對著此刻好笑的場景非常努力憋笑，會讓你在五分鐘後接受類比推理測驗時很難保持專心。

為了說明「現在的努力自我控制」可能削弱「稍後的自我控制」的想法，社會心理學家鮑邁斯特（Roy Baumeister）、希瑟頓，及佛斯（Katherine Vohs）建立理論，他們認為自我控制就像肌肉。[344] 他們主張，自我控制會發生這種削弱作用是因為自我控制「肌肉」可能疲勞了，需要時間復原。同樣地，肌肉一次只能做一件事，自我控制就像肌肉，力量強大但有限。而這個「肌肉觀點」也被加以延伸，意指自我控制可藉由鍛鍊而加強。舉重訓練在短期內會耗盡肌肉的力量，長期以來卻能讓肌肉更強壯。我們的「自我控制肌肉」或許也是同樣的道理。

大腦的煞車系統

上述一連串自我控制的研究結果令人意外，有部分是因為我們所做的自我控制種類大不相同，所以我們很難相信，這些自我控制皆仰賴大腦的同一歷程。聽喜劇演員說笑話而忍住笑聲，跟你在接受類推測驗時保持專心有什麼關係？為什麼在倫敦靠左駕駛開車去參加一場業務會議，若是會議進行不順利，會影響你保持冷靜的能力？

雖然我們運用不同類型的自我控制，有各種機制在運作，但有個機制似乎在每一種情況幾乎皆發揮了作用。大腦的**腹外側前額葉皮質**（ventrolateral prefrontal cortex, VLPFC，見圖9.1），特別是右腦半球（右腹外側前額葉皮質，rVLPFC），在進行多種自我控制時都一定會活化，無論我們每次自我控制的感受體驗有多大不同。那是前額葉皮質中唯一右腦半球比左邊大的區域，但這種不對稱一直到自我控制技能顯著改善的青春期晚期才出現。[345] 基於這些理由，可以很恰當地將右腹外側前額葉皮質形容為**大腦煞車系統**的

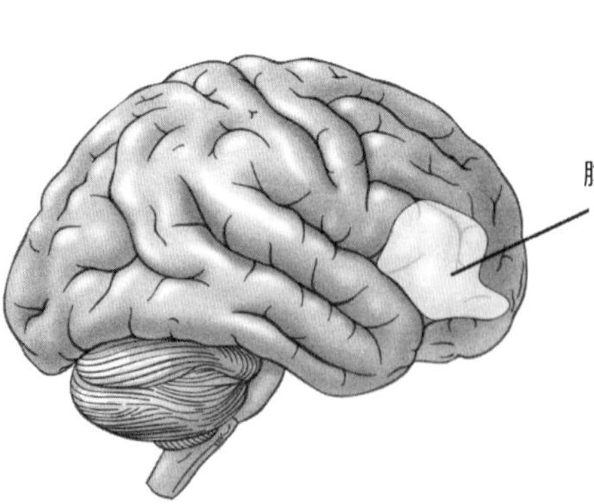

圖 9.1　自我控制需要用到腹外側前額葉皮質

中央樞紐。[346] 以下，我們就瀏覽幾個進行自我控制的不同路線，並檢驗腹外側前額葉皮質參與的作用。

●運動自我控制（motor self-control）

心理學家最喜歡的運動自我控制實驗任務就是**前進—停止作業**（go/no-go task，第三章討論的停止信號作業，正是該作業的不同變化）。這項作業會給參與者連續觀看大量的字母，大約每秒一個，並要他們在每個字母出現時盡快按下按鈕。看到每個字母都這樣做，只有預先指定為**停止字母**（no-go letter）的字母例外。每當這個字母出現，參與者什麼也不用做（也就是「停止」）。這項作業有難度，因為只有一五%至二〇%的機會出現停止字母，所以參與者漸漸習慣了大約每秒鐘按一次按鈕，因此在停止字母出現時，必須克服這個具優勢的運動反應。雖然向受試者說明過在停止測試時什麼都不必做，但克制自己不按按鈕，感覺比其他測試更費力。

非常多的研究都觀察到，參與者成功避免在停止嘗試中按下按鈕時，右腹外側前額葉皮質〔又稱**右額下迴**（right interior frontal gyrus）〕活動增加。[347] 一項研究經過檢查不同大腦損傷的病人，發現只有大腦右腹外側前額葉皮質受損與停止作業的缺陷有關。[348] 在米歇爾最早棉花糖實驗的幾十年後，當年其中一組學齡前兒童在成年後被找回來，在

MRI掃描儀中執行前進—停止作業。[349] 米歇爾發現，四歲時在延遲滿足表現最佳的人，成年後右腹外側前額葉皮質產生的活動也最多，顯示這種反應可能就是他們這些年來，在現實世界中成功自我控制的根源。

因此，我和柏克曼（Elliot Berkman）想檢驗這個概念：「右腹外側前額葉皮質在運動自我控制作業期間的活動，可以代表現實生活自我控制的能力。」[350] 我們找來一組決定戒菸的抽菸者做測試。首先，我們在這些人實行「戒菸日」（他們選定開始努力戒菸的日子）的前一天，請他們做前進—停止作業，並加以掃描腦區的活動。這場針對強烈不可取的習慣進行自我控制的戰役，包含無盡的心理衝突與戰鬥，我們的本能衝動及與心中自我控制的善良天使每天要交戰無數回。我們想看看右腹外側前額葉皮質是否發揮了作用，有利於自我控制的勝利。

為了即時掌握自我控制的衝突，我們一天向參與者傳送數次簡訊，詢問他們當下渴望抽菸的欲望有多強烈，以及從我們上次傳簡訊給他們之後，中間這段時間是否抽過菸。而我們是這樣利用這兩項資訊的。假設你是在下午兩點收到簡訊，而你說你當下真的很想來根菸。當你在下午四點又收到簡訊時，回報你過去兩個小時都沒有抽菸，意思就是你沒有屈服於那股渴望，並贏得那場戰役。我們基本上將每一場戰役編定為究竟是「自我控制」勝出，還是「渴望」勝出。

果如預期，參與者如果在下午兩點有強烈的抽菸渴望，到了四點就更有可能已經抽過菸。但大腦右腹外側前額葉皮質的活動，對「渴望抽菸」與「真的抽菸」兩者之間的關係有重大影響。幾天前在前進－停止作業中，右腹外側前額葉皮質反應最微弱的人，往往傾向直接從「渴望抽菸」變成「真的抽菸」。相反地，右腹外側前額葉皮質反應最強烈的人，對抽菸的渴望通常不會導致他們在兩次簡訊之間抽菸。對這些人來說，對抽菸的渴望依然存在，但這些人更有能力打贏這場戰役。這些結果暗示，右腹外側前額葉皮質不但與掃描儀中進行自我控制作業有明顯相關，對現實生活實行的成功自我控制，也有舉足輕重的作用。

●認知自我控制（Cognitive self-control）

問你一個問題。以下三段論的結論是否根據假設前提做出合乎邏輯的推斷？

- 容易上癮的東西沒有一個是廉價的。
- 有些香菸並不昂貴。
- 因此，有些香菸並不會令人上癮。

給參與者提出的問題是，**如果**假設前提正確，結論是否就一定正確。答案是「是的」。結論十分合邏輯，但不到一半的參與者能正確答出這個問題。[351] 為什麼？因為**信念偏誤**（belief bias）。我們抗拒確認這個結論，因為我們知道那是不正確的。說它不正確是因為這個三段論的第一個假設前提是錯誤的，但結論並不會因此就不合邏輯。為了想像一個假設前提為真的世界，而凌駕我們對現實的認識，需要心理的自我控制。雖然我們對自己的思想，也就是我們的認知歷程，控制力可能不如期望中大，但確實有一定的控制，而這樣的控制通常牽涉到右腹外側前額葉皮質。[352]

為了研究認知自我控制的神經基礎，神經科學家勾爾（Vinod Goel）及杜蘭（Ray Dolan）請實驗參與者進入ＭＲＩ，對一連串的三段論做邏輯推論，而這些三段論其中有些會引起信念偏誤，有些則否。[353] 他們觀察參與者在克服信念偏誤並做出正確解答時，哪些大腦區域較活躍，並比較未能克服信念偏誤時的狀況。大腦唯一顯示這種模式的區域，就是右腹外側前額葉皮質。第二項信念偏誤的研究觀察到，右腹外側前額葉皮質（而非左腹外側前額葉皮質）活動的強度，可預測一個人的表現準確度。[354] 此外，參與者進行作業時若心有旁騖，會導致準確度下降，及右腹外側前額葉皮質活動減弱。這與「右腹外側前額葉皮質負責需要費力的自我控制」一說相符。最後，第三項研究則採用第六章描述的穿顱磁刺激（ＴＭＳ），讓左側或右側的腹外側前額葉皮質暫時離線約二十分鐘。[355] 在施以

TMS的前後，參與者都會看到「有信念偏誤」及「沒有信念偏誤」的三段論。右腹外側前額葉皮質接受TMS的人，該區域暫時性疲弱無力，在信念偏誤測試的表現較差。這項結果顯示，當右腹外側前額葉皮質被削弱，也會削弱自我控制能力，使個人比較無法克服自己的信念而提供邏輯正確的答案。

類似的研究結果已經由諾貝爾獎得主康納曼（Daniel Kahneman）與特維斯基（Amos Tversky）最早發現的框架效應（framing effects）加以證明。[356] 想像以下的情境。你會寧可贏得沒有附帶條件的十元，還是願意丟銅板決定你的報酬是贏得二十元或者什麼都沒有？多數人會選擇有把握的事而不是丟銅板。現在想像第二個情境。這次實驗人員一開始就交給你二十元。接著告訴你，你可以選擇把十元還給他，也能選擇丟銅板決定結果是完全失去這二十元，或毫無損失。這時候，多數人會選擇丟銅板。奇怪的是，這兩個情境的金錢條件明明完全相同。在兩個例子中，有把握的事都是讓你比參加研究前多十元，而丟銅板選項也都是讓你比一開始實驗時，多出二十元或是什麼都沒拿到。一般人做不同的選擇，是因為第一個情境是以贏錢的框架設定（也就是贏得十元，或是有機會贏得二十元），至於第二個情境則是以輸錢的框架設定（也就是失去十元，或是有可能失去二十元）。就心理學而言，我們對損失更加敏感，所以會盡量避免感覺肯定有損失的事，也就是康納曼與特維斯基所稱的**損失規避**（loss aversion）。

一項fMRI研究檢視哪些大腦區域對這種框架更為敏感。[357]結果發現邊緣系統的區域對框架的敏感度，高於對選項的實際狀況。相反，腦部僅有兩個區域的活動，對事實的敏感度高於對框架的敏感度，右腹外側前額葉皮質是其中之一。就像信念偏誤的研究，右腹外側前額葉皮質活動與克服認知衝動有關。

●觀點取替（Perspective taking）❶

第五章的內容著重在心智解讀核心的心智化系統。很多心智解讀就跟觀點取替相同。比方說，在莎莉與小安錯誤信念作業中，兒童能成功理解莎莉對事情的觀點與他們不同。一般的心智化fMRI研究並未回報右腹外側前額葉皮質活動，但是一個代號WBA的病患，卻讓人洞察到觀點取替牽涉到該腦區。[358] WBA曾經中風，導致右腹外側前額葉皮質部分受損，還有腦部少數幾個地方也受損。WBA被要求進行兩種版本的錯誤信念作業。其中一項作業對WBA來說還算容易，另一項錯誤信念作業對他而言根本不可能做到。

在第一個版本中，有兩個一模一樣的容器，WBA看著一名男人把球放入其中一個容器，例如左邊容器。WBA還能看到房間裡有個女人也瞧見了放球的動作。這時候，所有人都看到了球放在哪裡（左邊容器）。過不久，那女人離開房間了，而在她離開時，那個男人將兩個容器交換，於是此時球在右邊容器了。等那女人回來，ＷＢＡ就被問，那個女人若被提示，會去哪裡找球。ＷＢＡ應會指向此時左邊的空容器，因為那女人最後看到時，球就放在那裡。

在第二個版本的作業中，ＷＢＡ知道那個男人將球放進其中一個容器，但他看不到是哪一個容器。不過，那女人看得到球放在哪裡，而且ＷＢＡ知道她看得到。就跟第一個版本一樣，那女人後來離開房間，而在她離開時，那男人調換了容器位置。這一次，實驗人員想知道ＷＢＡ自己能否想出來球在哪裡。為了幫他，女人回來後依然為他指出，她認為球在右邊容器裡。雖然ＷＢＡ始終沒看到球放在哪裡，他應該推斷得出女人所指的容器必定是錯的，因為她沒有看到容器被調換了。因此，如果她認為球在右邊容器，ＷＢＡ應該要選左邊容器。

表面看來，這兩個作業很像，但ＷＢＡ在其中一項表現十分出色，另一個作業表現卻糟透了。你猜得到哪一個對他來說有困難？是第一個——他自己的雙眼看到球放在哪裡時，根本沒有辦法做這項作業。在這兩個作業版本中，ＷＢＡ知道那女人被矇騙了，因為在她離開房間時，容器位置被調換了。而當他像第二個版本中那樣只知道這些，他利用

❶觀點取替，從他人的觀點來看事情的能力，包括了解別人看到什麼、想法、感覺等。

心智理論來評估女人的想法卻毫無問題。但當他本身恰好知道球到底在哪裡時，如第一個版本，這種直接體驗壓垮了他的邏輯知識，導致他指出那女人會往他所知的同樣地方找球。因為右腹外側前額葉皮質並非完好無缺，他無法克服自己的第一人稱觀點，行為表現就跟兩歲兒童一樣自我中心，亦即彷彿所有人看到的景像都是他所看到的，也相信他所相信的。

不久前，我們也在我的實驗室看到類似的情況。想像你被問到下面兩個問題。第一，我給你六十美元，讓你站在喬的餐廳前面一小時，身掛一塊寫著「到喬家餐廳用餐」的大招牌。你會做嗎？第二，如果我問了很多人，你認為有多少比例的人會同意？心理學家早就知道，第一個問題的答案強烈影響多數人對第二個問題的答案。如果你願意掛上招牌，通常會認為多數人也願意。如果你不願意掛上招牌，你將假設多數人也會拒絕。這就叫做**錯誤的共識性效果**（false consensus effect），因為我們往往比實際情況更相信全世界的人與我們持有相同的信念和觀點。[359] 換句話說，我們通常拿自己的觀點代替別人可能會有的觀點。有時候這麼做很合理，但許多時候這會讓我們在社交互動中陷入麻煩。

為了檢視錯誤的共識性效果的神經基礎，我和研究生魏爾邦（Locke Welborn）找來加州大學洛杉磯分校的學生躺到MRI掃描儀，並從一到一百，判斷該校的一般大學生有多少比例會支持特定立場（例如，「校園祈禱」及「墮胎權」）。根據稍早的評估，我們知道了每個參與者對各個議題的看法，以及該校大學生真正的平均反應。有了這些資訊，我們可以分辨參與者對該校一般學生的判斷是否與現實一致，或是更偏向參與者個人對每個議題的立場。果如預期，參與者的確表現出錯誤的共識性效果，比起實際狀況，他們對一般學生的特定立場判斷大致更傾向他們個人立場。

要注意的重點是人各有異。對於克服這種將自己的態度投射於他人的衝動，有些人擅長，有些人不擅長。那麼，一般人企圖理解他人觀點時，又是如何克服這種偏見？在考慮別人的立場態度時，參與者若是更善於抗拒自己的立場態度，右腹外側前額葉皮質是大腦僅有兩個活動更活躍的區域之一。右腹外側前額葉皮質似乎有助於參與者理解，別人可能有不同於他們的觀點。

就某方面來說，這兩項研究都像信念偏誤，只是放進了社會情境。我們看待事情應當如何，具有本能的直覺感受，需要自我控制才能忽略這種觀感，考慮以其它方式處理相同的資訊。這是日常互動中無數信手拈來的自我控制。但表面看來，卻與前進—停止作業所需的自我控制迥然不同，所以很難想像這兩種自我控制仰賴的是同一個心理機制。

總之，保持冷靜

一九八四年夏天，吉列公司（Gillette Company）推出一系列的廣告，推銷新的止汗劑「乾爽點」（Dry Idea）。每一支廣告都是以某個名人為主題，提出他們工作核心中一連串三個「絕不」。或許，最有名的版本是國家美式足球聯盟丹佛野馬隊（Denver Broncos）教練李維斯（Dan Reeves），描述身為致勝教練的三個絕不原則。他氣定神閒地說：「絕不任由媒體幫你挑選先發四分衛。絕不小看排名最後的隊伍。還有，無論比分多少，絕不讓人看到你在冒汗。」他在這部廣告的最後一句台詞是：「所有人都感覺得到壓力。贏家不會表現出來。」

這是在壓力下保持冷靜的經典畫面。你可能在董事會的會議室中簡報推銷，嚇得舌頭打結，但外表仍沉著鎮定，彷彿胸有成竹。這是一種情緒調節，心理學家稱之為**壓抑**（suppression）。這個名詞有些誤導性，因為壓抑並非用來抑制個人對一種情緒的感受，而是控制臉部表情、聲音語調，以及肢體語言，以確保別人看不出你內心的感覺。[360]

如果壓抑是粗暴的情緒調節方法，**再評估**（reappraisal）則是較為理智的作法。古往今來的偉大思想家都評論過，我們可以改變看待事情的方法，讓事情感覺不那麼令人痛苦。羅馬皇帝奧理略（Marcus Aurelius）對這項策略情有獨鍾，他曾說：「如果外在有什麼事讓你痛苦，痛苦並非因為事情本身，而是你對事情的評估；而對這一點，你隨時都有力量解除。」我最喜歡的作家村上春樹，將這個概念濃縮成汽車保險桿貼紙標語：「痛是難免的，苦卻是甘願的。」[361]

基本上，再評估是一種歷程，我們藉此以新的觀點思考，改變我們對某件煩心事的感受。許多再評估採用「上帝關了一扇門，會打開一扇窗」的作法。你或許被開除而沒了工作，但很快就明白過來，反正那個工作並不適合你，現在你可以追求畢生的夢想，為速食電視廣告寫廣告歌。表面看來，這種領悟或許看似在找藉口，只不過是我們說一個過度樂觀的故事給自己聽，並不能改變現實。然而從心理學來說，現實衍生自我們告訴自己的故事，至少是我們相信的故事。[362] 如果你能誠實地想辦法，讓自己此刻對丟了工作的事實能夠好受一點，這種再評估確實有幫助。當然，如果你相信被開除的那個工作是你夢想中的工作，或許就很難相信你想像出來的再評估。

我個人通常在坐飛機時做再評估。我並不是熱愛亂流的乘客。當飛機因為氣流驟然下降五英尺，我的身體狂呼「危險！」。我的心跳加快，身體開始冒汗，並找窗戶觀察機翼是否有問題。這些威脅反應有部分是藉由啟動杏仁核協調，杏仁核牽涉到對發生的事情快速做出情緒反應的重要性的評估，並讓我的身心準備好快速果決地反應（只是未必明智）。[363]

我是靠著想像一連串與亂流相關的事實，來平撫亂流引發的焦慮。首先，我想到的事實是，我的杏仁核調節並不是用於正確理解這些快速的垂直移動，因為這種移動在我們的演化史幾乎完全不存在——飛機、電梯，以及雲霄飛車，都是現代的發明。換句話說，我提醒自己，就算我的杏仁核無法理解發生了什麼事，但我可以。其次，我記得統計數據顯示，商用飛機因亂流而墜落的機率少得驚人。這兩個想法有助於提醒我，亂流以及身體對亂流的反應，並非代表真的有負面狀況的強烈指標。假設飛機上有無線網路，我做的第三件事就是上 Google 搜尋「亂流報告」，頁面將出現地圖，標出所有美國領空今天飛行員報告有亂流的地點。只要知道亂流在哪裡、什麼時候停止，以及提出那些報告的飛行員都安全度過我正經過的亂流，就能讓我感覺好一點。改變我對亂流的理解，也改變了我的大腦與身體如何反應。

壓抑與再評估幾乎在各方面都不同。[364] 壓抑比較適合用來讓你看起來不像痛苦煩惱，而再評估則更適合用來讓你感覺比較不焦慮痛苦。壓抑比較偏向轉移心思，如果你在與人互動時出現壓抑，會干擾你對互動的記憶。但是，再評估不會造成同樣的記憶缺失。再評估似乎也主要運用在你的情緒反應偏離最強烈的階段。或許要產生良好的再評估，需要一定程度的神智清楚，而情緒激昂會干擾這個歷程。壓抑與再評估的反應，對於共處一室的其他人也會產生不同影響。當你身邊的壓抑者沒那麼多時，你大概會比較自在，或許是因為他們釋放的情緒暗示較少，也可能是因為不用看到他們一副心事重重的樣子。身邊圍繞著壓抑者會令人心跳速度加快，甚至高於被再評估者圍繞。

儘管壓抑與再評估在經驗、認知，及社交方面，存有這些差異，但兩者歷程的成功似乎都有賴腹外側前額葉皮質。[365]研究顯示，當人進行再評估時，腹外側前額葉皮質在情緒經歷的初期就活化了；至於人們在壓抑時，腹外側前額葉皮質是在情緒經歷一陣子才啟動。但兩者都牽涉到腹外側前額葉皮質。[366]以壓抑來說，腹外側前額葉皮質活動與我們成功掩飾不願外顯的臉部表情有關。[367]以再評估來說，腹外側前額葉皮質關係到杏仁核反應減弱，及自認為的痛苦焦慮。[368]一個人花在再評估的時間愈長，從左腹外側前額葉皮質轉移到右側的神經活動就愈多，顯示左腹外側前額葉皮質或許有助於開啟這個歷程，而右腹外側前額葉皮質比較是負責完成再評估的工作。[369]

情緒標籤化

我們看過的每一種自我控制方式，皆有費勁克服某件事的歷程。無論是抑制手指按壓按鈕、支持某個你已知不正確的說法，或是在上司對你大吼大叫時努力不發脾氣，你都能感覺自己在奮力對抗某種強烈的欲望或衝動。但有時候同樣的自我控制機制，可能是在我們毫無察覺下進行的。作家亨利・米勒（Henry Miller）曾寫道，「忘記一個女人最好的方法，就是把她變成文學作品。」將感覺訴諸文字可能有驚人的宣洩淨化效果，也是各種心理治療的基礎。[370]結果證明，將感覺訴諸文字或者僅僅加以歸類，就可能在我們根本毫不知情時調節我們的情緒，並促進我們的身心健康。

幼童鬧情緒時，我們告訴他們要「用說的」。能夠描述感覺的學齡前兒童，較少有情緒爆發的情況，成績也較好，而且在同儕之間較受歡迎。[371]在數學考試前，寫下對數學考試焦慮的中學生，考試成績其實比較優異。[372]在我的實驗室中，我們請成人進行一項簡單的作業，稱為**情緒標籤化**（affect labeling），在這期間，他們選出最能描述他們對一幅畫的情緒感覺的文字。比方說，如果看到的是一張生氣的臉，參與者大概會選**生氣**或**害怕**這樣的文字，描述目標對象的情緒。我們發現將令人不安的影像造成的情緒加以標籤化，會減少觀看影像時的痛苦焦慮。[373]即使這看似是我們預期再評估等情緒調節策略會有的結果，但一般人並不知道情緒標籤化是減少負面感覺的有效策略。為了檢視一般人對情緒標籤化的看法，我們找人預測哪一種情況比較讓人難受，究竟是在毫無指示下看著令人不舒服的影像，還是看著影像並對產生的情緒加以標籤化。一般人幾乎都預測標籤化會比較痛苦，因為這麼做會將注意焦點放在影像讓人痛苦的部分。

想知道情緒標籤化的效果有多麼違反直覺，可以試著想像，如果你對蜘蛛有嚴重恐懼，而且為了恐懼症接受治療。治療師會讓你完成三種療法的其中一種。她描述三種方法，讓你選擇。第一種是標準的**暴露治療**（exposure therapy），反覆觀看兩英尺外籠子裡真正的狼蛛。第二種是再評估療法，也是重複暴露接觸真正的狼蛛，只是每次蜘蛛出現時，要求你做出再評估，例如，「看著小蜘蛛其實對我並不危險。」第三個選項是一種情緒標籤化療法，也是包含重複暴露，只是要做出以情緒標籤化為主的陳述，例如，「我很焦慮，擔心那噁心的狼蛛會跳到我身上。」你認為哪一種療法可幫你學會接近蜘蛛而減少恐懼？因此，我和基爾坎斯基（Katharina Kircanski）及克拉斯克（Michelle Craske）就對有蜘蛛恐懼症的人進行這項測試，我們發現情緒標籤化的幫助最大，而且參與者的標籤愈是負面，最終效果愈好。[374]

情緒標籤化就像再評估，調節我們的情緒，因此看似是一種**隱性的自我控制**（implicit self-control）。這種自我控制看起來與其他大腦活動相似嗎？絕對是的。當受試者對某一種帶有情緒的圖片，或自己對圖片的情緒反應貼標籤時，會活化右腹外側前額葉皮質，並減少杏仁核的活動。[375] 我們進行過若干研究，請同一批受試者分別運用情緒標籤化、再評估，以及運動自我控制作業。我們觀察到在不同的自我控制形式下，右腹外側前額葉皮質都有類似的活動。[376]

我們的自我控制差異變化之旅就到這裡結束。無論我們的自我控制是針對自己的運動及本能衝動、邏輯推理、社會觀點取替，還是情緒調節，右腹外側前額葉皮質幾乎都是自我控制行為的核心。目前，我們還不清楚右腹外側前額葉皮質究竟是如何激發自我控制。爭議焦點通常都著重在這個腦區或類似腦區，究竟是直接抑制大腦其他腦區的反應，如杏仁核，還是強化非衝動反應，以便能與衝動反應有效競爭。無論如何，我現在想問的問題是，為什麼在我們趨向社會和諧的傾向，自我控制扮演核心角色。

如果你被外星人綁架……

至今看來，自我控制是個巨大的資產，而且在我們使用時，涉及大腦的右腹外側前額葉皮質區域。它與人類社會性的關係，是在我們開始拆解文字意義時浮現。**自我控制**（self-control）這個名詞可得出兩個迥然不同的意思，有兩種方式連結**自我**與**控制**。一方面，這個用連字符號連結的詞語可以暗示，我們的自我在控制之中，可有效達成目標。這種解釋讓人想到的是**意志力**（willpower），是個強大有力的尼采式文字，形容我們純粹透過個人意志的力量克服各種障礙的能力。但還有第二種比較歐威爾式[2]的言外之意，將自我控制連結到**自我抑制**（self-restraint）。此處是指受到控制的自我，而這又引來一個問題：「我們將自我控制住，誰會受益？」

或許用一個假設性的外星人綁架例子，能幫我們釐清真相。想像在你熟睡時，小綠人把你從溫暖的被窩抓走，帶到他們的空中先進神經外科手術基地。他們在猶豫是要改變你的大腦，好讓你永遠失去所有衝動、強烈欲望、渴求，以及情緒反應，還是保留這些本性不動，而進行一項外科手術，讓你永遠無法控制衝動、強烈欲望、渴求，和情緒反應。外星人無法做出決定，於是讓你投下決定性的一票。如果你必須永遠失去情緒或自我控制，你願意失去哪一項？這是自我控制與情緒、史巴克（Mr. Spock）與寇克艦長（Captain Kirk）、生意人與火人（Burning man）之間的經典戰役。

幾次企圖逃脫而不果，我懷疑自己最後可能會選擇保留衝動、強烈欲望、渴求，和情緒，放棄控制那些事的能力。缺乏自我控制或許令人尷尬，但失去其他卻極其恐怖。沒有了那些，我會變成什麼人？我怎麼知道什麼事值得我去做？沒有衝動和情緒，我就沒有動機做任何事。別忘了，並非所有衝動和強烈欲望都是不好的。我有強烈欲望每天親吻妻子和兒子。我有衝動幫助那些有需要的人。我有爬上高山看日落的渴求。這些全都是美好的事物，如果沒有這些，我不確定人生還值不值得。

❷ 歐威爾式（Orwellian），這個詞出自英國作家喬治．歐威爾（George Orwell）一九四九年所出版，描繪未來世界反烏托邦的知名小說《一九八四》（*Nineteen Eighty-Four*）。後來經常被用來形容官方欺騙、祕密監視並且修改歷史的極權主義或獨裁狀態。

可惜，就算你做出選擇，接下來的情況卻更加複雜了。外星人對你進行手術之前，突然有一項嶄新科技臻至完美，這項科技能夠趁著城市居民睡覺時，一次對所有居民全面進行神經外科手術。他們要從你的城市開始，但因為你就在他們的太空船上，你現在被豁免不用接受手術。你個人暫時得救，可以保留情緒和控制情緒的能力。但是，現在你得選擇城市裡所有人究竟要失去他們的衝動與情緒，還是失去他們自我控制的能力。你做的決定將套用在所有人身上，因此你回去之後，城市要不是充滿了非常衝動、情緒化的人，就是整個城市遍為毫不衝動、高度自制的人們。補充說明：你的決定不會影響你的家人或親近友人，因為他們運氣好，全都出外渡假去了。

你將為組成這個城市的所有居民做什麼選擇（但不包含你最親密的社交網絡）？你想住在一個寇克村還是史巴克鎮？要我說，我懷疑許多人也是，這個決定產生的結果會與我對自己的期望不同。我不希望生活的城市充滿了無止盡衝動，又沒有能力控制自己的人。這些人會膽大妄為，對我的安全始終有威脅。那有如住在一間房屋，但隔壁永遠都像星期六凌晨一點的兄弟會會所。

這兩個假設性的決定顯示，我看重別人的自我控制勝於對自己的自我控制。假設這種優先選擇大致是真的，我們可以反過來看。假如我重視別人有自我控制，更甚於看重我自己有自我控制，由此可知，我身邊的人也會比我更關心我能否自我控制。我的自我控制對他們的好處多於對我自身。

努力自我控制，誰受益？

伊薛伍德（Christopher Isherwood）的小說《單身》（*A Single Man*）一開頭就是主角每日早晨的例行活動。喬治醒來後就只是「經歷——一個個體在經歷」毫無自我覺察。[377]只有衝動、強烈欲望，甚至疼痛。如此純粹的經歷。但後來他看著鏡子。「它再三觀看……直到大腦皮質不耐煩，命令它盥洗、刮鬍，梳頭。裸體必須靠衣物遮掩……舉止必須能見容於他人……它乖乖盥洗、刮鬍、梳頭，因為它承擔著對其他人負的責任。它甚至慶幸自己在他們之間仍有容身之地。知道別人對它的期望。」

自我控制是見容於社會的代價。如果不抑制自己的衝動，最終會被丟進監獄或是精神病院。如果抑制了自己的衝動，你就能自由地追求自己的目標。自我控制同樣也有非懲罰性的激勵誘因。愈是能自我控制的人，獲得的回報就愈多，因為自我控制可讓這些人做出對社會其他人有莫大價值的事。問題是，就像外星人綁架的情境，社會重視我們的自我控制更甚於我們的生活品質。約翰・藍儂（John Lennon）曾說過一個早年受教育的故事，突顯了這一點。他說，「我去上學時，他們問我長大後想做什麼。我寫下『快樂』。他們告訴我，我沒弄明白作業的目的，我告訴他們，是他們沒弄懂生活。」對他的老師來說，他想做什麼必須反映他要做什麼有益社會的事。他的快樂對他們來說是沒有意義的答案。

多少人付出無數時間的努力，用上深厚蓄積的自我控制，才能進入醫學院，甚至耗費更多自我控制，才一路通過實習醫師與住院醫師的考驗，卻發現當個醫生並不能讓他們非常快樂。只有不到一半的美國醫生表示，如果能重來一次，他們還會選擇同樣的職業。[378]全世界都尊敬醫生，因為他們做的事為其他人提供深遠的利益。青少年希望受到尊重、變有錢，他們想讓父母引以為傲，但追求成為醫生所需要的自我控制，或許最後對**我們**社會的價值高於對**他們個人**的價值。

追求造福他人更甚於造福自己的職業，可能是種種因素的偶然匯流，但是社會規範敦促眾人自我抑制，以創造更大的社會福祉，卻也並不少見。在北京，許多男人（遍布各個年齡層與各種階級）因為一種特別的行為而被叫做「膀爺」。[379]在天氣最熱的時候，這些人會打起赤膊。近幾年，北京致力於成為國際大都會，那些打赤膊的男人顯然與這種國際形象矛盾。政府和報紙媒體都大力進行宣導活動，力圖禁止這種行為。這種情況就是自我控制顯然有益於社會，但對個人則否。打赤膊能讓那些男人涼快些，但整個社會卻感覺與西塞羅（Cicero）的指令更一致，「所有人應該忍受自己的委屈，而不損害他人的安康。」

就個人及社會來說，我們普遍更信任那些展現自我控制的人。包括對陌生人及自己的伴侶，研究都證明自我控制的跡象，就是信任度更高的根據。[380] 這在伴侶之間很容易理解，至於那些自我控制能力低的人，則是維持忠誠的難度較高。[381]

社會將一些最好的獎賞給予那些高度自我控制的人：獲准進入頂尖大學，還能拿到獎學金。我們都看過入學許可的主要決定因素，也就是學生的GPA及SAT分數，都受到自我控制的高度影響。我們認為SAT是智力測驗，因此也認同頂尖大學的入學許可就是智力競賽。雖然這也是實情，但進入頂尖學校同樣也是自我控制的競賽。你在十三年的學校教育及讀書準備SAT測驗期間，能克制多少分心的衝動？我們或許贊同SAT測驗是入學許可的門票，相信它篩選出最聰明的人。事實上，SAT測驗的創造者是將它設計為衡量智力的標準，而這種智力無法透過練習或努力獲得。[382] 但歸根究底，我們社會讓人進入頂尖大學的根據，還是透過自我控制征服的考試。

仔細思考人們形形色色的行為，就知道自我控制為何對社會的益處大於個人，原因可歸結到個人與社會不同的成本效益等式。假設你抽菸，但是想戒菸。就算你知道長期而言，戒菸對身體健康比較好，但是想成功戒菸還是非常困難。為什麼？因為抽菸的短期好處與不抽菸的長期好處不相上下。這聽起來或許該受天譴，但如果你對尼古丁上癮，那現在來根香菸確實符合你的切身利益，因為抽一根菸比不抽菸好受多了。在菸癮強烈時不抽菸，生理感受確實很痛苦。唯有你能夠專注在不抽菸的長期利益，或許才能抵擋在當下抽菸的強烈欲望。就個人來說，抽菸有短期好處，不抽菸有長期利益，所以兩者必然有一番鬥爭。

對社會來說，就沒有這種取捨。你抽菸，社會幾乎得不到短期利益。社會也不能享受清涼的味道、體驗尼古丁的快感，或是感覺你的神經平靜下來。對社會來說，幾乎從所有角度來看「你抽菸」這件事都是不好的，而「你不抽菸」幾乎從各種角度來看都是好事。當我們將自我控制想像成意志力，腦海中浮現的想像是個人克服障礙的那種堅毅。但是，我們若將自我控制想像成自我抑制，就會讓我們猜想，個人究竟是不是那些自我控制的主要受益者。自我控制一般是將暫時的快樂，對比抽象的未來更美好的人生。那個抽象的未來更美好的人生，通常與社會的目標一致，但就像約翰．藍儂的言外之意，你的暫時性快樂並非社會的優先考量。

如同本書開頭所提，我們認為人類天生就會將快樂放到最大，將痛苦縮到最小。事實上，我們卻是天生會為了遵循社會規範，抑制自己的快樂而增加痛苦。同樣，這突顯了我們自以為的「我們是誰」理論多麼貧乏。但是歐波特（Floyd Allport）所著史上第一本社會心理學教科書，在將近一個世紀前就定下了這個概念。歐波特主張：「社會化行為因此是大腦皮質的無上成就……確立了個人響應社會及個人目標的習慣，壓抑並降低原始自私自利的反射作用，從事改變個人，以適應社會及非社會環境的活動。」[383]

我們在上一章討論過，內側前額葉皮質可能是暗中偷渡社會影響的特洛伊木馬，讓成長環境的各種信念及價值，內化成我們個人的信念與價值，而我們卻毫無察覺這種心理入侵已然發生。儘管這些信念及價值變成我們強力贊同的理念，但有時卻難以和我們未社會化的強烈欲望及衝動匹敵。就如喜劇演員路易C. K.曾說的，「我有很多信念，但我一個也沒有遵守。」[384]

與團體中其他人（例如班級、企業、社會）擁有相同的信念有助於和諧，促進彼此相處融洽和氣。我們平常大多沒有真正付諸行動，但可靠著信誓旦旦說自己具有和別人相同的信念與價值而應付過去。內側前額葉皮質卻會確保我們說到做到，只是有時需要一些保障，才能確保我們言出必行，而這時候就輪到腹外側前額葉皮質上場了。如果我們有充分的動機，腹外側前額葉皮質能幫我們略做平衡，讓社會化的行為與價值引導我們的想法、感覺，以及行為，而非受到我們未社會化的強烈欲望及衝動強力支配。

誰掌控了我們的自我控制？

十八世紀時，英國哲學家邊沁提出一個概念，並認為該概念能促發「道德重整—健康維護—產業振興。」[385]他設計了一種新的建築叫做**全景圓形建築**（panopticon，也稱圓形監獄），他認為這是讓人做自己該做的事的關鍵。這個發想早於監視攝影出現之前，邊沁的方案是讓特定團體的所有人，無論是囚犯、學生、員工，或醫院病患，都能時時受到監視。這個方案是繞著一個圓圈建造房間，且房間面對中央的開放空間。以監獄來說，牢房的每一面都是堅實的牆壁，只有面對圓圈中央的一側例外，是以柵欄將人關在牢房裡，但總歸是開放的。而在圓圈中間，有一座守衛塔可三百六十度監視達數層樓高的所有牢房。如此一來，一名獄卒不太需要改變姿勢，就能看到半數的囚犯。

其餘的建築要素就是全景圓形建築新穎獨特的地方。邊沁認為，理想的狀況是每個囚犯隨時都有一個守衛看管，因為受到監視及懲罰的威脅，促使囚犯循規蹈矩。中央的守衛塔可有最大的視野範圍，但只有單一守衛或是寥寥數位守衛，仍然無法時時留意到所有囚犯。邊沁的解決辦法是：確保所有囚犯都覺得自己隨時**可能**受到監視，卻又不知道究竟有沒有受到監視。守衛塔的建造是為了讓守衛可以往外瞭望，囚犯卻看不到裡面的守衛。囚犯可能隨時受到監視，「而且囚犯無法確認沒有受到監視，於是應該就會如此**以為**。」

邊沁的精闢見解是，受到當權者監視並非唯一確保人們循規蹈矩的方法。但是足以讓人知道，他們可**被人看見**，他們有被批判、評價，以及懲罰的可能。可能被人看見，就足以觸動我們透過自我控制，抑制自己未社會化的衝動。

演化的設定，讓我們大腦內建**全景式自我控制**，光是有被別人批判評估的可能，就能大幅增加我們遵循社會價值與道德的傾向。這樣做似乎是理性且有策略的。如果我要偷竊，應該只在確定不會被逮到的情況下偷。在那之前，我應該表面上表現得像是無意偷竊的人。但我們會看到，研究顯示一般人將這一特點推展到極致，遠超過理性的範圍。

在一項研究中，實驗人員「偶然間」將一大疊紙掉在參與者面前。有時候房間裡有看得到的監視攝影機，有時則無。如果有監視攝影機，顯示可能有另外的觀察者，受試者協助實驗人員的機率會增加三〇%。[386]另一項研究發現，若是在燈光昏暗的室內，受試者測驗作弊的機率是兩倍之多，因為要被觀察到不道德的行為比較困難。[387]第三項研究，受試者若戴著眼球追蹤裝置（讓實驗人員重現受試者觀看的地方），看著牆上傷風敗俗海報的可能性，遠低於沒有戴眼球追蹤裝置的人。[388]在這些例子中，受試者都會依照現實情況調整行為。愈是有可能受到監視，表現就愈像是那麼一回事。

即使明知其實不會有人監視，只是有個抽象的指標顯示可能被人看見，全景式的自我控制仍然會有超出這種情況的理性反應。想像公司的茶水間裡有個「誠實箱」，讓你從冰箱取用飲料時投錢。牆上有個海報標示每種飲料的價錢，而你必須按表將金額投入誠實箱。房間裡沒有別人，你也沒有聽到有腳步聲向你走來。你會給飲料付錢嗎？如果會，多少？如果牆上的海報換成花卉照片，會有影響嗎？如果海報是一雙眼睛的照片呢？不是真的眼睛，不是監視攝影機，只是某人雙眼的照片，絕對不可能真的看到你在做什麼。比起花卉海報，有眼睛的海報讓人給誠實箱投錢的比例增加二七六%。[389]在公開的自助餐廳，類似的「眼睛海報」有效減少將近一半亂丟的垃圾量。[390] 即使是不能動的玩具機器人眼睛圖片，在實驗室進行經濟遊戲也能帶來更大筆捐款。[391] 最後是我最喜歡的：三點連成線構成兩個眼睛加一個嘴巴的大致結構，相較於一點放在上方的三角形配置（見圖9.2）。在經濟遊戲中，看到「臉」這個形狀的人捐款給另一個人的可能性，是看到「三角形」形狀的三倍。[392]

在進行不良行為之前，策略性考量會不會被看見是一回事，但眼睛的照片或點構成三角形，真的暗示了什麼是跟你被逮到並懲罰的可能性有關嗎？理性來說，參與這些研究的人會告訴你，無論他們選擇做什麼，都知道自己並沒有受到監視，而且不太可能被逮到。然而，人還是會抑制自己，**彷彿**自己會被人看見。

心智的圓形監獄

現在我們來回想童年的時光，十月三十一日代表的是你一

圖 9.2　點配置 A 會導致利社會行為，而點配置 B 不會導致利社會行為。[3]

年當中的唯一良機，可以吞進大把大把的糖果（雖然如果你真的這麼做，你事後可能會後悔）。萬聖節時，你要做的就是好好化妝打扮一番，去敲陌生人的家門，便能得到糖果。想像你在這一天晚上走到第四十二戶的前門，那家主人開門招呼你之後，隨即接到一通重要電話。他說，「抱歉，但我得聽這通電話。糖果盒就在門裡面。自己拿一塊糖吧。我得去另一個房間。」他說完走開，留下你獨自面對一大盒糖果。你會怎麼做？你會如他說的拿一塊糖，還是盡快能拿多少就拿多少？沒有人會看到。好吧，有個人看得到——就是你。糖果盒後方有面鏡子，你能從鏡子的反射看見自己的動作。這會影響你的決定嗎？

很顯然，當我們身處這樣的情況，我們的本能衝動就是多拿一點。兒童（九歲以上）在這種情況而沒有鏡子時，有略高於半數的人會拿超過被告知可拿的一塊糖。[393] 但他們若是能從鏡子中看到自己，不到一〇%的兒童拿取超過一塊糖果。這實在令人難以置信。鏡子讓兒童違反社會規範的可能性少了五倍。光是看到自己的倒影，就足以讓我們的自我控制上線，克制多抓幾顆糖的衝動。

一個世紀前，米德與顧里分別指出，自我意識基本上就是衝動的自我與模擬想像之間

❸ 圖片改編自 Rigdon, M., et al. (2009). Minimal social cues in the dictator game. *Journal of Economic Psychology*, 30(3), 358–367.

的對話。而這個模擬，是想像如果我們重視的人知道我們衝動的自我即將要做的事，他們會對我們說什麼話。[394] 我們體驗到的自我意識是一種私密的內在歷程，但根據這些心理學家的說法，那其實是一種高度社會化的歷程，我們在這期間被提醒社會對我們的期待，於是我們會以此敦促自己。基本上，這種看法代表我們就是自己的圓形監獄：既是監看者，也是被監看者。

但這不光只是小朋友萬聖節不給糖、就搗蛋的把戲。在一項實驗室研究中，大一學生在有鏡子的情況下，作弊的機率少了十倍（七一%對七%）。[395] 在沒有任何旁觀者的情況下，本能衝動就是作弊（顯而易見），但眾人在看到鏡中的自己時，一致會抑制這種衝動。在各種情境脈絡中，若有鏡子存在，眾人也同樣更有可能遵守符合他人的行為。[396]

也有其他物種顯露出自我控制，有些物種甚至能從鏡子中辨認出自己，但只有人類在看到自己，提醒有可能被人看見的情況下，就足以觸發自我抑制。看見自己的影像時，視為別人眼中能看到我們（也就是我們可見的外表），足以讓我們實踐自我控制，克制未社會化的衝動，以便符合社會的期待。在我們開始討論自我控制時，這似乎是主要有助於我們個人利益的機制，讓我們能夠控制自己的人生。但我們已經看到自我控制的作用，通常也有利於社會。我們天性如此，以至於每當想起自己是社會客體的最微小提醒，就足以能讓我們受到約束。自我控制有助於強化社會連結，因為這能幫助我們把群體的好處置於狹隘的個人利益之上。自我控制增加我們對社會群體的價值，而且藉由遵從團體規範，又鞏固了團體的認同。自我控制是團體內部社會凝聚力的來源，將群體置於個人之前。這就是**和諧**的本質。

藉由提醒我們是可能被看見、批判，及評價的生物，能促使我們自我抑制，以便達成利社會的成果，例如，不作弊，與遵從團體規範。這三個歷程（受人評價、自我抑制，以及遵從社會規範）從字面意義來看，似乎大不相同，但我們有理由相信它們與右腹外側前額葉皮質的功能均有連結，有效地將我們受別人批判的感覺轉換成自我控制的力量，進而造成遵行社會規範。我們已經在自我抑制中，看到右腹外側前額葉皮質發揮作用的大量證據，所以不如將焦點放在另外兩個歷程。

想像有個實驗人員給你一百元，請你決定要給另一個實驗參與者多少錢。你不會看到那個人，但他是真實存在的人，就坐在隔壁房間，而且他知道你會跟他分享那筆錢。你完全掌控那筆錢。你會給多少？你的腦海閃過哪些選項？由於這筆錢都不是你們兩人賺來的，公正公平的社會規範會命令你平分，一人五十元。然而，自私的動機命令你能拿多少就拿多少。在這些情況下，一般人在知道不會與另一人有任何互動時，通常會給對方一〇%左右。

施彼策（Manfred Spitzer）與費爾（Ernst Fehr）在掃描儀及其他情況進行這項研究，

讓參與者感覺有服從社會規範的壓力。[397]想像在另一個房間的人若發現你決定如何分這筆錢後，有辦法懲罰你。他可能用部分自己的錢，大幅減少你最後得到的金額；因為他每花一塊錢，你分配給自己的錢就會少五元。現在，你知道他可以懲罰你了，你會給他多少？在這種情況下，一般人會更接近五十／五十的準則，將四〇％的錢給對方。

當這項研究的參與者遵從公平規範，倒不是他們真想給那麼多錢。如果他們真的想，那在控制情況下也會給四〇％。然而他們這樣做，是因為感覺到要公平行事的壓力。在遵行社會規範期間，右腹外側前額葉皮質是少數幾個比較活躍的區域之一。當然，這個腦區或許是對失去金錢的威脅感覺敏銳，而不是對遵行社會規範的壓力有反應。為了說明這一點，施彼策與費爾比對他們的研究結果，以及用電腦取代真人對手的情況。即使兩個情況的金錢動力相同，懲罰的威脅若來自真人，右腹外側前額葉皮質會產生較多活動。換句話說，這個區域似乎涉及將社會制裁的威脅轉換成遵行社會規範。結果發現，其他研究也顯示，光看到別人給某件事評高分，如一首歌，就能促使我們也給那件事更高分。遵守大部分這類由別人設定規範的人，顯示右腹外側前額葉皮質活動增加，而且該區域的灰質也確實更多。[398]

這些遵守規範的研究著重的情況是，我們的初始計畫或評價與身邊的其他人不同。全景式自我控制的概念顯示，光是有受到社會評價的可能性，就足以導致自我抑制。雖然沒有人直接觀察這一點，但有研究指出，只是想像其他人對你的看法，就足以活化右腹外側前額葉皮質。[399]全景式自我控制最驚人的發現是，身邊沒有別人，只是看到自己，同樣也能促進自我抑制。你猜得到看見自己臉孔的照片時，會固定活化大腦哪個區域嗎？[400]是的，右腹外側前額葉皮質。當你看到自己的照片，提醒你在外界看來是什麼樣子，你就會打開大腦中負責自我抑制，以及遵行社會規範的部位。右腹外側前額葉皮質與這三項功能的連結尚未有系統地探討研究，所以它真正的重要性依然是個謎。不過，有個有趣的可能性，這些歷程在演化過程中漸漸產生連結，以確保我們能利用唯恐不被社會接納的恐懼，盡力壓制我們肆無忌憚的自利本性。

那是我們從最初進行的自我控制版本所了解到的。對於自我控制的角色，我們本能的理解是促進個人的目標與價值。這項新證據顯示自我控制更是一種機制，在我們與團體的目標及價值出現衝突時，幫我們將行為塑造得符合團體的目標與價值。我們通常認為順從的人缺乏勇氣和進取的精神——意志薄弱從眾的羊。但目前的分析卻顯示，在特定情況下，最有能力自我控制的人，其實比任何人更順從團體規範。有時候在團體制裁的威脅或感知威脅下，順從是聰明的選擇，而比較能自我控制的人更能夠克服衝動行事的強烈欲望。

自我的目標？

西方對自我的概念是視之為思想、感覺，及欲望的寶藏，代表著我們究竟是什麼樣的人。「認識自己」讓我們得以將有限的資源用來尋找，並努力邁向讓自己開心的事，同時避免引起我們不開心的事，無論是短期還是長期。而這種說法必然有一定的道理。知道自己喜歡什麼樣的食物，什麼樣的社交活動讓我不自在，以及什麼樣的工作讓我最有滿足感，對我來說很有用。對於自己的心理有一套看法，是有莫大助益的事

不過，我們沒能理解的是，社會塑造我們心智內容到什麼程度——我們形成目標與信念的方法，以及促使我們在不同場合發揮自我控制的原因。從嬰兒時期起，圍繞在身邊的人際社會就非常樂意告訴我們好人想做什麼、會做什麼，告訴我們有哪些討喜的特性，以及什麼才是有意義的人生。不過，假若我們天生沒有一個特洛伊木馬自我，而是被設計成像個海綿，在絲毫不知道這些基本世界觀從何而來時，吸收所有來自外在世界的資訊輸入，那些輸入就根本什麼都不是。我們相信這些是我們深刻珍藏的信念，而這樣的想法使我們努力捍衛它們。我們很少領悟到那是別人放進來的東西。當我們捍衛自己的信念，通常是在捍衛社會的信念。我們的個人信念與身邊眾人的信念協調一致，鼓勵我們成為有益

於社會的成員。它有助於確保其他人喜歡我們，提高我們人生中遇到社會快樂相對於社會痛苦的比例。

自我控制對我們來說，有如力量的來源——使我們推動個人計畫的意志力。它或許容易耗竭，但有獨特的能力可壓制我們暫時性的欲望，以便實現個人長期目標。但我們也看到了，個人長期目標幾乎都是有益於社會，更甚於個人的利益。而當個人價值與社會價值有衝突時，只要提醒我們可能被他人觀看或批判，就會啟動全景式自我控制，壓制我們的衝動，讓我們的行為符合社會期待。

這些是非常違反直覺的觀念。個人的價值觀是由整體社會偷渡運進大腦，以及自我控制的存在有部分是為了抑制自我而非幫助自我，這樣的概念對於我們原先認定的「我們是誰」看法是場夢魘。但是大腦科學幫助我們看到這些說法背後的根本真相——我們最深刻、私密的自我意識與意志力來源，可能是最常被用來讓我們造福社會群體的工具。和諧是艱難的工作，但顯然演化認為是「值得」的——將我們的態度與信念調整得與團體一致，而非與團體相抗。

造就人類幸福的社會腦

這是故事、民間傳說，至少是故事中有關神經科學的部分。在幾百萬年的演化過程中，我們的大腦愈來愈能按照社會的鼓聲節奏前進。為了有更大的腦解決各式各樣的問題，演化必須先解決把大腦擠出子宮的問題。解決辦法就是，讓未成熟的大腦在外面的陽光下完成大部分的發育。這就需要以**連結**為哺乳類動物的核心適應，讓年幼的哺乳類動物在嬰兒期受到照顧，並在成年時承擔照護後代的工作。在前面章節，我們知道這種需要是透過雙重機制施行。社會痛苦是透過背側前扣帶皮質以及前腦島響起警報，刺激我們解決危及連結的威脅。社會獎賞則是透過腹側紋狀體、中隔區，以及催產素共同發揮作用，讓我們從照顧他人中的過程感覺到快樂，並促使我們照顧別人。

隨著靈長類動物在這一幕出現，**心智解讀**的雛型應運而生。外側額頂葉區域的鏡像神經元讓我們得以模仿，進而從別人的動作中學習。重要的是，這些腦區顯然對人類也很重要，將動作表現得充滿心理意義。隨著人類的背內側前額葉皮質及顳頂交界區出現心智化系統，便唯有我們能夠推斷別人的行為，並藉由這種新生的能力，知道別人有什麼想法、感覺，和目標。這種能力十分重要，所以在演化過程中被挑選出來，只要我們不忙著其他心理作業時，就會不由自主地啟動心智化系統。這種重新設置，敦促我們以社會性及心理的角度看世界，而不是從實體存在的角度出發。其實，這種重新設置包含大腦關閉自己的神經迴路，進行非社會推理。心智解讀有助於理性追求社會動機：設法加強我們的社會連結，並避免遭受社會排斥的痛苦。

演化塑造社會腦的關鍵必殺計，是自我知識與自我控制這對雙子星。內側前額葉皮質呈現的自我意識，主要是個騙局。我們以為包含其中的內容是私密而外界不可碰觸的，其實卻是我們信念與價值邁向社會化的導體。由腹外側前額葉皮質居間調節的自我控制，也有不同於我們最初想像的用途。自我控制並非為了往前推動我們個人的命運，反倒常常充當社會控制的工具，確保我們遵守社會規範及價值。就某方面來說，無論是自我，還是自我控制，原來都不是以我們想像中的方式為我們所用。不過，它們的確是用來確保社會和諧；讓我們與其他團體成員交往時更和氣討喜；讓我們努力幫助團體，有時候甚至犧牲個人未社會化的衝動，而這樣的努力使我們對團體更有價值。當所有人都以同樣的傾向運作，優先考慮團體，儘管面對始終存在的個人利益，團體也能蓬勃發展。

過著社會群居生活不容易，甚至十分困難。我們仰賴全世界最複雜的實體本質，維持生活。也就是我們的食物、我們用來支付房租的錢，以及我們整體的幸福安康，全繫於他人。這個系統還不完美，但演化一再下賭注，讓我們更趨社會性。

PART 5

更聰明、更快樂、更有生產力的人生

我去上學時，他們問我長大後想做什麼。我寫下「快樂」。他們告訴我，我沒弄明白作業的目的，我就告訴他們，是他們沒弄懂生活。

——約翰・藍儂 John Lennon

第十章 帶著社會腦生活

Living with a Social Brain

絕大多數的人都指出，賺到更多錢是他們人生的主要目標之一。我們做這件事並不是為了好玩，而是相信金錢最後能給我們更好的生活。然而，一次又一次的研究都得到同樣的結論：一直以來，我們都找錯方向了。

所有的訊息很清楚表明：我們的大腦極具社會性，其中部分最古老的社交神經連結可追溯到一億年前。我們大腦的神經連結促使我們與他人保持連結，有如橡皮圈彈回原形一般，一再讓我們將注意力轉回理解身邊眾人的心思。而且我們以此為存在的核心，又稱為自我，其諸多職責中，就包含藉由讓我們的信念與他人一致，促使我們為了團體著想而控制自己的衝動，確保我們與身邊的人和睦相處。人類的社會性有非常深遠的生物基礎，因為它能充實多數人殘缺不全的「我們是誰」理論。

環顧四周，我們看到眾人幾乎都只自私地受到「快樂」與「痛苦」的驅動，而無感於其他動機。這就是我們世世代代受的教育，而這些也的確是人類行為的強大誘發因素，但這遠遠不是完整的真相。如果我們睜大眼睛繼續看，會看到許多行為並不完全符合「以自利原則為人生的唯一動力」的信念。我們未能真正理解，是因為我們並未充分了解自己是什麼樣的存在。

那麼我們又該何去何從？了解我們的社會腦，難道只是一種智力活動，只是為了滿足「了解社會腦對我們有何意義」的存在主義式強烈欲望？雖然那是我一直樂於滿足的欲望，但我認為，了解人類社交天性的本質更重要。我們生活中做的一切，以及身處的所有組織團體，都會受到我們對「我們是誰」的理解影響。

想想我們的大腦是多麼令人驚嘆，再來想想那個令人驚嘆的大腦有一大部分在幫助我們變得更社會性。然而，無論在職場還是學校，我們大多認為，大腦中這個特殊的社會機制是令人分心的存在，只會令我們陷入麻煩，並讓我們從專注手邊「實際」任務分心旁顧。

第十、十一及十二章將揭露這樣的見解如何大錯特錯。如果我們更有社會性，人生的一切幾乎都能更好。假如我們稍稍調整制度與自己的目標，就能更聰明、更快樂，也更有生產力。

快樂的代價

人人都想有個美好人生，快樂又健康。整個社會也大舉投資讓人快樂又健康；快樂又健康的人比較有生產力，相對不太會惹上麻煩，耗費社會的金錢也較少。哲學家邊沁創立功利主義（Utilitarian）學派，根據的觀念是**最大幸福原則**（greatest happiness principle），或者說最理想的社會是相對於痛苦，有著最大的快樂。一個亙古以來我們始終在問的大哉問就是——快樂幸福的人生由什麼組成。如果我們一直以來都弄錯了，大家應該都想知道，以求正確理解。

一九八九年，超過二十萬名大學新鮮人被問到他們的人生目標，其中一個目標格外醒目——財務狀況良好。[401] 或許這些學生都讀過蘭德（Ayn Rand）的《阿特拉斯聳聳肩》（*Atlas Shrugged*），書中一個角色宣稱：「金錢是所有好事的根源。」或者他們可能只是務實理智。如果邊沁對痛苦及快樂的說法是對的，有大把鈔票是避免生理不適，並盡可能獲得人生物質滿足的好方法。想到海外異國旅遊，吃全世界最美味的料理？想去更遠的地方，在太空中繞著地球轉？沒問題，這些你都能做，唯一條件就是你的銀行帳戶餘額要足夠。毫無疑問，賺更多的錢是全世界賦予重視的目標，而且更多的金錢可以接觸到無數資源。但是這能讓我們開心嗎？

數十年來，經濟學家始終執著於這個問題，有部分是因為個人及國家的所得早就被視為幸福的客觀指標，因為一般相信真正的幸福無法直接衡量。[402]這種假設在某方面來說，或許導致了金錢本身被社會視為目標，而非達成目標的手段。儘管我們認定真正的幸福無法直接衡量，但「快樂」、「生活滿意度」，以及「主觀幸福感」卻相當容易衡量。只要問些例如「綜合考量下來，你對自己最近生活的整體滿意度如何？」等問題，對方就會告訴你答案。如果在今天和一年後詢問同一個人同一道題，差不多都會得到同樣的答案。大家對這類問題都有穩定、可靠的回應。

了解金錢與幸福的關係的方法有很多，經濟學家似乎都已嘗試過。幾乎每一種方法都得到令人意外的結論——金錢對快樂的影響程度，其實並不如我們想像得大。就從唯一顯示金錢與幸福有關聯的分析開始。如果我們觀察許多國家，並找出每個國家的平均幸福感量表，同時取得該國的平均所得水準，這兩個因素將有相當高的關聯性。[403]平均所得較高的國家，國民表述的平均幸福感程度也較高。但這種分析能透露給我們的訊息並不多，因為富裕國家和貧窮國家在各方面都有差異。富裕國家容許更多個人自由，學校教育以及健康照護系統更好，司法系統比較不腐敗。國內生產毛額或許只是個替代品，代替其中一個或多個可能更直接影響快樂的因素。

接著談談其他幾個測試。研究人員也觀察了特定國家的金錢與幸福的關係。例如研究快樂的迪納（Ed Diener），針對數千名美國成人做的調查進行分析，調查內容是由他們表述主觀的幸福感與所得情況。[404] 一個人賺多少錢與感覺快樂的程度，兩者之間有統計顯著性，但極為有限。個人所得只能解釋所有樣本中約二%的幸福感差異。這個關係大多與「高於貧窮線」或「低於貧窮線」有關。如果你在貧窮線以下，每多賺一千美元，就能大幅改變幸福狀態。但一旦基本需求獲得滿足，所得提高只能增加非常微幅的幸福。

有些則認為，將所得與幸福的關係各自獨立的正確方式，就是留意所得的長期變化。例如，有一項研究檢視美國在一九四六年至一九九〇年間所得水準的變化，並與自我表述的幸福感變化做比較。[405] 列在圖10.1的結果頗為驚人。經通膨調整的所得在這段時間增加不只一倍，但幸福感卻完全沒有增加。這個效應以最早發現的經濟學家為名，稱為**伊斯特林悖論**（Easterlin Paradox），許多國家都出現了這個效應，其中又以日本最為顯著。[406] 一九五八年至一九八七年間，該國實質所得增加五〇〇%，物質享受也同樣呈倍數增加（例如，擁有汽車的人口比例從一%增加到六〇%）。[407] 不過，日本在這三十年的表述幸福感卻是同樣的水平。

我是不知道別人怎麼樣，但我發現這太讓人不安了。我努力賺錢，努力賺更多錢。我這樣做是因為我打從心底知道，如果能賺得更多，我和家人就會更快樂。這樣我們就能搭著金錢列車前往快樂的最後一站。有些經濟學家曾長期追蹤受試者長達十年，想觀察出他們的個人所得水準變化是否伴隨著幸福感的變化。實際上，並沒有。

在十年的實驗觀察結束時，有些人賺到的金錢比一開始多了很多，有些人賺到的錢則明顯比一開始少很多，但幸福感與這些變化都沒有關係。我的直覺認為賺更多的金錢會讓我更快樂，但我的直覺錯了。

金錢帶來更好的生活？

我在這裡遇到的挫折應該不是特例。絕大多數的人都指出，賺到更多錢是他們人

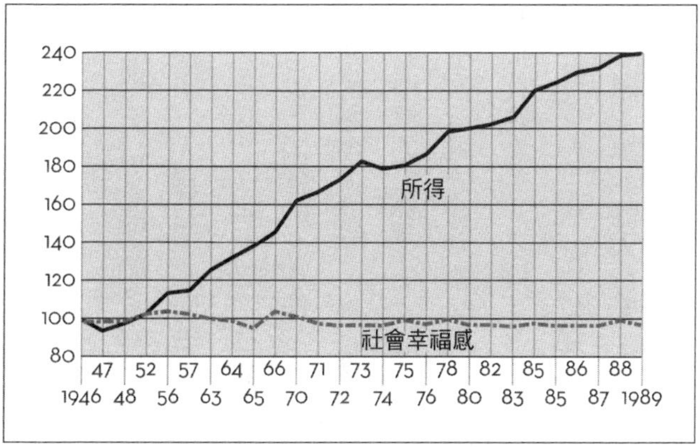

圖 10.1　美國的所得水平與社會幸福感的變化（1946 年～ 1989 年）。❶

❶ 改編自 Easterlin, R. A. (1995). Will raising the incomes of all increase the happiness of all? *Journal of Economic Behavior & Organization*, 27(1), 35–47.

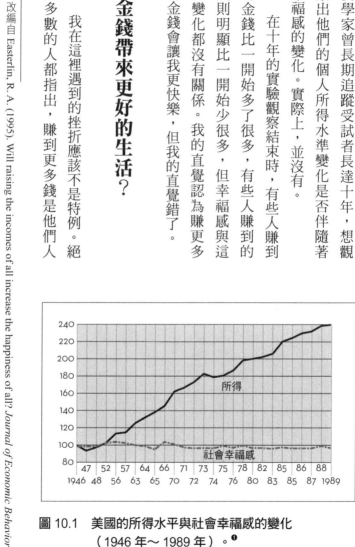

生的主要目標之一。我們做這件事並不是為了好玩，而是相信金錢最後能給我們更好的生活。然而，一次又一次的研究都得到同樣的結論：更多的金錢並無法讓我們更快樂。一直以來，我們都找錯方向了。長久以來，整個社會，甚至我們所有人怎麼會都錯得如此離譜？我們忽略了什麼，以至於嚴重誤導了何者令我們快樂的理論？

等到眾人皆知金錢與快樂缺乏關聯性，經濟學家與心理學家開始各自提出合理的解釋，試圖說明金錢與快樂之間缺失的關係。心理學家指出，人類有適應新環境的傾向，無論新環境是好是壞。這就叫做**享樂適應**（hedonic adaptation），而且在許多情況下，有助於保護我們不至於為了負面事件而始終消沉沮喪。[408] 可惜，同樣的心理機制也讓我們經歷正面事件之後不會始終興奮得意。最有名的例子就是樂透彩中大獎的人，在贏得彩金一段時間之後與他們聯絡，他們表示並沒比同社區其他沒有中獎的人快樂。[409]

經濟學家提出的第二種解釋，則把焦點放在考慮個人所得的背景脈絡。他們認為，問題在於我們太少關注絕對所得及購買力，而太著重我們比身邊的人多賺了多少錢。這種**相對所得**（relative income）論點顯示，住在一個多數人年收入三萬元的社區，一年賺五萬元的人，會比住在一個年收入二十萬元的社區，卻一年賺十萬元的人快樂。[410]

逐漸消失的社交連結

情況甚至比我描繪得更糟，至少在美國如此。非但過去幾十年所得增加與幸福感增加沒有相關，這段期間的幸福感反而減少了。對相對所得的敏感，解釋了這種快樂減少的部分原因，但並非完整的事實。還有別的作用，無法僅靠這些因素解釋。普特南（Robert Putnam）在《獨自打保齡球》（*Bowling Alone*）書中最早一針見血地指出這些分析缺失的部分：社會性。[411] 普特南以及追隨者就同樣的兩步驟命題提出若干變化組合。首先，社會因素對主觀幸福感及生活滿意度有顯著影響。第二，在美國等現代國家中，這些社會因素正在衰退。我們將一一探討。

經濟學家利用一些聽起來像經濟指標的名詞討論各種社會因素，例如，**社會資本**（social capital）及**關係性商品**（relational goods）。其中包括，已婚、交友、社交網絡的規模、是否加入社團（例如保齡球聯盟），以及信任各種社會機構。經濟學家利用各種方法檢視這些社會因素，最後發現，幾乎這些社會因素都與幸福感有顯著相關（不同於所得）[412]。一項研究比較個人收入與社交人脈對幸福感的影響，研究發現，一旦考慮到相對所得效應，社會因素對幸福感的正面影響就會高於所得因素。[413]

只是我們的生活有多少社會層面有幸福的價植？多項研究都努力想為「幸福感」換算「金錢價值」，判斷你還需要多賺多少錢，才能達到同樣的幸福感。某一項研究中顯示，自願當志工和擁有更大的幸福感有關，一星期至少擔任義工一次的人，增加的幸福感相當於一年薪資從兩萬美元增加到七萬五千美元。[414] 第二項研究發現，在超過一百個國家中，捐款給慈善機構與幸福感變化的關係，相當於薪資倍增。[415] 另一項研究發現，有個能常見面的朋友，比起沒有這樣的朋友，對幸福感的影響與一年多賺十萬美元相同。[416] 結婚成家的幸福感價值也等於多出十萬美元，而離婚對幸福感的影響則相當於薪資被砍了九萬美元。甚至光是固定見到鄰居，就像多賺了六萬美元。至今，研究人員觀察到最有價值的非金錢資產，就是身體健康，健康「良好」相較於健康「欠佳」的幸福感差別，等於大約四十萬美元的薪資紅利。這或許看似瘋狂，但如果你的健康不佳，你願意放棄多少錢換得恢復健康？我提到健康，是因為各種社會因素也是決定身體健康的重大因素。[417] 社會因素不但能直接決定幸福感，而且社會因素也能促進健康，提供另外一個通往幸福的間接途徑。

好消息是，在我們的生活建立更多「社會性」，是非常划算的事——跟朋友喝咖啡、和鄰居聊天，或是當義工，都不會讓你的荷包變輕，卻能明顯改善你的生活。壞消息是，以社會來說，我們一直在破壞它。過去半個世紀來，除了社群媒體，幾乎所有社會性事物都在穩定衰退。如今的人比起五十年前顯然更不可能結婚。[418] 我們比過去更少做義工，參與的社交團體變少，也更少在家裡招待客人。419

而最令我困擾的統計數據集中在友誼。一九八五年進行的一項調查，請人們回答「過去六個月來，你和誰討論過你的重要大事？」這個問題，並要求他們列出符合答案的朋友。420最常見的朋友數量是三人；五九％的受訪者列出三個，或三個以上符合這項描述的朋友。同樣的調查在二〇〇四年又進行一次。這次最常見的朋友數量是零。而且只有三七％的受訪者列出三個或三個以上的朋友。回到一九八五年，只有一〇％的人表示他們一個知己密友都沒有。而在二〇〇四年，這個數字驟升到二五％。每四個人當中，就有一人沒有朋友可以分享生活點滴。社交讓我們的生活更美好。但是所有跡象卻顯示我們的社交愈來愈少，而非愈來愈多。

為什麼社交圈愈來愈小？

人際社交是我們幸福的根本，這一點我們應該不意外。我們對社會腦所知的一切都告訴我們，人類天生就是要建立社會連結並加以維持，當這些連結受到威脅，人類便會感到痛苦，而我們的身分認同、自我意識，都與我們所屬的團體密不可分。誠如我們看到的，我們的大腦天生受到社會吸引。然而，如今我們這個社會卻不斷往遠離所有社交事務的方向趨近。幾千年來，我們一直生活在小型社會中，熟悉鄰居和身邊所有人，因為小型社會相當穩定。而在過去一個世紀，情況急轉直下，讓我們變得不如以前快樂——不如應有的快樂。

很遺憾，我自己的人生就頗能說明許多人的情況。我在紐澤西長大，在當地上大學，交了一大群朋友。然後我搬到麻州念研究所，和多數的大學好友失去聯絡。之後我搬到加州，在加州大學洛杉磯分校擔任助理教授。我住在西好萊塢，在那裡結交了一些好朋友，但我住的地方離校區很遠。後來，我和妻子娜歐蜜認真交往，我們搬到比較靠近校區的地方，而我差不多就沒有再去見那群西好萊塢的朋友了。你聽過洛杉磯的交通有多惡劣吧？是啊，你不會想在星期五晚上開車開上八英里的路。此外，那時我剛升上教授，跟所有新上任的人一樣拼命工作，力爭上游。然後我和娜歐蜜結婚，有了兒子，而我希望兒子有個後院可以踢球或投籃。於是我們買了房子，結果我在白天的工作之外又接下了諮詢顧問的工作。

不必替我感到難過——我運氣非常好。我和世上最好的朋友結婚，而且我愛我的家人，包括我自己的家人還有妻子的娘家。但是當我回頭看我做的選擇，除了向娜歐蜜求婚這個英明的選擇，我做的一連串選擇皆令我在地理與情感遠離朋友，並減少了原本可以跟摯愛之人共度的時光。不知不覺中，我從一個主修哲學、不食人間煙火的人，變成追求「美國夢」的成人。在這條路上的某個地方，追求快樂跟追求收入及事業成就混為一談了。

就像我的人生，我們文化中的唯物主義隨著時間日益茁壯，而且這種對成功致富的嚮往，對許多人來說是以社會連結為代價。我們的時間有限，花愈多時間工作就意味著社交的時間愈少。一九六五年，只有四五％的大學新鮮人將「十分有錢」列為首要人生目標。[421] 當時，「助人」及「養家」的分數較高。但是到了一九八九年，「擁有財富」的目標躍居上位，高達七五％的人贊同。這個消息令人警醒，因為**若是愈贊同唯物主義是正面的人生價值觀，對自己的人生就愈不滿意。**[422]

從社區公寓創造社會聯繫

增加生活中的人際社交，或許是增進幸福感最為容易的方式。但愈來愈沉迷於唯物主義的價值觀，將我們帶往錯誤的方向，導致我們犧牲社交的時間與精力，去追求金錢財富。我可以相當有把握地說，主導國家的政府及企業組織沒有什麼興趣削弱唯物主義——唯物主義可擴大稅基並增加工作，因為需要更多人創造大眾想買的新事物。九一一事件之後，布希總統對美國民眾的建議是「去購物」。從幸福的觀點來看，政府對擴大消費主義的興趣整體上是個龐氏騙局——給人更加快樂的希望，卻未能實現。無論我們對唯物主義的看法如何，社會應該深切思考如何扭轉我們朝「社交孤立」前進的腳步。當我們有了社會連結，我們是更快樂、更健康，也是更良好的公民。

一九五〇年代期間，美國政府推出若干方案，興建國內的實體基礎建設。最有名的就是聯邦補助高速公路法（Federal-Aid Highway Act），由艾森豪總統（Dwight David Eisenhower）簽署立法，提撥超過四千億美元（以現在價值）興建超過四萬英里的州際公路。這項投資以新經濟活動的形式獲得數倍回報。當二〇〇八年經濟大衰退來襲，國會議員迅速起草方案，要重建美國如今凋敝的基礎建設。公路橋樑年久失修而岌岌可危。我們的鐵路系統遠遠落後許多現代國家的鐵路幹線。重建基礎建設或可創造工作機會，最終刺激新的經濟活動。

我會說，我們也需要新的刺激重建我們的社會結構。持平來說，政府對社會方案確實做了重大投資。但這些是安全網，而非增加社會連結的方案。類似社會安全福利，及醫療補助計畫（Medicaid），這是為了給比較無能力照顧自己的人，提供一些金錢及生理安全保護措施。但這些並非加強所有公民社交生活的投資。然而，對社交生活的投資可能帶來的回報，卻是更高的生產力、更好的健康情況，以及犯罪率降低。可惜，由於社會連結不如新的高速公路具體明確，或許很難讓人在背後團結號召。不過，現在知道我們的大腦配置天生就是要與社會融合，而這種配置的影響幾乎滲透到我們生活的各個層面。想像如果總統成立一個社會顧問委員會，與經濟顧問委員會平行。比爾．蓋茲（Bill Gates）說服了全世界的億萬富翁捐獻大筆財富，資助一些令人稱頌的理想目標，例如終止小兒痲痺症。如果他們願意在社會幸福略做投資呢？

許多人還記得大一新鮮人時住在宿舍的情況吧。想想每年宿舍各樓層精彩的聯誼活動。新生入學時處在社交弱勢的狀態，在學校裡通常沒有原先就認識的朋友。宿舍樓層是大學早期社交聯誼的起點，各層樓都有許多人成了知交好友，有些友誼還持續了一輩子。除了軍中，我想不出生活中還有什麼機構像宿舍有利於創造社會聯繫。

大約有三分之一的美國人住在公寓，情況大多與大學宿舍相去不遠。[423] 但是住公寓的感覺一點也不像住宿舍。那麼，大學在組織校內社群團體時做對了什麼？肯定不是食物或宿舍房間的豪華空間。我想第一，他們是從社交的觀點安排適當的實體空間。我在羅格斯念大學時，每個宿舍樓層都有約二〇％的空間作為社交聚會的區域。宿舍有沙發還有第四台，而且近來有些宿舍還有電玩遊戲系統。有生以來，我住過好幾棟公寓，卻從未看過哪一棟有公共空間，專門提供給樓層住戶聯誼社交。有些大樓的大廳頗大，但並不是供給非正式的社交用途。每一層樓的開放空間能發揮作用，部分是因為大家能聽到這一層樓或大樓裡發生的事，而且可以隨意走動了解狀況。當然，這個空間需要一定的便利設施來吸引人。一般人可能會說他們去那裡是為了看大螢幕電視，或使用免費的無線 Wi-Fi，但他們待在那裡也可能是為了交際。

大學做對了而公寓大樓沒做對，原因在於他們的動機不同。大學關心的是生氣蓬勃的社群團體；公寓大樓主要關心的是每平方面積的利益和成本。但以社會來說，我們不也應該關心社群團體是否生氣蓬勃？以美國有一億人住在公寓來說，改善社交生活的結構性解決方案，似乎就是對所有人有益的好投資。舉例來說，如果同意每層樓少建一戶公寓，並將空間開放為社交之用的人，可獲得稅額減免的福利？換句話說，以我們對社會連結價值的了解為準則，管理部分稅收的使用方式，不是很合理嗎？

大學還握有其他手段可鼓勵社交。對許多學校來說，學生填寫的個人喜好概況簡介，就能用來選配室友。雖然這種方法無法直接套用在公寓，但是可用來媒合新住戶，找出大樓中有類似偏好或人生階段相似的人（比方說，養育新生兒、剛剛退休等等）。最後但也很重要的一點是，大學宿舍的每個樓層通常都有一位高年級的學生，不用繳住宿費，但是要監督樓層的住宿學生，並設計系列的社交活動。這些就從每年開學時「認識彼此」活動開始，接著就是像電影之夜、撲克牌遊戲，以及牌局之夜等活動。學生想要社交，但未必都知道如何進行，這時候就要宿舍輔導員介入了。

在我們的童年及青春期，社交生活始終由別人安排決定。我們不能設法也在成年的交友圈子複製嗎？為什麼不能在每層公寓指定住戶設計社交活動？在大規模的公寓建築中，每層樓每個月籌集一千美元並不難，這對每戶公寓的租金是九牛一毛。這筆錢可以分配為資助活動的基金，也可以當成支付樓層社交活動主辦人的基金。

在我住的社區，我們有個業主組織平常有兩個功能。第一個是政治功能，為住戶爭取權益，例如社區街道有更多警車巡邏等各種事務。但第二項就屬於資訊功能。我們有個電子郵件論壇（listserv），住戶可以問些問題如「我手上有下週的湖人隊比賽門票，有人想買嗎？」或「有人認識不錯的水電工嗎？」為何不進一步將概念延伸？比方說，每個週末有一晚封街，讓社區可以利用街道安排各式各樣的聯誼活動。

善用社交點心與替代品

知道了我們的大腦設定為社會連結，以及社會連結與幸福感有何關聯，不是應該設法改變我們的工作時間表，減少工作而多社交？研究顯示，一般人想到金錢時，就會有動力多工作而少社交。但是在被提醒思考時間時，情形就顛倒過來了；一般人會更有動力多社交而少工作。[424]

即使身邊沒有人可以交際聯誼，一般人還是會想辦法爭取一些社交的好處。社會心理學家賈德納（Wendi Gardner）與皮凱特（Cindy Pickett）認為，可以透過**社交點心**（social snacking）擷取一些社交的好處。[425] 只要想起或是寫到一個摯愛的人，就能提供我們，類似面對面社交關係的部分益處。觀看摯愛之人的照片，也有傳統社會連結的部分益處。

在我們生活遇到挫折艱難時，社會支持與社會連結可以緩衝壓力。我和娜歐蜜・艾森柏格進行一項研究，對女性施加痛苦刺激時，她們表示如果握著男朋友的手，感覺比較不痛苦。[426] 令人意外的是，若只是給女子看男朋友的照片，痛苦依然會減少。事實上，照片減少女性痛苦的效用，是握手的兩倍。

換句話說，摯愛之人的照片就是足夠強大的社會獎賞，能幫助克服某些痛苦。受到我們研究成果的啟發，尼康（Nikon）不久前與德國紅十字會合作，將數位相框送到醫院，讓病患在住院期間能看到所愛之人的照片。[427]

電視是美國及歐洲最重要的休閒活動，消耗我們一半以上的空閒時間。我們通常將電視視為一種每天稍微放鬆，擺脫及逃避麻煩的方式。雖然確實如此，但有愈來愈多證據顯示，我們在感覺寂寞或有更大的社會連結需求時，更有動機沉浸到喜歡的節目和角色中。[428] 看電視確實在某種程度上滿足了這些社交需求，至少短期而言如此。可惜，這也可能「排擠」對我們社交幸福感有更持久貢獻的其他活動。[429] 看的電視愈多，我們就愈不可能貢獻自己的時間當義工，或是和社交圈的人共度時光。換句話說，我們花在《六人行》（*Friends*）的時間愈多，與真實世界朋友相處的時間就愈少。

過去二十年間，網際網路日益跟電視爭奪我們的休閒時間。如同對電視的沉迷，很多人已經轉向網際網路滿足社交需求。不同於電視是種被動的活動，網際網路提供無限機會讓人可積極與其他人聯繫。雖然大家可利用這個線上社交熱門聖地，但它的效用卻有重大問題。在線上花更多時間就能跟現實生活的社交聯繫一樣，讓人更加幸福？以及，把時間投入在網路上對我們在「現實世界」的社交聯繫有何影響？

一九九八年，克勞特（Robert Kraut）發表第一份開創性的研究，深入探討這些問題。[430]他的發現令人不安。頻繁使用網際網路而減少與家人溝通的人，社交網絡萎縮，而且表示憂鬱及孤獨的情況增加。隨後出爐的一系列報告，證實這些論點以及使用網際網路的其他負面後果。[431]但幾年後，怪事發生了——所有新的資料開始顯示，使用網際網路對社會連結及幸福感有正面效應。為什麼會有這樣的變化？一言以蔽之，這一切全因臉書。換句話說，有了臉書之後，大家使用網際網路的方式改變了。

一九九〇年代，網際網路的社交用途集中在主題明確的聊天室。有共同興趣的人進入同一個聊天室，討論共同的興趣。大家拿自己關心的話題上線尋找新的同好，而且有時候在網路聯繫過後，也會在現實生活聯繫。只是多數情況下，聊天室裡的人不會在現實生活互相聯絡。

創立於二〇〇四年的臉書，原本是為了幫助一個既有的社團——住在同一個校區的大學生。這是為了輔助現實世界的社交聯誼，而不是取而代之。雖然臉書的發展超出所有最瘋狂的夢想，但原本的功能仍在。大家始終表示，使用臉書與現實生活中的朋友聯絡的動機，勝過認識新朋友。因為使用臉書更像是現實世界人脈的延伸，所以與提高現實生活的社交網絡以及整體幸福有關。[432]用來維持遠距離的社交關係也格外有用。即使我住在距離過去就讀的大學及研究所的地方有幾千里遠，但現在我要和那些朋友保持聯絡，已經比幾十年前容易多了。

社交點心與替代品是證明社會動機力量的證據。一般人需要人際連結，也發現有各種方式可滿足這種強烈欲望。有些效果勝過其他方法，還有些仍尚待發明（例如全像甲板❷，有人要試試嗎？）我們應該善用這些連結或享受人際連結的方法，因為那可以讓我們更快樂也更健康。

❷全像甲板（holddeck），出自影集《星艦迷航記》（*Star Trek*）。利用全像投影技術，在星艦上的特殊空間創造虛擬場景。開啟全像投影裝置，並透過電腦設定之後，該空間便可呈現各種場景。

第十一章
打造無懈可擊的團隊與企業
The Business of Social Brains

想像一家財星五百大企業的執行長在聽人推銷一套概念，要激勵員工，應該少將重點放在金錢獎勵，而多放在地位、關聯性，和公平。他大概會露出不屑或不解的表情，不明白你為什麼會提出如此荒謬的說法。接下來他大概會問：「社會連結如何像真正的金錢，對你的財富產生同樣的影響？」

我在一個大型機構工作（加州大學），並管理一組研究生、博士後研究學者、大學研究助理，以及職員。在這種機構工作既是一種幸事，也是一種詛咒。說詛咒，是因為在公家機關要應付無窮盡的繁文縟節官樣文章。而最主要的幸事，除了我接觸到的全都是傑出人才之外，我們覺得大夥兒是一家人。我花很多時間思考每個學生，以及他們是否走在邁向成功的路上。這就類似我思考自己的兒子伊恩，以及他的發展方向是否能讓他在成年時獲得成功。的確，我將我的博士指導老師丹尼爾．吉伯特視為學術上的師父，而我的學生就是他的徒孫。待我的實驗室團隊猶如家人，對於實驗室的運作有莫大的好處。可惜，大部分企業，特別是較大型的企業，通常並不是這樣運作的。

在團隊和機構組織中工作，是大部分成人的現實生活。那是我們社會經濟成長的引擎，收入的來源，通常也是我們度過大部分清醒時刻的地方。然而，大部分的組織在「社交」方面並沒有做對。感覺不像家人，也不像某個人社交生活中的積極正向的一部分。根據我們現在對社會腦的了解，任何人若希望自己和身邊眾人都能拿出最好表現，在工作的地方建立適當的社交環境，應該是當務之急。

除了加薪，還能如何激勵員工？

如果你經營一家公司或部門，希望員工準時上班、努力工作，並能一路做到退休，有個經過驗證的可靠解決辦法：給更多的錢。就像經濟學家坎麥爾（Colin Camerer）寫的，「經濟學家假設，（一般人）如果能因為表現更好而賺更多錢，就不會免費工作，而且工作更賣力、更堅持不懈、更有效率。」[433] 我們當然已經知道，賺更多錢未必就會讓人更快樂，但一般人**相信**金錢會讓他們更快樂。所以，為了更高的生產力而願意付出更多錢，應該能激勵人。這就漸漸導致，獎勵制度是依照績效表現付出更高的薪酬，或者提供紅利獎金。依照績效表現支付薪酬，憑直覺來看似乎是不錯的構想。確實，討論到提高生產力時，乍看之下這似乎是**唯**一的構想。但事實上，付出更高的薪酬通常會變成糟糕的投資。金錢獎勵提高績效，必然有一定的脈絡背景，但有些情況卻是金錢會損害績效表現。一般來說，依照績效支付薪酬，通常只會導致績效微幅改善，甚至毫無改善。[434]

儘管有這種脫鉤現象，但以績效支付薪酬，仍是企業界用來提高生產力的主流模式。當你只有錘子，所有東西看起來都像鐵釘。當金錢以及金錢所能買到的物質享受，是你唯一想到能激勵人的東西，就會被拿來當解決所有職場問題的辦法。

但我們再清楚不過了。我們知道大腦的天生配置就是對社會痛苦與快樂關注，如同關注生理痛苦及快樂。這些是大腦的核心特徵。神經領導力研究院（Neuroleadership Institute）的大衛．洛克（David Rock）過去十年都在說服企業，「社會性」在職場很重要——如果把社會性因素納入職場實務，可以創造更理想的工作環境，提高員工的投入與生產力。

洛克發展出一個「圍巾」模型（SCARF）。[435]這五個字母分別代表**地位**（status）、**肯定性**（certainty）、**自主性**（autonomy）、**關聯性**（relatedness），及**公平**（fairness）。這些是無關金錢的行為驅動力，按照洛克的說法是「內在動機的原色」。[436]

我認為這是很好的起點，因為這些全都是我們基本動機機制的一部分。每一項都可能導致在觀察者看來是不理性的行為，而這是因為觀察者認為痛苦與快樂才是唯一合理解釋行為動機的來源。其實，「自主性」及「肯定性」與社會性並沒有真正的密切關聯，而且這在其他地方已有充分描述〔丹尼爾・品克（Daniel Pink）所著的《動機，單純的力量》（*Drive*）〕。[437] 不過，地位、關聯性（或者我說的**關係**），以及公平，都是可能引發大腦社會痛苦與快樂反應的因素。

想像一家財星五百大企業的執行長在聽人推銷一套概念——要激勵員工，應該少將重點放在金錢獎勵，而多放在地位、關聯性，和公平。他大概會露出不屑或不解的表情，不明白你為什麼會提出如此荒謬的說法。接下來他大概會問：「社會連結如何像真正的金錢，對你的財富產生同樣的影響？」答案是：經過幾百萬年的演化，我們變成了有強烈社會性的物種。這代表各種激勵機制都預先設想，我們對於受團體接納（**連結**）的跡象會有正面反應，也代表我們有動機為自己認同的團體努力（**和諧**）。

在企圖說服執行長時，我們就從簡單的非金錢激勵因素開始：地位。這一項很容易，因為執行長會說，「當然，我已經對地位有了解。」但他的地位理論極可能是錯的。他以為一般人尋求地位，是因為那代表緊接著會有更多錢的徵兆。地位是一種途徑，可以此為手段達成目的——物質享樂。但證據顯示，地位本身也是一個目的。我們渴望地位，是因為它代表別人重視我們，我們在群體中有重要的位置，因此和團體有連結。

不久前的一項研究說明，即使未能從中得到物質回報，一般人還是渴望地位及職場中的認可。[438] 這篇論文的標題道出一切：「付出三萬元只為了一顆金星。」經濟學家拉金（Ian Larkin）利用一家企業軟體供應商的情境，將地位認可與一般伴隨認可而來的財富增加做了區別。有些公司會以「總裁俱樂部」的會員資格，表彰一年下來銷售成績前一〇%的人，而這個會員資格通常沒有什麼有形的好處。以拉金研究的公司來說，優勝者的姓名會由執行長以電子郵件發送給所有員工，他們的名片及信箋文具會加上一顆金星，而且所有優勝者可以一同到海島渡假村度過三天的假期（價值兩千美元）。

在進入年底最後幾個月時，接近前一〇%門檻的業務員面臨了兩難困境。如果他們在當年度完成交易，就能大幅提高進入總裁俱樂部的機會。但是，他們會因此失去一大筆佣金。公司有一套佣金加速方案：一個季度的銷售愈高，佣金比例就愈高。比方說，在銷售淡季完成的銷售可能有二%的佣金，但在銷售旺季，同樣的銷售業務可能有二四%的佣金。如果有人在淡季結束前陸續接到幾件業務訂單，那麼將這些業務延遲到下一季，與下一季的正常銷售合併，就能得到更高的佣金，這樣做比較明智。的確，這正是沒有希望進入總裁俱樂部的人會採用的作法。但是距離「金星」只差臨門一腳的業務人員，可就左右為難了：究竟是要在當季完成銷售業務以獲得認可，還是將業務挪到下一季，賺更多錢？

在這些面臨兩難的人當中，六八%的人選擇立即完成業務，以確保能進入總裁俱樂部。這樣做，他們平均放棄約二‧七萬美元的未來佣金（遠超過三天假期的價值）。受此影響的業務員獲得的年薪加佣金，約十五萬美元。換句話說，他們是以二〇%的薪資換取被表彰為高級業務員的榮耀。拉金後續接著追蹤，這些人在未來銷售或升遷是否因此得益。並沒有。他們得到的只是表彰認可。面對這樣的結果，至少有些員工依然認為自己做了正確的決定。有個人說，「我為了那顆金星付出兩萬元。值得。」聽到這樣的說法，我們認為那個員工必定不是真心話，只是為他們不理性的行為找藉口。但如果我們體認到，地位的存在可能就像一個不斷觸動大腦獎賞系統的機關，那就比較好理解了。

前面故事假設中的執行長，在公司裡也設有金星方案嗎？在聽過拉金的研究之後，應該會有。表彰認可是可再生的免費資源。我無法想像會有太多執行長寧可發出大筆紅利獎金，而不鼓勵表揚值得讚賞的員工。在拉金的研究中，員工放棄的二‧七萬美元並非消失得無影無蹤，而是以淨利直接進入公司的財報結果。

再來談談「連結」。如果你稍微花點時間仔細想想，社會連結（或關聯性）對生產力的益處是顯而易見的。當你在一個組織中進行一項計畫，通常無法從頭到尾自己獨力完成。要不是被分配與團隊工作，就是必須找別人幫你進行任務的某些部分。假設你的報告需要加上經過彙整的特別分析，而且沒收到分析就無法繼續進行。誰會更快把分析交給你，朋友還是陌生人？如果你是被要求提供分析的人，得從自己的工作中騰出時間來做，誰會讓你更有動機幫忙？

在我的實驗室中，我竭盡所能收進聰明積極，又擅長社交技巧的研究生。實驗室裡的研究生各自有專長領域，所以都需要能坦然地向別人學習並教導他人——助人，以及接受幫助。聰明又積極，卻無法和實驗室的其他人建立連結，就成不了事。這些年來，實驗室有過一些學生始終無法跟團隊其他人打成一片，而他們的日子通常過得很吃力。他們可以充分發揮自己的聰明才智與辛勤努力，但比較沒有辦法取得隔壁辦公室那些人的聰明才智與專業知識。從這個觀點來看，社會連結、聰明才智，或網際網路，一樣都是資源。它們能協助你完成需要做的事。

長久以來，經濟學家的研究一直將**人力資本**（human capital）視為組織的生產力驅動因素。人力資本是一個人擁有的聰明才智、經驗，以及教育的總額。毫不意外，人力資本愈多的公司往往表現愈好。[439] 不過，大部分人力資本的研究忽略了**社會資本**（social capital），亦即組織內的社會連結與社交網絡。人力資本是完全憑藉自身而產生生產力，還是社會資本居中扮演一定的角色，催化人力投入而實現最佳表現？

經濟學家格雷夫（Arent Greve）為此研究三家義大利的諮詢顧問公司。[440] 他衡量這些公司員工的人力資本與社會資本，再將得到的結果連結到每人一年完成多少計畫，作為生產力的衡量標準。結果發現，其中兩家公司所有生產力的優勢都可以用社會資本來解釋。而第三家公司，人力資本確實也有影響，只是影響增加的程度是員工個人也有強大的社會資本。生產力是聰明人本身努力的結果，此一假設掩蓋了一個事實，即或許唯有加強與團體中其他人的社會連結，個人的聰明才智才得以充分發揮。本質上，社會連結就是原始的網際網路，連結不同的智囊而將每個智囊變得比本身更大。[441] 對小型公司及致力從事創新的新創公司來說，這些社會連結更重要。

即便是像「公平」這樣無傷大雅的社會因素，在職場也可能明顯影響工作表現、曠職缺勤、人員流動率，以及組織公民行為❶。員工如何看待工作單位決定的公平性，所造成的生產力差距達二〇%。[442] 我不清楚有什麼分析顯示金錢獎勵能有相仿的影響。公平似乎就像含糊溫吞的動機因素，但要記住，公平啟動的大腦獎賞網路跟贏錢一樣。[443]

地位、連結，以及公平，全都證明對組織的盈虧有影響。但是，很少人認真看待這些議題。強化這些因素是改善職場成果的低成本、高效率策略。無論員工是否理解，他們的天生設定就是會因為被自己相關的團體接納，以及被人重視，而受到激勵。

有機會「給予」的員工，愈投入工作

圍巾模型是個好辦法，可了解在金錢與物質享受之外，還有哪些事物能激勵我們。雖然如此，理想的工作環境還要加入一個特別違反直覺的社會成分：關懷他人的機會。第四章討論到社會獎賞時，是以親子關係為出發點。我們討論到這個等式有兩邊，因此有兩種社會獎賞啟動大腦的獎賞網路。小時候，我們天生能敏感察覺自己受人喜歡、被愛，以及被關懷的信號。等到長大一些，受尊敬與受重視的感覺也愈來愈重要。不過，若是以家長和成人的身分來說，強化刺激我們的，則是照顧他人的行為。

這或許是讓我們的執行長最難理解的社會因素。那是個聽起來怪異的獎勵誘因。

賓州大學教授格蘭特（Adam Grant）做過精彩的研究，曾在《給予》（*Give and Take*）一書中敘述，研究顯示有機會幫助他人，可激勵人在職場中更努力工作。[444] 他採用互補的兩種不同作法。第一種方法，他的焦點放在職場的重要意義。從馬斯洛提出需求層次以來，一般人都認為對個人有意義的事，更能激勵我們做事。格蘭特的真知灼見在於，

❶ 組織公民行為（Organizational Citizenship Behavior，簡稱 OCB），由奧爾根 (Dennis Organ) 提出。意指未被組織直接規定，而由員工自主發起的行為，這種行為有助於提高組織績效。

對大部分工作線上的多數人來說，做有意義的事代表幫助他人。如果不能多少幫助別人，或是讓人更快樂，就很難從我們做的事中找出意義。

當然，我們做的事未必都能找到意義。而且因為大量生產，要從工作中找到意義愈來愈難；很多人只是對整體工作流程或產出，增添一小部分貢獻。隨著網際網路的興起，我們甚至不可能面對面接觸到那些最後能得益於我們工作的人。

格蘭特研究引用的實驗干預，是讓員工更清楚察覺自己的工作對別人有什麼幫助。他的第一份調查著重在大學的工作人員，這些人的工作內容是打電話給校友，希望為大學獎學金籌募資金。[445] 這是很困難的工作，因為一般人通常不想在電話上為了錢被打擾；許多人壓低聲音說，「我已經給你們四年學費了！這樣還不夠嗎？」電訪員必定會專注在讓潛在捐贈者留在電話線上的時間愈久愈好，以便對他們遊說宣傳；他們沒有太多時間思考自己努力的最終受益者。在這個研究中，格蘭特突然驚喜造訪一些電訪員，還帶著一位曾接受獎學金的人，這位獎學金得主直接得益於那些電訪員的工作。他們造訪時間不長，只有五分鐘。造訪結束時，經理走進房間說，「你們講電話時要記住這一點——這就是你們在資助幫忙的人。」

你可能以為這會讓電訪員的心情好上一會兒，說不定好上一整天，但效果大概不會持久。不過你可能錯了。為了測試效果，格蘭特取得電訪員見到獎學金得主之前的一週績效數據，在會面**之後一個月**，格蘭特又取得一週的績效數據。沒有見到獎學金得主的電訪員，前後的績效表現差不多。他們花在電話中爭取捐款的分鐘數大致相同，獲得的捐款數量也大致相同。而見過大學獎學金得主的電訪員，前後兩個時段的工作績效迥然不同。他們見過獎學金得主一個月後的那一週，花在電話上的時間比會面前增加了一四二%。這導致成功率高出許多。這段期間，這些電訪員募取到的捐款大幅上揚一七一%！

你聽過對工作績效如此簡短，後果卻如此深遠的干預嗎？格蘭特做的只是提醒眾人，他們的工作對別人有什麼樣的幫助。工作內容一樣，但電訪員的心態顯然改變了，而且這個狀態保持了很長一段時間。別忘了，第二次衡量是在見過獎學金得主之後整整一個月。

後續的研究中，格蘭特替換掉面對面的環節，改為以信函描述員工的工作如何造福獎學金得主。[446] 他再次比較這些電訪員的績效變化，對照電訪員收到信函描述他們的工作如何造福自身時，所出現的績效表現。看到信函描述他們的工作如何有益自身的電訪員，表現並無變化；但那些讀到他們的工作如何幫助他人的電訪員，則出現顯著的進步。因而獲得的捐款保證數量增加了一五三%，承諾的總價值增加一四三%。一切就只因為一封信。

格蘭特第二個「關懷造就職場成功」的研究，則採取了截然不同的關懷方式——給予同事支持。[447] 許多公司現在都有員工支持方案，目的是以非傳統方式協助員工。這些方案提供兒童或老人看護，以及公司會針對有困難的員工直接給予金錢協助。包括西南航空

（Southwest Airlines ）及達美樂披薩（Domino's Pizza）等一些公司，員工還有機會**捐錢**給這些方案，以便在同事需要時提供幫助。對此，格蘭特觀察一家大型鐵路公司的方案，雖然他並未直接衡量工作績效，但就員工認同進行仔細分析，因為員工認同是不錯的工作績效替代物。[448]他發現，那些幫助過員工支持方案的人，無論是直接捐錢還是自願花時間協助募款，都表示他們對公司感覺更為認同及投入。

自利原則認為，一個人幫助他人擺脫困境，必定是冀望獲得等值或更大價值的回報。當一個員工為員工支持方案做出貢獻，他是在幫助公司和另一個員工。相對地，助人的員工或許就會覺得有資格稍微鬆懈一點（公司虧欠我），說不定還期待接受幫助的員工接手部分工作（因為他虧欠我）。但是我們卻發現，奉獻時間或金錢的員工對公司的認同提高，這代表生產力更高、曠職缺席降低，和人員流動率較低。班傑明・富蘭克林（Benjamin Franklin）老早就體悟到這一點，他寫道，「曾經對你施予善行的人，比你曾經施恩的人更有可能再次對你施予善行。」[449]

我們該如何理解這一點？捐款給員工支持方案的人會變得更有生產力，有幾個原因如下。第一個原因就是自我知覺，當我們看自己做的事，通常會推斷這將反映我們大致是什麼樣的人（特別是，當你做的是好事）。[450]於是我們未來更有可能做更多符合這種觀點的事。捐款給員工支持方案，讓員工更有可能視自己為公司的優良員工，而努力工作是另一種符合這種自我觀點的行為。第二種解釋是，幫助他人讓我們感覺良好：啟動大腦的獎賞網路，更有可能讓我們對給予員工機會體驗這種良好感覺的組織產生正面感受。

第三種解釋則是，我們有動機助人，而且看重那些表現得也喜歡助人的人。我們喜歡看人表現得關懷他人。員工支持方案證明公司關懷自己的員工。捐錢給這些方案的人大概比別人更常想到，公司是個心存關懷的組織。就像格蘭特研究其中一位參與者說的，「我確實覺得對公司非常有歸屬感……我一直很驕傲公司能資助員工支持方案。」就像家庭一樣，有強烈歸屬感的人會更努力養家，並幫助家人成長茁壯。這與組織環境並無二致。

鮑比與哈洛探討的依附，在職場也很重要。大家說起公司、工作，或職場時，常常彷彿只是為了賺取工資、替公司增加獲利。這種對話是基於自利的準則——相信物質性自利是唯一給人動機的原因，包括對個人和團體。我們被這種概念轟炸太久了，以至於這成了我們唯一知道如何討論職場的談話方式。但這種對話是不對的，因為忽略了太多真正讓我們成為自己的因素。

物質性自利無所不在，而且多數人負擔不起「免費為他人工作」。不過，多數人成年的時間有四分之一（一週一百六十八小時中的四十小時）花在工作，代表我們大腦設定的所有社會動機也會在工作時出現。知道身處的組織關懷我們、關懷其他員工、關懷社會，創造出來的依附感，對促使我們對工作的投入和積極主動有令人意想不到的效果。很少人了解自己的這一部分，但是其真實性並未因此減少。

創造更好的主管

不久前一項針對員工的民意調查，詢問他們喜歡哪一樣，加薪還是好一點的主管。三分之二（六五%）的人回答想要更好的主管勝過更高的薪水。[451] 有些經理人或許覺得被員工討厭，是壓榨最大生產力的必要成本，但蓋洛普不久前估算，經理人與員工的關係惡劣，一年流失的生產力讓美國經濟損失三千六百億美元。[452] 工作不開心的員工會在不易察覺的地方懈怠，而且比較不可能產生新構想與人分享。

沒有人跟我說過有一天我會成為主管，經營自己的小事業，而這正好跟經營一個科學實驗室非常相似。每年，數以千計的心理學研究生獲得博士學位，但只有一小部分能獲選為主管（也就是教授）經營自己的實驗室。奇怪的是，**升任**主管不可或缺的技能組合（也就是在研究生時期發表高品質的研究），跟**擔任**主管所必要的技能組合沒什麼關係。

研究生研究不同的心理現象，並期望其中一些研究做得出色又有趣，才會有大學願意聘請他們做更多研究。除了運氣之外，最能幫助研究生取得進展的是聰明才能、累積技術與內容專業知識，而且非常努力——有了必要的才智和專注，運氣才有機會發揮。

聰明才智、專業知識，以及專注，依然是成為教授的基本要件，但我的職責有很大一部分變成了管理實驗室裡的成員。這些年來，我必須解決無數的社交問題和激勵問題。做這個工作，必須了解實驗室成員之間複雜的社交動能，以及待在這個實驗室對他們目前及未來的身分有什麼意義。要完成我的工作，必須有賴他們先完成自己的工作。而他們要完成自己的工作，則有賴我理解他們的需求、激勵他們的因素，以及如何創造最好的工作環境。研究所時代並沒有人跟我說過這些，也沒有課程教導我如何做好這些事。當我為這個工作接受面試時，從來沒有討論過如何管理實驗室的社交動能。雖然我勉強應付過去了，但也未必能給自己身為領導人的社交部分打高分。

無論如何，我也不算特例。一般人會進入管理職，是因為在非管理職中，他們是最熟練、聰明，或是有生產力的團隊成員。如果你的團隊有十幾個工程師，經理離開了，留下一個領導職缺，組織很自然會從這十幾個人當中，擢升最成功的人當新經理。

提升領導戰力的催化劑

我分享了自己的小故事，但社會動機與社交技巧對領導人的成功真的很重要嗎？如果是，為何我們沒有看到更多主管因為社交能力而被選拔升遷？

第一個問題可以簡單直接回答。領導人的社交能力對團隊的成功可能有莫大的重要性。領導力專家曾格（John Zenger）曾經請數千位員工給主管的領導效益評分。[453] 他發現，若將主管分成「優秀」（前二〇％）、「好」（中間六〇％），及「差勁」（墊底的二〇％），評分答案幾乎能預測各項成果，包括獲利、員工滿意度、人員流動率，以及顧客滿意度等。於是他提出假設，列出五種成為理想領導人的領導能力條件，並加以描述：**個人能力**（智力、解決問題、專業知識，及訓練）、**專注結果**（驅策任務進展並加以完成）、**性格**（正直誠實）、**帶領組織變革**，以及最後一點，**人際關係技巧**。接著，他的分析就著重在將不同能力配對組合，以改善整體領導才能。曾格發現，結合人際關係技巧與其他能力，可讓領導人發揮最大的效能。

曾格發現，如果員工給經理的「專注結果」評了非常高的分數（也就是一個人有效完成事情的能力），這位經理還是有些微的機會（一四％）在整體評等時列入前一〇％。不過，如果在「專注成果」之外，員工給這位經理「建立人際關係」的能力評價極高，那麼這位經理被綜合評選為優秀領導人的可能性，將驟升至七二％。

基本上，社交技巧可提高其他能力的價值，因為領導人可憑借這個技巧管理員工的社會性與情緒反應。當員工在工作的某些部分表現不正確，領導人是以協助輔導的方式糾正，還是以讓他們感覺受排斥的方式糾正、破壞他們吸收反饋意見及未來努力工作的意願，這兩者僅有一線之隔。社交技巧能讓主管有驚無險地走過那條鋼絲。

有時候，社交技巧比個人能力更重要。在一項實驗室研究中，要組成一個三人小組執行一項複雜的任務，而這個小組很自然會出現一個領導人。[454]任務結束時，每個小組成員要對其他成員成為成功領導人的可能性評分。小組成員的智力和社交技巧，與脫穎而出成為成功領導人都有關係。不過，社交技巧的重要性幾乎達兩倍之多。

如果社交技巧對領導人的成功發揮具有如此強大的影響，在聘雇、公司內部擢升經理人與高階主管時，應該是主要的衡量標準。可惜，這一點往往被忽略了。曾與數十家財星五百大企業合作的洛克，對此習以為常，「我每星期最常從組織聽到的疑慮就是，他們的人員技術愈高，社交技巧似乎就愈糟糕，而等他們成為經理或領導人，這一點確實會成為問題。」不久前，管理研究集團（Management Research Group）與神經領導力研究院進行一項調查，觀察數千名員工的能力。雖然超過五〇％的人被他們的主管及同事評為高度「專注目標」，但在「專注目標」和「人際關係技巧」都被評高分的人，只有不到一％。我們從曾格的分析知道，綜合這兩種能力是成功領導的必要元素，但顯然企業既沒有找出兩種能力兼具的人才，也沒有透過企業文化或訓練方案培養員工的領導力。

這個領導特質讓團隊更強大

為什麼挑選領導人時，都不是以社交技巧為主要考量？其中一個理由是，我們對領導人應當如何的心理表徵，與實際造就成功領導人的因素不一致。洛德（Robert Lord）研究大眾對領導人的看法數十年。他有一次審閱二十幾份研究，仔細分析一般人聯想到的領導人特質，希望找出哪些特質最常被人聯想。[455] 他發現「智力」、「霸氣」，以及「剛毅」往往能獲得高分；社交技巧卻未能入選。一般人想到的領導人都是聰明堅強，而不是有社交手腕。這種觀點無疑影響了聘雇決定。

除了觀點問題，或許還有分析智力以及社會智力的基本關係，因此要找出兼具兩種優點的領導人更加困難。另一項研究觀察智力、同理心，及領導力的關係，仔細分析這三項能力與成為優秀領導人之間的可能性。[456] 結果發現，智力與同理心都與領導力有正相關；不過，智力與同理心卻是負相關。

我們已經在大腦時時變化的動態中，看到社會思維與非社會思維的取捨。還記得心智化神經網路，讓我們思考別人心中所想（見圖2.1）。還有，另一個有關非社會性的抽象推理網路，與一般智力有關（見圖2.3）。這兩個神經網路其中一個典型特色，就是它們彼此的關係。當我們隨自己心意思考，這兩個神經網路的表現就有如**翹翹板的兩端**；任何一端的活躍度增加（上升），另一端的活躍度就會減少（下降）。

社會思維與非社會思維之間的關係，使得我們很難同時進行兩件事。在許多情況下，心智歷程會彼此幫助，而不是相互競爭。比方說，視覺與聽覺彼此互補。看見某人的嘴唇像是說話般在動作，可幫助聽覺歷程解壓縮我們聽到的說話內容。雖然有研究顯示，社會推理與非社會推理系統是以互補的形式運作，但是更常見的情況卻是兩個系統相互牴觸。

社會智力與非社會智力的這種對立，若論起和領導力的關係，可從兩方面思考。第一，有些人或許已習慣長時間啟動神經網路進行非社會推理，附帶關閉社會網路。這可能是遺傳基因的結果或終身實踐的成果，因為我們生存的社會重視抽象思考更甚於社會思考。

另一方面，其他人可能因為對自己職責的看法，優先考慮非社會思維。倘若有人主要是從非社會面設想領導任務，就更有可能抑制社會心智，而對周遭的社交事件較不敏感，也更不可能考慮自身行為及員工行為的社會意義。通常有團隊成員表示一項任務難以進展時，言下之意可能是說，她難以和團隊中的一人或多人良好合作。社交手腕嫻熟的領導人或許明白，需要對團體動力下功夫。不嫻熟的領導人，則可能將焦點放在員工是否需要更多個人訓練，才能完成任務——對真正的問題而言，這是拙劣的解決辦法。

說到處理大腦社會思維與非社會思維的神經翹翹板，有好消息，也有不好的消息。將自己的工作設想為基本上與社會性無關的人，若是重新扭轉對任務的理解，或許有助於平衡。最成功的領導人可以在這些心理模式之間快速來回。這是好消息。不好的消息則是，如果一個人的天生傾向是更偏重非社會網路，光是重新設定職責，並不可能達到目的。一輩子都忽略職場環境中的社會層面，這樣的人要熟練掌握社會認知，或許近似於成人後學習第二語言。做得到，但要比童年時期學習費力許多。

優秀的主管理解並關心團隊所有成員的社會動機。主管必須在自身與團隊之間、團隊成員之間，以及團隊與其他攸關成功的外部團體及個人，建立更理想的連結。改善溝通，可降低團隊所有人的心智解讀負擔，防患社交問題於未然，而不是從一個計畫惡化到下一個計畫。努力讓自己的團體真正感覺像個團體，一定會得到回饋，因為團隊成員將逐漸更認同團隊。這樣促成的和諧，有助於個人思考如何對團隊發揮最大的用處，而不是只在乎怎樣做最有利自己。身為社會性動物，只要我們確實認同團體，我們天生就會這樣做。創造這種認同、對團體的依附，是成功領導的必要元素。

這一切，其實只是一場對話的開端，談論社會腦如何影響職場，包括從工作環境到組織結構。但這是一場還不夠充分的對話。若是做得好，足以讓整個組織徹底改頭換面。

第十二章
開發社會腦，高效提升學習動機
Educating the Social Brain

根據我們所了解的社會腦而塑造背景脈絡與課程，將可幫助學生充分發揮潛能。過去一個世代，我們透過分數膨脹把所有丙等學生變成乙等學生。如果能讓這些乙等學生學到更多，而將他們全都變成甲等學生，豈不是更好？

在美國，我們花在大眾教育（從幼稚園到十二年級）的費用幾乎超過所有國家（每年超過八千億美元）。[458] 但是國際比較顯示，我們的學生在數學、科學，及閱讀能力落後大部分工業化國家。進行比較的三十四個國家中，美國學生的數學排名二十五，科學排名十七，閱讀排名十四。[459] 這代表就國家而言，我們的教育投資報酬率很差。[460]

我的看法是，初中是我們教育災難的關鍵。初級中學由介於十二歲至十四歲的七年級生與八年級生組成。而數個關鍵教育指標下降的時期，大多集中在四到八年級中間，如果能遏止孩子這幾年間出現的興趣低落和漫不經心，我想社會得到的回報將無可限量。[461]如果，我們能解決幾個問題，所得到的利益與影響，將遠大於讓孩子自發性地對學業產生興致。

過去十年解決這個問題的主要途徑，都包含在二〇〇一年國會通過的「有教無類法案」（No Child Left Behind Act, NCLB）當中的教學績效責任（accountability）。這項計畫著重每年對學生測驗，並建立成績單以評估每個學校的教學績效（因此，如果學生不及格，學校也不及格）。對有教無類法案的批評五花八門，而一般的共識就是，雖然有教無類法案相關測驗的表現有起色，卻沒有真正提高學習效果或是改善我們的國際排名。就我看來，這與納入社會腦知識後的作法形成強烈對比。我想思考的是，我們對社會腦的認識能給我們什麼改善教育的想法，特別是初中。

學生的歸屬感，重要嗎？

我上七年級時是典型的「新生」，剛從紐澤西的一個地方搬家到另一個地方。上課的第一天，我很幸運結識了一位同學，喜歡的運動跟我一樣——玩電動，而且非常聰明。事實上他實在太聰明了，所以我很難相信他在隔週的分班考試考得很差。在我問起時，他說他是故意考壞的，這樣其他同學就不會知道他聰明而欺負他。雖然我從六年級換到七年級的地理距離並沒有太遠，但整個世界似乎有了翻天覆地的變化，聰明努力突然變成非常不好的事。我的朋友在意討人喜歡更甚於學業表現良好。幸好，我的朋友不是在分班考試前告訴我這些事。

學業成績和學習興趣為什麼到了初中會下滑，原因不計其數，但其中一個不明顯的原因大概就是歸屬的需求，亦即我們最基本的社交動機，未能得到滿足。[462] 從小學換到初中，我們大約也在這個時候進入青春期，構成一個不確定又不穩定的社交環境。伴隨這個轉變而來的，還有從一天大多由一個熟悉每個學生的老師負責，變成每個科目各有不同老師的中學模式。[463]

初中學生感覺沒有歸屬感？[464] 根據我在加州大學洛杉磯分校的同事朱佛南（Jaana Juvonen）研究，美國的初中學生強烈感覺自己沒有歸屬感。朱佛南的團隊分析來自十幾個國家，超過三萬兩千名學生的數據。美國學生在多項衡量標準都表示和自己的學校、老師以及同學，社會連結不如調查中的多數國家。我們的學生給初中的整體學校氛圍評分，比其他國家的學生差，而且我們的學生給出的評等是倒數第二的國家的負二倍。

究竟該不該將有限的教育經費，投資在讓初中學生感覺跟社群更有社會連結，這個問題取決於我們對學校教育的目標，以及我們怎樣看待社會連結對達成那些目標的影響。即使最憤世嫉俗的人也會同意，如果花時間和金錢創造更美好的社群感覺，學生會更開心。然而，他們大概也會毫不遲疑地趕緊補充說，學生的快樂並非學校教育的主要目標。雖然我深切關心自己孩子的快樂與幸福，但我同意學校教育的主要任務是盡量學習，並培養他們在未來人生自我引導學習的能力。那麼大問題就是，究竟建立學生的歸屬感本身就是最終目的，或者，歸屬感是否能進一步改善學習及教育成果？

霸凌與課業表現的關聯

對於青少年受接納的感覺而言，最大的威脅莫過於遭到霸凌時，其他同學袖手旁觀。旁觀者沒有作為，被視為默許霸凌，因此青少年可能感覺更像是受到同儕的明顯排擠。[465]一如預期，校園霸凌跟自尊、抑鬱消沉，及焦慮的負面轉變有關。[466]青春期的人遭受到愈多同儕霸凌或排擠，之後的GPA表現與上課出席率也會跟著下降。[467]

有鑑於高達四〇%的青少年表示自己是霸凌的受害者，這或許已經造成學生課業成就的表現全面下降。[468]康奈爾（Dewey Cornell）仔細分析學校在有教無類法案的各種測驗成績，與每間學校霸凌現象盛行的程度，試圖找出兩者之間存在的關聯。[469]霸凌比例較高的學校，在代數、幾何、地球科學、生物，及世界史測驗的分數明顯較低。

為什麼通常發生在教室之外的霸凌行為，會影響教室內的學習表現？還記得社會痛苦啟動的神經迴路與生理痛苦一樣吧。我們早已確認，生理的慢性疼痛和認知障礙有關，例如工作記憶減弱。[470] 痛苦的所有目的就是吸引我們的注意力，以便採取修正或康復行為。因此，痛苦中的人可能滿腦子想的都是痛苦的感覺，無論是生理痛苦還是社會痛苦，而這種對痛苦感的專注，會造成可用於專心課業的認知和注意力資源更少。

心理學家鮑邁斯特測試這個社會痛苦導致智力表現降低的假設。[471] 他的團隊在實驗中控制個人是否感覺受到社會排斥。之後在不同的實驗中，參與者選擇接受智商測驗或GRE類型測驗。兩種情況的結果都十分明確。社會痛苦導致測驗成績大幅下降。一般人的智商測驗的平均成績為八二％正確，但感覺受到排斥的人，成績卻降到六九％。更為明顯的是GRE類型測驗，受到排斥的參與者答對比例，僅達未受排斥者的一半（三九％對六八％）。這樣的差異令人震驚。而鮑邁斯特要在實驗中達到這樣的效果，只需要告訴參與者，他們在遙遠的未來比其他人更有可能形單影隻。想像自己成為霸凌的受害者，特別是沒有人為你挺身而出。這一定會徹底分散注意力，而且是課堂學習一大緊張壓力。

建立連結，就能提升學習成績？

反過來看呢？感覺更有社會連結，就能提高學業成績嗎？當我們感覺受到喜愛和尊敬，成績就會陡然好轉？就像本能告訴我們的，社會痛苦的負面後果比社會連結的正面後果強烈，研究人員要確認強化歸屬感可提高學業成就，始終比較困難。一些研究都顯示，受到其他學生的接納，或是感覺和學校更有連結，對ＧＰＡ有一定的影響。[472] 但是，這些研究通常有相互關係，所以很難排除其他因素也有影響。

最有說服力的發現，來自兩位史丹佛心理學家沃頓（Greg Walton）與柯恩（Geoff Cohen）的實驗研究。[473] 他們在一系列的論文證明，比起沒有歸屬感的大一新生，操縱「歸屬感」之後，可導致他們在大學期間成績明顯更好。具體地說，他們測試該效應的對象是耶魯大學的非裔美國人及歐裔美國人，分別占全體學生的六％及五八％。[474] 有些學生看到學長姊所寫的文章分享，談及她曾經擔心適應問題，但結果卻非常順利。其他學生看到的學長文章，則是談到他的政治觀點在大學期間變得更加成熟（但沒有提到適應問題）。無論學生看到的是哪一種證詞，他們之後都要在影片中就同樣的議題發表自己的想法。

沃頓與柯恩取得這些學生大學時期每學期的ＧＰＡ。以非裔美國學生來說，光是歸屬感的操縱，就能導致幾乎每學期GPA都有約〇・二單位的改善（例如GPA由三・四變成三・六）。歐裔美國學生就沒有這種優勢，可能是因為他們已經相當有歸屬感，考慮到他們在全體學生之中的代表性，我們並未期待操縱行為能那麼有效。如果這種效應無關種族，那麼套用在過渡到初中的所有學生，或許也有莫大的用途，因為在他們人生的這個重要關頭，幾乎所有種族的學生，大部分的人都認為自己沒有歸屬感。

如果略加思索，這是相當瘋狂的發現。學生花一個小時參與心理實驗，暫時性放大他們的歸屬感，三年後的學業成績依然因此受益。此外，到了大四時，那些學生再次被問起關於三年前參加的研究。大部分的人記得曾經參加研究，但幾乎沒有一個人想起實際研究內容。這個實驗的效應持續時間相當長，長到那些人都不記得事情曾經發生過。

由於社會獎賞讓我們感覺良好，並啟動大腦的獎賞系統，所以這些發現與過去針對情緒感受及智力表現的研究一致。社會心理學家艾森（Alice Isen）多次觀察到感覺良好（正向情感）與思考及決策改善有關。[475] 此外，正向情感也和更有效找出概念之間的異同有關，而且兩項不同研究都發現，正向情感可以提高工作記憶能力。[476]

無論是因為意外得到禮物，還是發現別人喜歡你，感覺良好為什麼對你傑出的思考能力有影響？神經科學家艾許比（Greg Ashby）提出的理由是，感覺良好與思維清晰都有賴於多巴胺。[477] 每當你做了感覺良好或是令人滿足的事，腦幹的腹側被蓋區就會釋放多巴胺，並投射到腹側紋狀體。不過，腹側被蓋區釋放的多巴胺，影響的腦部區域並非只有腹側紋狀體。外側前額葉皮質也有豐富的多巴胺受體，換言之，許多與外側前額葉皮質相關的認知功能，也是由多巴胺調節。[478]已經證明，前額葉皮質的多巴胺減少，會損害工作記憶，而且至少在一些集中區，增加多巴胺可提升工作記憶。[479]綜合來看，有可能是感覺到社會獎賞期間所釋放的多巴胺，會促進課堂活動時更有效控制前額葉，進而導致成績提升。

社會動機——避免社會痛苦的需求，以及體驗社會連結的需求——是人類的基本需求，若無法得到滿足，可能損害學習。過去二十年，部分教育界人士已經體悟到有必要解決這些社會動機的需求，但改變仍舊緩慢，其中有部分原因是，如果要將社會動機與學業成績的實際變化劃上等號，實在太難。但這只是個起點。社會腦提供了一些我們從未考慮過的洞見，告訴我們應該如何改變學校的教育系統，藉此改善學生的學習成績。

教育是場戰役

如果說我們的學校教育已經崩壞，那麼差不多已經崩壞很久很久了。[480]第一個正式課堂是在西元一世紀創立，給猶太兒童學習猶太法律習俗的《塔木德》（*Talmud*）。課程是設計給六歲以上的所有兒童，每班不超過二十五個學生。一排五人，共五排？聽起來很熟悉。再往前推一點，西元前三千年，埃及兒童的泥板上刻著：「汝擊敗吾，知識即進入吾之腦中。」[481]這聽起來也很熟悉。到了初中，教育是場戰役，教師努力將英語、歷史、數學，和科學塞進學生的腦袋，而學生卻滿心想著對他們真正重要的事——眼前同儕的人際社交圈。[482]

在我們的旅程走過社會腦的最新研究之後，我們知道學生被人際關係分散心思，並非學生的錯。我們天生就會將注意力轉到人際社會，因為在我們的演化經歷中，愈了解社會環境，生活就過得愈好。促進這種理解的心智化系統，在青春期早期尤其活躍且影響深遠。[483]

雖然大腦天生就設定成會專注在人際社交，但教室的設計幾乎就是為了讓學生專注人際社交圈之外的一切。我們必須在教室中度過超過兩萬個小時，才能從中學畢業，而研究顯示，我們在學校學的知識在最初學到的三個月後，記住的知識幾乎只剩一半；幾年之後，我們還能用到的知識明顯不到一半了。[484]既然學到的知識真正能留住的那麼少，為什麼要費事做這種對抗性的教學方法？我們在學校投資了那麼多，就為了讓我們可以說，孩子們能接觸到所有重要的資訊？我們難道不希望他們真的學會知識，並在離開學校之後學以致用嗎？

如果想改善學校教育系統，就必須審慎思考目前的作為，而且願意對沒有作用的教育制度大刀闊斧。如果我有個印表機只能印出我這一頁打字內容的三〇%，我會把它扔了。

我們對教育也應該是這樣的作為。我不是那種認為「教師即是問題」的人。教師在艱困的環境下仍然十分努力，但我們卻是讓他們帶著奶油餐刀上戰場，而不是給他們必要的軍火裝備，將孩子培養成我們心目中的成人。

心智化教室的優勢

教師輸掉教育戰役，是因為我們的青少年被人際社交分散了心思。當然，學生並不這麼看。沒完沒了地上些跟他們似乎毫無關係的科目課程，並非他們自己的選擇。他們迫切想要學習，但他們想學的是人際社交——這個世界是如何運作，以及他們該如何取得一席之地，將他們的社會獎賞最大化，並將他們感受的社會痛苦最小化。他們的大腦天生就會感受到這些強烈的社會動機，並利用心智化系統幫助自己。就演化來說，青少年的社交興趣並非分散心思的事物。而是他們能夠學得精通的首要大事。

那麼，學校是如何回應這些強大的社會動機？學校採取的立場通常是，我們強烈的社交欲望應該留在校門口、教室外頭。課堂中聊天、傳紙條，或傳簡訊給同學是應該處罰的過錯。在你進入教室時，請關掉社會腦，我們要學習！那就像在告訴沒有吃飯的人，要他關掉吃東西的欲望。同理，我們的社交飢渴也必須得到滿足，否則會繼續讓人分心，因為我們的身體知道那對生存至關重要。

那麼解決辦法是什麼？在課堂中給學生五分鐘專心社交？讓他們隨心所欲地傳簡訊？我相信，真正的辦法是停止把社會腦當成課堂時間的大敵，並了解如何將社會腦也變成學習過程的一環。我們需要讓社會腦在學習過程中為我們所用，而不是跟我們作對。[485] 課堂學習通常仰賴與工作記憶和推理有關的外側前額葉及頂葉區域（見圖5.2），以及牽涉到制定新記憶的海馬迴及顳葉內側。[486] 我們已經知道，心智化系統的運作通常與傳統的學習網路相反。我們還沒有討論到的是，心智化系統也能當成記憶系統運作，而且可能比傳統學習網路更強大。

一九八〇年代，一連串的行為研究突顯了一個奇怪現象。[487] 最初的研究中，社會心理學家漢密爾頓（David Hamilton）找人朗讀描述正常行為的說明（例如，「看報紙」）。有些參與者被告知要記下所有資訊，因為稍後會有個記憶測驗。其他參與者則被告知要「對那個做了各種動作的人有大致的印象」，並明確告知**不用**記住那些資訊。這些人沒有被告知即將有記憶測驗，而是告訴他們稍後會根據他們的印象問一些問題。這些人以為他們會被問的問題，大概是類似「這個人比較喜歡看電影還是去爬山？」，無論參與者被告知預期做什麼測驗，每個人都得做記憶測驗。猜猜誰的記憶測驗表現比較好：被告知要為測驗記憶的人，還是盡量有個大致印象的人？如果是前者贏了，我就不會提起這個研究了，不是嗎？雖說似乎很奇怪，但在一次又一次的研究中，那些從社會面理解資訊的人，在記憶測驗的表現就是優於刻意記下素材的人。

多年來，**社會編碼優勢**（social encoding advantage）被視為有效利用傳統學習系統（也就是工作記憶區域加上顳葉內側）的成果。一般人認為社會編碼必定比記憶背誦更善於使用這個系統。這樣的解釋太過簡略，而且儘管我們敬重奧坎的威廉（William of Ockham）❶，但這個解釋是錯的。哈佛大學社會神經科學家密契爾（Jason Mitchell）以fMRI進行社會編碼優勢的研究。[488] 跟他之前進行的十幾次研究一樣，他發現，當人被要求記住資訊時，外側前額葉皮質與顳葉內側的活動可預測稍後能否成功記住該項資訊。根據社會編碼優勢的標準解釋，同樣的模式在我們做社會編碼任務時應該也會出現，甚至有所增強，但情況並非如此。傳統的學習網路對於成功的社會編碼感應並不靈敏。反倒是心智化網路的中央節點——背內側前額葉皮質，和社會編碼期間的順利學習相關。

這些研究發現對教育有廣泛的影響。這些研究發現顯示，心智化系統不單是用來社會性思考，也是強大的記憶系統。在某些情況下，似乎是比傳統記憶系統更強大的系統，因為社會編碼導致記憶表現比努力記憶的表現更好。然而，這個系統在課堂學習方面仍有所局限。但進一步說明之前，我們先說一個大消息吧。

大腦有個絕妙的學習系統，一直沒有怎麼用來當成教育資源。這一點可能改變一切。

別忘了，當我們使用傳統的記憶系統，通常會抑制心智化系統。就像個翹翹板。因此，我們學到的課堂學習方法，會關閉這個以心智化為本的學習系統。此外，課堂學習的整個結構設計正是為了避免心智化系統出力貢獻；在課堂中出現社會性思考是要受罰的。所以我們不如思考幾個簡單的方法，讓社會腦在課堂中為我們作用，而不是和我們作對。

文科學習法：大腦渴望故事

我討厭歷史課。不管是美國史還是世界史。教授歷史的方法以及教科書描述的內容，大多是誰掌權、誰在哪一年跟誰打仗、哪個國家能取得權力或保住權力，以及每次戰爭前後的疆土界線是什麼樣。目前學校所教的歷史事實普遍缺乏社會內容和社會意義，而這似乎就是心智化網路本能迫切需要的東西，也不怪乎，導致學生的心思漫遊到其他妨礙學習的分心之事。但是，其實歷史事件初發生之時就具有強烈社會性，在事件還只是個新聞標題時，幾乎都會以富含多種心理層面的敘事方式，供我們以此理解事件。

想想美國與伊朗相持不下的外交僵局。美國領導人時常爭辯伊朗領導人對濃縮鈾目標的真正想法。他們是真如自己宣稱的，想把濃縮鈾當成能源，還是要製造核武？大部分研

❶ 意指奧坎剃刀原理，其中「剃刀」用來比喻切除不必要的假設。也就是簡約的法則。

究美國政策的書呆子都以為伊朗領導人沒有說實話，但從他們說的話能推斷出真正意圖？就情感來說，驅動美國領導人的是恐懼，害怕伊朗擁有核武後所代表的意義，以及對美國在中東最親密盟友以色列有何影響。就策略來說，民主黨與共和黨在伊朗政策上咬文嚼字、鑽營牟利，以便在下次選舉削弱對手或令對手難堪。這些事件全都有豐富的社會脈絡與心理劇場，但當這些事件成為歷史課本上的一個段落，這些社會認知劇場也隨之全被抹除乾淨，取而代之的是最後，各方採取的行動。

歷史學家念茲在茲的是，要堅守客觀事實，避免討論歷史事件心理劇場所需的推論，這點可以理解。但對關心教育的人來說，我更關心的是如何把這些內容變得讓學生感興趣。歷史在登場時就是一場浩大的肥皂劇，而這也是時事為何有趣的部分原因。它們吸引我們的心智化系統，這個系統想了解所有看得到的事件背後的**為什麼**。新聞分析提供我們這種心理劇場，如果歷史課要更引人入勝，也應該如此。歷史課必須從有限地討論歷史的事件**如何**發生與發生**什麼**事，轉移到更豐富，也是學生渴望知道的**為什麼**發生。以兼顧歷史人物的思維、感覺，及動機的合理社會敘事呈現歷史事件，或許可喚起以心智化為主的記憶系統，藉此大幅改善對公認事實的記憶。就像在糖衣裡面包裹藥物，兒童享用糖果的同時，糖果也充當藥物的載具。

社會思維對英語課也具同樣意義，但是在課程安排中大多不見蹤影。英語課在寫作規則耗費大量時間。課程著重拼字、文法、句法、主題句，以及五段論文。這些通常是以嚴格的細節規則呈現，學習後再套用到自己的寫作之中。但是，這些細節規則背後的真正驅動因素卻潛藏在陰影之中，鮮少在課堂上公開討論：好的寫作，其實就是將你腦中的想法灌注到別人的腦中，讓別人理解你，並被你說服、接受資訊，或是被你感動。這是簡單明白的心智化概念，應該成為學生學習的北極星，他們的指路明燈。

根據社會腦研究，我認為學生要上的不是英語課而是「溝通課」，因為這就將焦點放在我們可用來與他人有效溝通的所有工具，只要我們學會善加使用。了解讀者的心思、以及他們可能如何解讀或誤解你所寫下的內容，是優秀寫作規則背後的基本原則。以被動語態的用法為例，所有人都知道，使用被動語態是一大禁忌（例如，「腳踏車被那個男孩騎了」應該是「男孩騎了腳踏車」），但很少人知道原因：讀者必須發揮更多心理作用才能了解被動語態。被動語態不對，不是因為犯了天條。在多數情況下，被動語態不對是因為令人比較難懂。更深層的寫作原則是「要容易理解」，這幾乎是所有寫作判斷的試金石。既然歷史課可以藉由著重歷史人物**為何**做了他們**所做的事**，而獲得改善，英語課同樣也能藉由著重每個規則**為何**能增進理解，以及**何時**有這樣的作用，因此獲得改善，而不是一味地專注在寫作規則是**什麼**。我們的大腦渴望關於「**為什麼**」的故事，而在歷史與英語課中，這些自然就是現有教學內容的輔助參考。

理科學習法：教學相長

決策者聽到美國課堂教育落後其他國家的警訊時，通常他們想到的不是歷史課，大部分人也沒有把重點放在英語。一個大規模的聯邦政府計畫要改善所謂STEM領域教育（科學、科技、工程，及數學），因為眾人一般認為這些領域決定了我們透過新發明、技術，和發現，改善生活品質的能力。雖然我努力闡明人際社會被忽略的重要意義，以及大腦究竟如何演化到與社會互動，但我並非要指出心智化在幾何學或有機化學的教學流程中理當有一席之地。就這些科目來說，社會腦在教材內容或許未能發揮作用。不過，最後可能還是學習流程的核心。如果可以在學習數學和科學時增加社會動機，學生對內容的吸收或許會比目前的平均水準高出許多。

再說社會編碼優勢：當我們給資訊做社會編碼，社會腦處理編碼會使資訊的保留記憶優於傳統的記憶系統。但是，要人從社會觀點思考數學實在沒有道理，所以訣竅就在於讓心智化系統用不同的方式進行學習——讓學習者在學習時把自己當成教師。耶魯心理學家巴夫（John Bargh）早在一九八〇年率先施展這個妙招。[489]

巴夫在最早的教學相長（learning-for-teaching）研究中，比較「為考試而背誦」的人和「為了教導別人而學習相同教材」的人。為了教導而學習教材的人，在意外接受記憶測驗時的表現，優於那些知道會有記憶測驗而用功準備的人。這項研究還有另外兩個關鍵事實。第一，為了教學而學習的人，其實並未真的指導別人。教學這項行為無疑強化了記憶；不過在巴夫的研究中，參與者是在學習教材之後立刻做測驗。因此，他們若呈現任何優勢，必定是因為學習教材時出現的社會動機。第二個關鍵事實是，參與者學習的教材並非社會性內容。意思就是，這項研究的結果或許可概括為學習各種非社會性內容，例如科學和數學。

究竟教學相長效應是否像社會編碼優勢，是使用心智化系統而非傳統記憶系統，仍是懸而未決的問題。我的實驗室目前正在研究這個問題，但我們已經有些不充分證據顯示，光是社會動機就足以活化心智化系統的記憶能力。

還記得討論心智化的第五章中，我描述和法克進行的研究，是觀察人們在看到勢必能有效分享給其他人的訊息時，也就是我們在充當資訊DJ時，大腦內的活動是什麼情況。我們從分析中看到一點，實習生（掃描儀中最早接觸到電視前導節目描述的人）將資訊分享給製作人（只從實習生那裡得知前導節目訊息的人）時，對節目構想的記憶準確程度。在構想最初出現時，記憶準確度幾乎只和心智化活動有關，而非傳統的記憶系統。這表示分享資訊的動機，可能安排內容透過心智化系統傳送，以待稍後取用。

如果我們知道學習的社會動機可以喚起心智化系統並加強學習，那要如何應用在數學和科學等課程？或許可透過同儕指導——由學生教導學生。並不是竭力阻止學生在課堂上互動，從社會腦的觀點來看，應該鼓勵這種類型的交談，但要集中焦點，將益處最大化。同儕指導已經被應用在課堂上，但並未廣泛推廣，也沒有充分發揮社會動機對學習的優點。

與教學相長研究發現一致的是，多項研究證明，同儕指導的方法對指導者與被指導者的學習都有益，但指導者通常受益更多。[490] 從某些方面來看，這被視為同儕指導的局限，因為本意原來是要加強被指導者的學習效果，縮小高低成就者的落差。就目前的觀點來看，偏重以**指導者**學習為焦點的大範圍方案（透過社會激勵的教學），讓所有學生兼任指導者與被指導者的角色，或許能得到最理想的教育成果。因此，我們應該設法讓低成就的學生當指導者，這樣的學習成效最大，而不是總讓他們處在被指導的角色。

再從傳統八年級生的觀點出發，思考同儕指導是什麼樣的體驗。不是讓八年級生單方面接受老師四十分鐘的授課，而是花二十分鐘教導六年級生最小公分母，然後聽十年級生講授二十分鐘的基本代數問題。當然，教師必須跟八年級生合作，確保他們準備好教導六年級的課程。不過，八年級生也藉由和六年級及十年級學生合作，有了多種社會動機學習教材。

一般的八年級生或許不樂意聽老師教數學，但我猜他們會相當關心自己和六年級生的教學關係。初中生渴望掌控權及獨立自主的感覺，而教學相長的模式正提供了很好的機會。這對他們是一個機會，成為六年級生眼中的崇拜權威，而六年級生通常會抓住機會跟厲害的八年級生相處。還記得第十一章提到，一個人若知道自己的努力確實幫助了別人，會促使他們更加努力且表現得更好。多了幫助他人為目的的個人學習，應能啟動這些激勵歷程。高年級生通常喜歡有幾個學弟妹可以關照，而同儕指導提供了一個以教育為重心的方法實現這個願望。

當然，他們在六年級生的面前也會有搞砸的恐懼，這又能激勵八年級生好好學習課程。社交尷尬，可能是比擔心考試考低分的恐懼更強烈的激勵因素。當十年級生教八年級生時，這些社會動力也同樣會出現。八年級生或許不喜歡聽大人說話，但有什麼比得上跟十年級生一起廝混更讓人興奮？最後，我甚至猜想，八年級生若覺得自己是主動與成人教師合作教導六年級生，或許會更喜歡他們的老師。

別忘了，其中的訣竅就是，當八年級生為了教導六年級生而學習課程時，八年級生更可能投入心智化系統，把課程內容記得更好更牢。潛在的缺點就是，同樣的教材，每個學生得學兩次。最初是八年級生為教導六年級生課程所花的時間，兩年後那些六年級生升上八年級時，又得花時間複習教材，才能去教新的六年級生。然而，如果實施這個教學方法，學生在學校接觸到的學習內容將會減少。但考慮到學生對現在學習的東西記得實在太少，少教他們一點，而讓他們自己真正學到東西，並確實牢記知識，不是更好嗎？

幫助孩子認識社交天性

前述討論的改善建議，我們所利用的一點事實是，現在的課堂時間大多投注在那些會被遺忘的知識，所以我們或許應該一些被浪費的時間，用來學點其他東西。我們的大腦渴望了解自己、人際社會，以及兩者的關係。這種認識就是心智化系統與自我分析歷程區域得以運作的原因。青春期神經系統與荷爾蒙的變化，使得這個目標更加迫切。[491] 何不一天至少挪出部分時間，教導大腦本質上最渴望預備要學習的東西？對大部分的職業來說，成功的社會技巧跟學校教授的其他知識及分析技巧，同樣重要。能夠和團隊成員、上級及下屬有效率地合作，在多數工作環境都至關重要。定然會有人提出論點，代數跟社會智力對多數人的事業或個人發展同樣重要嗎？你相信身邊所有人都具備所需的社會智力？

從出生到成年，儘管心智化網路持續練習活躍，但我們的社會專長顯然未及應有的程度。幾乎完全不同於人生的其他事物，每個人都得自行摸索人際社會。如果你想彈鋼琴或踢足球，可以去上課或是找個教練，在你每次犯錯時糾正你。但是要了解人際社會，你只能靠自己。我們的社會思維鮮少得到直接反饋。[492] 有部分是因為一般人很容易受各式各樣的社會認知，與自我分析歷程錯誤及偏見影響，其中包括：素樸實在論（naïve realism）、基本歸因謬誤（fundamental attribution error）、錯誤的共識性效果、情感性預測謬誤（affective forecasting error）、內團體偏私（in-group favoritism），及過度自信。如果在你犯下這些錯誤時，從來沒有人指出來，你如何改正錯誤？你如何知道正確的推論應該是什麼，以及為什麼？教導學生這些過程——為什麼會發生以及犯錯時如何辨認——並不會消除所有錯誤，但可能會減少一些。我們能夠做到的，就是提供一個共同的語言，在錯誤發生時討論及思考，而這又有助於理解其他人犯錯通常並非惡意，或是一心為己。沒有人會在早上醒來說：「我今天得更努力成為笨蛋。」人人都常犯些社交錯誤，而我懷疑將永遠如此。如果我們和身邊的人對此有更成熟的認識，就能立刻阻止錯誤，並將錯誤遭誤解時造成的後果降到最低。

我們應該教導學生認識社會動機，以及傷害別人的感情就像攻擊別人的身體，而且傷害的程度超過我們的直覺想法。我們應該教導學生，同時懷有自私和利社會的動機是很自然的，而且無須隱瞞利社會性的動機。我們應該教導學生，我們對社會連結的渴望並非弱點，有興趣了解人際社會是一種演化優勢，烙印在我們的大腦作業系統已超過數百萬年。發展中的社會腦需要人際社會的準確資訊，但有太多青少年懵懂地從情境喜劇和不成熟的同儕意見中尋找模範。人際社會如何運作是一門科學，而社會心理學、社會神經科學，以及社會學，都有很多知識可以幫助我們認識這一門人際社會的科學。我們有機會雕琢出更精通嫻熟社交技能的成人。而且幾乎可以肯定，如此執行，老師要在課堂上維持學生的注意力就不再那麼困難了，因為那正是青春期大腦所渴望的。

社會腦的練習課

電影《千鈞一髮》（*Gattaca*）探討大家普遍接受的基因決定論（genetic determinism），推展到令人驚恐的極致之後，會有什麼結果。所有人都是生於試管，唯有雙親最優良的DNA才能用來創造近乎完美的人。電影的中心主旨探索，天生基因「低等」的人是否可以透過努力克服局限。這個假設前提看似合理，因為多數人遇到不同的情況，就會搬出相互矛盾的看法，端看我們適用哪一個。一方面，我們通常相信，出生時基因發給我們的牌，大致決定了我們會有什麼樣的人生。另一方面，我們又贊同透過努力，人生可以比原來更進一步。

有很長一段時間，決定論的看法頗受抨擊，而提出抨擊的看法認為，人腦相對是固定的，而且在出生不久之後，大腦所有的神經元就大致生成了。[493] 如果我們把大腦想像成一部電腦，這種觀點就附帶產生一種看法，認為我們可以改變硬碟的內容（也就是學習新的資訊），卻無改變硬碟的運轉（也就是支援思考及學習的歷程）。或許是這個原因，教育才如此專注在獲取新資訊，而不是專注在努力塑造心智本身（雖然偶爾有相反的主張）。

時代已經改變，就算其他人還不知道，神經科學家也都清楚，大腦的神經系統構造遠比先前所想的更為靈活。神經科學家顧爾德（Liz Gould）發現，成年期也會生出新的神經元，而這個歷程或許是藉由鍛鍊刺激。[494] 學習玩雜耍短短幾個月，牽涉到運動知覺的大腦區域皮質厚度會變厚，這種效應會持續到停止玩雜耍許久之後。[495] 同樣地，倫敦的計程車司機必須記住極為複雜的街道地圖，他們工作得愈久，海馬迴的體積就愈大。[496]

我們的大腦遠比先前以為的更有延展性，科學家因此開始關注哪些經驗可以改變大腦的運作。最令人振奮的研究方向之一，就是著重在工作記憶訓練。雖然工作記憶能力和流體智力向來被認為是固定的特質，但近來一連串的研究證明，工作記憶訓練可以增進神經系統變化，因而改變工作記憶與流體智力。[497]

工作記憶只是冰山一角？我們可以把大腦訓練得更擅長心智化、同理心，以及發揮自我控制？毫無疑問，這些絕對是無限制的資產，我們的社會若能有更多這類技巧一定都是好事。教導社會腦是很好的構想，給社會腦上「練習課」或許是更好的構想。一天二十分鐘，七年級生和八年級生可以做各種不同的訓練活動，強化並調整社會腦。你願意拿多少學前教育，交換更擅長解讀他人心思的能力，以及更能克服自己衝動的能力？

根據社會神經科學家席爾佛（Jen Silvers）與奧克斯納（Kevin Ochsner）不久前做的研究，人類「情緒性」的傾向在八年級左右達到巔峰，但我們調節情緒的能力得等到約二十歲才會完全成熟。[498] 這種高度情緒化除了有時候讓青少年變得難搞，也可能使他們有更大的風險，做出改變人生的壞決定，導致出現違法行為、成癮、懷孕，以及輟學等情況。如果社會腦練習課可以改變這些趨勢，並給學生更多心智資源，使他們專心上課、做功課，及讀書準備考試，將有深遠的益處。

我們要如何訓練自我控制？我們在第九章看到五花八門的自我控制形式，似乎都仰賴右腹外側前額葉皮質。從延遲滿足及情緒調節，到觀點取替及克服運動衝動，成功與否幾乎都與活化這個區域有關。[499] 我們需要分別訓練這些不同的自我控制嗎？愈來愈多證據顯示，練習其中一個領域的自我控制，對其他領域也有好處。

我的實驗室進行一項研究，我和柏克曼檢視訓練運動自我控制對調節個人情緒能力的效果。[500] 參與者被分配為「自我控制訓練組」及「非自我控制組」。非自我控制組的組員在二至三週的時間，到我們的實驗室八次，練習非常簡單的視覺－動作作業。螢幕上出現一個接一個向左或向右的箭頭，參與者必須盡快在鍵盤按下相應的箭頭按鍵。非自我控制組唯一需要的自我控制，就是控制離開的衝動，回到實驗室、繼續花更多時間做這個無聊的作業。自我控制組的人則是這項作業的自我控制版（第三章描述的停止信號作業）。有時候，箭頭出現之後會響起提示音，這個聲音就表示參與者這一次不可按下按鍵。

無論是哪一種情況，所有參與者都要參加初次測試，我們會在測試期間以再評估作業，衡量他們的情緒調節能力。我們給他們看嫌惡影像。第一種情境參與者會被要求充分感受他們對影像的情緒反應，但在另一種情境試驗則被要求再評估影像，以不那麼痛苦的方式去思考那些影像。藉由比較參與者在這兩種情況對影像感覺的痛苦程度，我們得以計算出一套衡量標準，看出每個人利用再評估調節情緒反應的能力。三個星期後，等參與者完成所有視覺—動作作業的練習階段，再次回來接受情緒調節能力測試。重點是，參與者在這中間並未從事任何情緒調節訓練。

我們有興趣了解的是，視覺—動作的自我控制訓練對情緒調節能力的影響——即使這兩件事似乎沒有什麼共通點。實際上，對訓練組的人來說是有關係的。接受以視覺—動作作業做自我控制訓練的人，即使期間並沒有進行情緒調節訓練，研究結束時的情緒調節能力，明顯優於實驗剛開始時。為了調查動作自我控制是否會驅動這種效應，我們觀察動作自我控制改善及情緒調節改善的關係。一個人在這八次訓練期間愈善於動作自我控制，他們的情緒調節能力改善愈多。

這些研究發現對學校的意義是，我們可以給學生各式各樣的方法練習自我控制，而許多學生可能在多種自我控制領域受惠。事實上，正念冥想可能是加強這種力量的好辦法，因為已經證明冥想可強化腹外側前額葉反應。[501]有許多方法可以鍛鍊這種自我控制力量，而且這樣做對我們的自我控制成就終身有益。

我在這裡提出的各種建議，都需要做出艱難的抉擇。提撥給教育的時間、金錢、人力就這麼多；將部分資源分撥給這項計畫，就意味著要從其他地方挪出這些資源。但是努力做對這件事情一定是值得的。每個初中生若能對學業保持投入的興致，而不是失去興趣，他們順利上大學並對社會做出更大貢獻的可能性就高出許多。我們很自然會以為，教育主要應該是引導學童認識重要知識，並期待他們吸收且記住這些重要事實。但教育不是這樣運作的。最聰明、天生有最強大自我控制的孩子，可以強迫自己這樣學習，但絕大多數的學生並不行。根據我們所了解的社會腦而塑造背景脈絡與課程，將可幫助學生充分發揮潛能。過去一個世代，我們透過分數膨脹把所有丙等學生變成乙等學生。如果能讓這些乙等學生學到更多，而將他們全都變成甲等學生，豈不是更好？

結語

展望社交天性的未來，如科幻電影般的令人振奮

企圖說服一個人別相信一件他從未被人以理說服的事，是徒勞無功。[502]

——強納森・史威夫特（Jonathan Swift）

身為地球上最高度發展的哺乳類動物，對我們是一把大雙刃劍，無論我們多聰明或多理性，思想都無法超越我們的基本需求。我們都需要有人可以喜愛和尊敬，而且都需要喜愛和尊敬我們的人。沒有他們的人生還有價值嗎？下棋和解決微積分問題的能力，能彌補沒有別人的人生？德蕾莎修女（Mother Teresa）看到生活在最汙穢卑微環境中的人，她相信沒有他人的人生「是人類所能經歷最惡劣的疾病」。那些基本社會需求在出生時就出現，以確保我們的生存，但我們直到生命終點仍受這些需求引導。我們未必都能認清這些需

求，而且可能不知道它們影響到我們周遭的人，但它們始終都在。

我們的基本渴望包括歸屬的需求，還有食物和水的需求。我們的痛苦與快樂系統，不是只對產生生理疼痛與獎賞的感覺資訊輸入有反應。它們被精密調整到能感應人際社會傳遞的酸甜苦辣——人際社會是個由連結所組成的世界，連結也會因人際社會感到威脅。陌生人一個高傲睥睨的眼神，可能感覺就像一把刀，如同一個和善的眼神可以讓我們相信在新環境中安全無虞。我們從演化看到，這種神經連結的安排，源自於讓出生時完全未發展成熟而無法照顧自己的哺乳類幼崽，必須與照顧者保持親密。背側前扣帶皮質及前腦島，將和他人分離或可能分離的情境視為痛苦，促使哺乳類幼兒在與母親分離時發出呼救信號。相對地，獎賞系統同時對「給予照顧」與「接受照顧」感應靈敏，這從親子的角度可促進社會聯繫。當我們感受到社會痛苦，或感覺到社會連結被抑制的苦惱，我們無法太專心做別的事，除非需求得到滿足。

社會痛苦與快樂使用的神經機制，與生理的痛苦及快樂相同，創造一股強大的動機驅力，將我們正面的社會經驗放到最大，而將負面經驗縮到最小。所幸，演化給我們一個社會武器軍火庫，有利於滿足這些社會需求並確保團體凝聚。其他靈長類動物也有一定程度的心智解讀能力，這種能力讓我們能夠思考別人的目標、意圖、情緒，和信念。拜鏡像神經系統之賜，猴子可以理解其他人具有心理意義的動作及表情。牠們因此能感同身受、幫助他者，並在許多情況下協調行動。而我們人類的社會想像，主要是經由在背內側前額葉皮質與顳頂交界處的心智化系統歷程，這種想像使我們得以將協調發揮到極致，創造各種象徵性社會連結，例如我們從運動隊伍、政黨，甚至名人所感覺到的依附。幸好，這也讓我們能為政府、教育和產業建立社會制度。同時讓我們從虛構作品中獲得深切的樂趣，無論是書本、大銀幕，或小螢幕。事實上，我們體驗到超過性愛與毒品（甚至這些也有一定程度）的多數樂趣，有賴我們想像他人感受的能力。

從我們出生那一刻，心智化系統就開始活躍，每當我們一有閒暇就會準時啟動，甚至做夢時也是。大腦的設計是盡可能在我們發育期和成年期，多花時間進行心智化活動。我們不太清楚心智化系統在休息時間做什麼（因為你一問起別人，那個人就再也不是休息狀態了）。但我們知道，愈是在休息時間打開心智化系統的人，一般也愈能理解他人的心思。而在進行心智化作業之前數秒，恰好不自覺地啟動心智化系統的人，完成作業的表現也更好。這些結果顯示，休息狀態時的心智化系統，或許正在排練及重新整合各種有益長期社交能力的社會資訊。而在那一刻，或許會刺激我們透過社會性的鏡頭看世界。而對於那些好奇我們的社會性是否只是偶然的人，我這就獻上一劑強心針：我們的大腦被設定為從社會角度看世界，想必是因為這樣做有絕大的益處。

最後，人類有能力反省自我，思索我們的特性、信念，及相對於他人的價值，之後善用自我控制的能力，約束不恰當的衝動，追求我們的長期目標。我們也看到，自我的建構是在內側前額葉皮質及右腹外側前額葉皮質，同時也有欺瞞他人的用途，只是我們在日常生活中通常不會察覺。自我系統充當特洛伊木馬，在夜色的掩護下，趁我們毫無察覺時，偷偷夾入身邊人們的價值與信仰。所以當我們運用自我控制的能力，追求自己的目標與價值，那些目標與價值造福社會的程度往往不下於我們獲得的益處，甚至猶有過之。而且當我們意識到自己是個可能受到別人批判的社會實體，自我控制通常就會啟動，以確保我們的行為與身邊眾人的價值一致。以這種方式運作的自我系統，可提高我們受團體成員喜愛尊敬的機率，因為我們會努力追求團體的目標與價值。這些機制就是讓我們彼此更容易和諧的黏著劑。

在我開始考慮寫這本書時，我想著社會認知神經科學有許多很不錯的發現值得分享。我以為它們各自獨立，互不相干。如今我的想法大不相同。我看到一片由神經系統交織的錦繡，將我們彼此緊密聯繫在一起。我們的社會腦持續在擴大，利用現有的積木進一步強化我們的社交能力與傾向。我們喜歡肥皀劇、實境秀，還有八卦閒聊，這對複雜的心智來說，並不是什麼奇怪的偶然。那是大腦被設定成理解其他大腦，且能理解每個人在長幼尊卑社會等級的位置，自然產生的結果。

過去二十年為理解社會腦奠定下的基礎令人振奮，但未來二十年或許會更令人興奮期待。漸漸地，人類在現實世界的社會互動中展現的社交體驗與情緒體驗，將可利用神經造影技術測量出神經基礎。功能性近紅外光譜技術（functional near infrared spectroscopy, fNIRS）就是這方面令人寄予厚望的科技。fNIRS受試者基本上只要戴個頭帶，上面有個能將光線直接穿透頭顱的發射器。當光線觸及大腦組織，會分散到大腦之外，讓我們看出某個大腦區域什麼時候活躍、什麼時候不活躍。這究竟如何運作是一門深奧的知識，而且本身有諸多限制，但基本要點就是在進行類似fMRI的研究時，人還可以坐起來、說話，甚至和一個以上的人互動。fMRI需要參與者獨自躺在手術床上，送進一個巨大的圓形機械。相對地，fNIRS可以無線操作，讓兩個分別戴著fNIRS頭帶的人一起散步，再把他們的神經活動數據傳送回基地。然而，MRI掃描儀可能要價三百萬美元，安裝還要再花一百萬美元，fNIRS頭帶卻是不到十萬美元就能買到的裝置，這意味著價格可能隨著時間而逐漸下降，未來學校、企業，甚至心理治療機構都能普遍取得這種設備。隨著愈來愈多團體在日趨現實的脈絡下研究社會腦，對於充分沉浸在社會中的心智如何運作，我們將漸漸獲得正確理解。

艾西莫夫的科幻小說經典《基地》（*Foundation*）中，哈里·謝頓（Hari Seldon）創造一個新的數學支派心理史學（psychohistory），利用心理學原理預測未來數十年的重大地緣政治事件將如何顯現及解決。若是這樣的學問落入心懷叵測的人手裡，或許會成為邪惡的工具，但也可能讓我們得到前所未有的美好生活品質。我們基本上是心理性生物，社會心理性生物。股市受到我們全體的希望與恐懼影響，如同受到基本面及個股具體活動影響一般。隨著我們從心理學、神經科學等學科，對我們的社會性有更多的了解，就有更大的機會重新塑造社會和社會制度，充分發揮個人及整體社會的潛力。將來有一天，總統在做出政策決定時，將徵詢社會神經學家與心理學家。將來有一天，CNN在解說世界大事時，將在他們的政治學家、政治策略家，及經濟學家人才庫之外，增加社會心智及社會腦專家。將來有一天，我們回首從前，將好奇人類過去在沒有社會腦原理的指導下是如何生活、工作，和接受學校教育。把這一切從科幻小說轉變成科學的未來，著實令人無比的興奮激動。

致謝

最後，我得對我的社群媒體上所有幫我實現這本書的人說聲謝謝。令人驚奇的是，我計算所有要感謝的人，竟然非常接近鄧巴數字。我的家人從一開始（我是說從包尿布時候）就很支持我——感謝這些年來利伯曼、奧巴克，及艾森柏格家族的鼓勵。

最早為我點燃火種的知識分子是諸如尼采及沙特等哲學家。從我青少年時期，他們就影響我的思想（還要感謝爸爸主修哲學，在書架上留下了那些書，即使那些書並非他喜歡的）。大學時，我的哲學老師布魯斯・維賽爾（Bruce Wilshire）讓我相信，要理解的大問題是「體驗，熱騰騰剛出爐的」。只不過神經科學委實距離這句格言十萬八千里，因此這句格言像一件有待努力的事，記掛在我心裡。

從很多方面來看，我的職業生涯要感謝三位哈佛人。我的博士指導教授丹尼爾・吉伯特，不停地啟發我成為更優秀的社會心理學家（他的著作令人拍案叫絕，但他本人更優秀）。史蒂夫・柯斯林（Steve Kosslyn）負責監督我在大學教的一門課，並將課程內容從著重佛洛伊德、史金納，及認知科學，轉為每個主題都從三個分析層次授課：社會、認知，及神經科學。凱文・歐克斯納（Kevin Ochsner）是我的研究所同學，我們一同開始這趟社會認知神經科學旅程的初步階段，過程中成為好友，還成了彼此的伴郎。我非常感謝這三人在我職業生涯的關鍵時刻，塑造了我的思維與研究。沒有他們，我絕對沒有辦法寫這本書。

打從差不多十五年前進入加州大學洛杉磯分校以來，我得以進行本書描述的那些工作，是因為遇到了傑出的合作夥伴與導師：Lori Altshuler、Susan Bookheimer、Ty Cannon、Mark Cohen、Michelle Craske、Mirella Dapretto、Alan Fiske、Andrew Fuligni、Adam Galinsky、Ahmad Hariri、Marco Iacoboni、Michael Irwin、Edythe London、Emeran Mayer、John Mazziotta、Bruce Naliboff、Annette Stanton、Shelley Taylor，及 Kip Williams。我感激能跟你們每個人一起努力。我也慶幸能與 Scott Gerwehr、Bryan Gabbard，以及 DGI 中的所有人共度時光，幫助我思索社會神經科學如何在真實世界應用。Scott，我們依然懷念你。

我也有幸遇到世上最好的學生與工作班底。我非常慶幸能夠和加州大學洛杉磯分校社會認知神經科學實驗室的各位一同思考：David Amodio、Elliot Berkman、Lisa Burklund、Liz Castle、Joan Chiao、Jessica Cohen、David Creswell、Molly Crockett、Janine Dutcher、Emily Falk、Ben Gunter、Kate Haltom、Erica Hornstein、Tristen Inagaki、Johanna Jarcho、Yoona Kang、Carrie Masten、Sarah Master、Meghan Meyer、Mona Moieni、Sylvia

Morelli、Keely Muscatell、Junko Obayashi、Jenn Pfeifer、Josh Poore、Lian Rameson、Ajay Satpute、Julie Smurda、Bob Spunt、Golnaz Tabibnia、Eva Telzer、Sabrina Tom、Jared Torre、Stephanie Vezich、Baldwin Way、Locke Welborn，及Charlene Wu。你們太棒了。

沒有我的經紀人麥克斯．布洛克曼（Max Brockman），這本書永遠不會誕生。他長期扮演蘇格拉底的守護角色。謝謝你那兩年期間否決了我最早寄出的幾個提案，最後在我們提到這個版本的提案時才首肯。儘管當初那些否決令人挫敗，但想到你若同意我最初的提案，最後會寫出什麼成品，我就覺得毛骨悚然。

我的編輯羅傑．修爾（Roger Scholl）以及皇冠出版（Crown）的所有人——非常感謝你們在這一路上每一步的協助與支持。和你們合作真的太好了，你們把本來非常令人畏怯的東西變成只是有些令人卻步。

開始寫這本書時，我堅持每天要花點時間讀小說，盡量讓寫作的心態更像個小說家，少一點學術的味道。我看了許多好書，有村上春樹、休．豪伊（Hugh Howey）、保羅．奧斯特（Paul Auster）、麥克．考斯（Michael Cox）、大衛．米契爾（David Mitchell）、石黑一雄、菲利普．狄克、馬修．梅瑟（Matthew Mather）、恩斯特．克萊恩（Ernest Cline），及威爾基．柯林斯（Wilkie Collins）。同樣地，我很高興每天寫作時有潘朵拉線上音樂盒（Pandora）的陪伴，感謝Tycho、Ulrich Schnauss、睡吧！米男孩（Riceboy

Sleeps）、Ambulance、威廉・歐比特（William Orbit）、Vector Lovers、Loess、Casino versus Japan、Brokenkites、她的太空假期（Her Space Holiday）、Deosil、Infinite Scale、Boards of Canada、Trentemoller、Eluvium、威廉・巴辛斯基（William Basinski），以及Michael Maricle 都在我的音樂清單之中。你們幫我維持適當的心態——吸引住我常常需要某種程度分神的那部分心思。

我要感謝同事和朋友給某些章節提供意見回饋：羅賓・鄧巴、莎拉・恩朵（Sarah Endo）、丹尼爾・吉伯特、喬納・雷（Jonah Lehrer）、珍・普菲佛（Jenn Pfeifer）、伊娃・泰茲（Eva Telzer）、尼恩・托登罕（Nim Tottenham），及詹姆士・楊（James Yang）。特別要感謝神經領導力研究院。多年來容許我和有心將神經科學的研究發現應用在機關組織與教育環境的人討論，這樣的經驗一再塑造我的思維。尤其想感謝聽到我懇求章節評論的人，並不斷給我精采的意見回饋：Samad Aidane、Tom Battye、Marcy Beck、Pratt Bennet、Ken Buch、Corinne Canter、Christine Comaford、Garry Davis、Jon Downes、Barrie Dubois、Mary Federico、Sara Ford、Todd Gailun、Philip Greenwood、Robert Hutter、Shelley Johnson、Kory Kogon、Per Kristiansen、Kate Larsen、Dan Marshall、Jason Ollander-Krane、Bert Overlack、Thaler Pekar、Lynn Quinn、Al Ringleb、Lisa Rubinstein、Sylvan Schulz、Mary Spatz、Bonnie St. John、Robert Weinberg、Lucy West、Scott Winter、

及 Susan Wright。

我要特別提出兩個人給予高度讚揚——本書得以問世，這兩人所參與的部分我無法一一列舉（但本書若有任何缺點，絕非他們之過）。首先是神經領導力研究院主任大衛・洛克。自從幾年前我們第一次（偷偷摸摸）碰面起，你一直敦促我對非神經科學領域的科學家說明神經科學的切身意義，並更加努力熟練溝通以便達到這個目的。謝謝你給我機會，在你的高層會議中結識神經領導力研究院的所有傑出人士。這具有重大意義。謝謝你閱讀整本書，並逐句提供意見。謝謝你那一天在舊金山花時間看完了所有意見回饋，並一起腦力激盪，幫我修改這本書。當時這本書才只有十章，你在最後寫道：「九章精彩機敏，一章實用有助益！」在我認為已經寫下最後一個字之後，你卻要求我就幸福與職場寫出新的章節，而我相信這本書因此而更好。

最後是娜歐蜜。沒有妳，我什麼書都不可能寫，而這本書肯定也沒有辦法寫。自從我來到加州大學洛杉磯分校，妳就是我工作及生活的伴侶。我的每一丁點學識和這本書的每一章，都因為妳而更好。而妳對我的寫作提出的所有意見，都讓我的作品更好——每一次皆如此。妳優秀出色，不斷地令我驚嘆。我深深感激妳為我做的一切——這本書，我們在加州大學洛杉磯分校的研究，以及我們和伊恩一起的生活。

參考資料

第一章 我們是誰？

1 Eisenberger, N. I., Lieberman, M. D., & Williams, K. D. (2003). Does rejection hurt? An fMRI study of social exclusion. *Science, 302,* 290– 292.

2 Banville, Lee. (2002). "Former Vice President Walter Mondale (Democrat)." *Online NewsHour.* PBS.Retrieved March 26, 2011.

3 Fein, S., Goethals, G. R., & Kugler,M. B. (2007). Social influence on political judgments: The case of presidential debaes. *Political Psychology*, 28(2), 165– 192.

4 Pronin, E., Lin, D. Y., & Ross,L. (2002). The bias blind spot: Perceptions of bias in self versus others.*Personality and Social Psychology Bulletin,* 28(3), 369– 381.

5 Dunbar, R. I. M. (1998). Thesocial brain hypothesis. *Evolutionary Anthropology,* 6, 178–190

6 Fox, M. D.,Snyder, A. Z., Vincent, J. L., Corbetta, M., Van Essen, D. C., & Raichle,M. E. (2005). The human brain is intrinsically organized into dynamic,anticorrelated functional networks. *Proceedings of the National Academy of Sciences of the United States of America, 102*(27), 9673– 9678.

7 Herrmann, E.,Call, J., Hernández- Lloreda, M. V., Hare, B., & Tomasello, M. (2007). Humans have evolved specialized skills of social cognition: The cultural intelligence hypothesis. *Science, 317*(5843), 1360– 1366.

8 Costanzo, P. R.,& Shaw, M. E. (1966). Conformity as a function of age level. *Child Development*, 967– 975.

第二章　大腦的熱情

9 Shulman, G. L., Corbetta,M., Buckner, R. L., Fiez, J. A., Miezin, F. M., Raichle, M. E., &Petersen, S. E. (1997). Common blood flow changes across visual tasks:I. Increases in subcortical structures and cerebellum but not in nonvisual cortex. *Journal of Cognitive Neuroscience, 9*(5), 624– 647; Shulman,G. L., Fiez, J. A., Corbetta, M., Buckner, R. L., Miezin, F. M., Raichle,M. E., & Petersen, S. E. (1997). Common blood flow changes across visual tasks: II. Decreases in cerebral cortex. *Journal of CognitiveNeuroscience, 9*(5), 648–663.

10 Mckiernan, K. A., Kaufman,J. N., Kucera- Thompson, J., & Binder, J. R. (2003). A parametric manipulation of factors affecting task- induced deactivation in functional neuroimaging. *Journal of Cognitive Neuroscience, 15*(3), 394– 408.

11 Raichle, M. E., MacLeod,A. M., Snyder, A. Z., Powers, W. J., Gusnard, D. A., & Shulman, G. L.(2001). A default mode of brain function. *Proceedings of the National Academy of Sciences, 98*(2), 676– 682.

12 實際情況沒有這麼簡單。預設網路還有個小型子網路，一般不會在社會認知研究中出現，但這兩個網路絕大部分都重疊。

13 Gao, W.,Zhu, H., Giovanello, K. S., Smith, J. K., Shen, D., Gilmore, J. H., &Lin, W. (2009). Evidence on the emergence of the brain's default networkfrom 2- week- old to 2- year- old healthy pediatric subjects. *Proceedings ofthe National Academy of Sciences, 106*(16), 6790–6795; Smyser, C. D.,Inder, T. E., Shimony, J. S., Hill, J. E., Degnan, A. J., Snyder, A. Z., &Neil, J. J. (2010). Longitudinal analysis of neural network development in preterm infants. *Cerebral Cortex, 20*(12), 2852– 2862.

14 Gladwell, M. (2008). *Outliers: The Story of Success*. New York: Little, Brown; Anders Ericsson,K. (2008). Deliberate practice and acquisition of expert performance:A general overview. *Academic Emergency Medicine, 15* (11), 988– 994.

15 Dunbar, R. I., Marriott,A., & Duncan, N. D. (1997). Human conversational behavior. *Human Nature, 8*(3), 231– 246.

16 Spunt, R. P., Meyer, M. L., & Lieberman, M. D. (under review). Social bydefault: Brain activity at rest facilitates social cognition; Buckner, R. L.,Andrews- Hanna, J. R., & Schacter, D. L. (2008). The brain's defaultnetwork. *Annals of the New York Academy of Sciences, 1124*(1), 1– 38.

17 Rubin, E. (1915/1958). Figure and ground.In D. C. Beardslee & M. Wertheimer (Eds.). *Readings in Perception.*Princeton: NJ: Van Nostrand, pp. 194– 203.

18 Agafonov, A. I. (2010). Priming effect as a result of the nonconscious activity of

consciousness. *Journal of Russian and East European Psychology, 48*(3), 17– 32.

19 Wechsler, David (1958). *The Measurement and Appraisal of Adult Intelligence,* 4th ed. Baltimore:Williams & Wilkins, p. 75.

20 Vitale, S., Cotch, M. F., &Sperduto, R. D. (2006). Prevalence of visual impairment in the United States. JAMA: *Journal of the American Medical Association,* 295(18),2158– 2163.

21 Stravynski, A., & Boyer,R. (2001). Loneliness in relation to suicide ideation and parasuicide:A population- wide study. *Suicide and Life- Threatening Behavior, 31*(1),32–40.

22 Silk, J. B. (2002). Using the "F"-wordin primatology. *Behaviour,* 421– 446.

23 Fiske, A. P. (1991). *Structures of Social Life: The Four Elementary Forms of Human Relations:Communal Sharing, Authority Ranking, Equality Matching, MarketPricing.* New York: Free Press.

24 Bureau of Labor Statistics: http://www.bls.gov/home.htm.

25 "U.S. charitable giving approaches $300 billion in 2011": http://www.reuters.com/article/2012/06/19/us-usa-charity-idUSBRE85I05T20120619.

26 Fox,M. D., Snyder, A. Z., Vincent, J. L., Corbetta, M., Van Essen, D. C., &Raichle, M. E. (2005). The human brain is intrinsically organized intodynamic, anticorrelated functional networks. *Proceedings of the National Academy of Sciences of the United States of America, 102*(27), 9673– 9678.

27 Van Overwalle, F.(2011). A dissociation between social mentalizing and general reasoning.

NeuroImage, 54(2), 1589– 1599.

28 Anticevic, A.,Repovs, G., Shulman, G. L., & Barch, D. M. (2010). When less is more:TPJ and default network deactivation during encoding predicts working memory performance. *NeuroImage, 49*(3), 2638– 2648; Li, C. S. R.,Yan, P., Bergquist, K. L., & Sinha, R. (2007). Greater activation of the"default" brain regions predicts stop signal errors. NeuroImage, 38(3),640– 648.

29 Hayashi, M., Kato, M., Igarashi,K., & Kashima, H. (2008). Superior fluid intelligence in childrenwith Asperger's disorder. *Brain and Cognition, 66*(3), 306– 310.

30 Roth, G., & Dicke, U.(2005). Evolution of the brain and intelligence. *Trends in CognitiveSciences, 9*(5), 250– 257.

31 Schoenemann, P. T.(2006). Evolution of the size and functional areas of the human brain. *Annual Review of Anthropology, 35,* 379– 406.

32 Aiello, L. C.,Bates, N., & Joffe, T. (2001). In defense of the expensive tissue hypothesis. *Evolutionary Anatomy of the Primate Cerebral Cortex.* Cambridge:Cambridge University Press, pp. 57– 78; Leonard, W. R., & Robertson,M. L. (1992). Nutritional requirements and human evolution: A bioenergeticsmodel. *American Journal of Human Biology, 4*(2), 179– 195.

33 Dunbar, R. I. M. (1998). The social brain hypothesis. *EvolutionaryAnthropology, 6,* 178– 190.

34 新皮質（neocortex）顧名思義就是「新的腦皮質」；新皮質屬腦皮質的一部分，靈長類動物這部分的結構與其他哺乳類動物相比差異最大。
35 Dunbar, R. I.(1992). Neocortex size as a constraint on group size in primates. Journalof Human Evolution, 22(6), 469– 493; Sawaguchi, T. (1988). Correlationsof cerebral indices for “extra” cortical parts and ecological variables inprimates. Brain, Behavior and Evolution, 32(3), 129– 140.
36 Schoenemann, P. T. (2006).Evolution of the size and functional areas of the human brain. AnnualReview of Anthropology, 35, 379– 406.
37 Dunbar, R. I. (2008). Whyhumans aren’t just Great Apes. *Issues in Ethnology and Anthropology,* 3,15– 33.
38 Dunbar, R. I. (1993).Coevolution of neocortical size, group size and language in humans. *Behavioral and Brain Sciences, 16*(4), 681– 693.
39 Hill, R. A., & Dunbar,R. I. M. (1998). An evaluation of the roles of predation rate and predation risk as selective pressures on primate grouping behaviour. *Behaviour,* 411– 430.
40 Silk, J. B. (2002). Using the“F”- word in primatology. *Behaviour,* 421– 446.
41 判斷成對排列組合數量的公式為 [N * (N – 1)] / 2。

第三章　心痛比想像更真實

42 Bruskin Associates(1973). What are Americans afraid of? *The Bruskin Report,* 53, p. 27.
43 Jaremka, L. M., Gabriel,S., & Carvallo, M. (2011). What makes us feel the best also makes usfeel the worst: The emotional impact of independent and interdependent experiences. Self

and Identity, 10(1), 44– 63.

44 Gould, S. J. (1977). *Ontogeny and Phylogeny.* Cambridge, MA: Harvard University Press,Belknap Press; Begun, D., & Walker, A. (1993). The endocast. *TheNariokotome Homo Erectus Skel eton.* Cambridge, MA: Harvard UniversityPress, pp. 326– 358; Flinn, M. V., Geary, D. C., & Ward, C. V.(2005). Ecological dominance, social competition, and coalitionary arms races: Why humans evolved extraordinary intelligence. *Evolutionand Human Behavior, 26*(1), 10– 46; Montagu, A. (1961). Neonataland infant immaturity in man. *JAMA: Journal of the American Medical Association, 178*(1), 56– 57.

45 Leigh, S. R., & Park, P. B. (1998).Evolution of human growth prolongation. *American Journal of PhysicalAnthropology, 107*(3), 331– 350.

46 Gogtay, N., Giedd, J. N.,Lusk, L., Hayashi, K. M., Greenstein, D., Vaituzis, A. C., . . . , & Thompson,P. M. (2004). Dynamic mapping of human cortical developmentduring childhood through early adulthood. *Proceedings of the National Academy of Sciences of the United States of America, 101*(21), 8174– 8179.

47 Maslow, A. H. (1943). A theory of human motivation. *Psychological Review, 50*(4), 370.

48 Baumeister, R.F., & Leary, M. R. (1995). The need to belong: Desire for interpersonal attachments as a fundamental human motivation. *Psychological Bulletin,117*(3), 497.

49 Stewart, W. F., Ricci, J. A.,Chee, E., Morganstein, D., & Lipton, R. (2003). Lost productive time and cost due to common pain conditions in the US workforce. *JAMA:Journal of the American Medical Association, 290*(18), 2443– 2454.

50 "The Girl Who Can't Feel Pain":http://abcnews.go.com/GMA/OnCall/story?id=1386322.

51 Nordgreen, J., Garner, J. P.,Janczak, A. M., Ranheim, B., Muir, W. M., & Horsberg, T. E. (2009).Thermonociception in fish: Effects of two different doses of morphine onthermal threshold and post-test behaviour in goldfish *(Carassius auratus).Applied Animal Behaviour Science, 119*(1), 101– 107; Yue Cottee, S. (2012).Are fish the victims of "speciesism"? A discussion about fear, pain and animal consciousness. *Fish Physiology and Biochemistry,* 1–11.

52 MacLean, P. D. (1993). Introduction:Perspectives on cingulate cortex in the limbic system. *Neurobiology of Cingulate Cortex and Limbic Thalamus: A Comprehensive Handbook.* Boston: Birkhäuser, pp. 1– 19.

53 Eisenberger, N. I., &Cole, S. W. (2012). Social neuroscience and health: Neuropsychological mechanisms linking social ties with physical health. *Nature Neuroscience,15,* 669– 674.

54 Crasilneck,H. B., McCranie, E. J., & Jenkins, M. T. (1956). Special indicationsfor hypnosis as a method of anesthesia. *Journal of the American Medical Association, 162*(18), 1606–1608; "Hypnosis, No Anesthetic, for Man'sSurgery": http://www.cbsnews.com/2100-500165_162-4033962.html.

55 Sawamoto, N.,Honda, M., Okada, T., Hanakawa, T., Kanda, M., Fukuyama, H., . . . , &Shibasaki, H. (2000). Expectation of pain enhances responses tononpainful somatosensory stimulation in the anterior cingulate cortexand parietal operculum/posterior insula: An event- related functional magnetic resonance imaging study. *Journal of Neuroscience,*

20(19),7438– 7445.

56 Crockett,M. J., Clark, L., Tabibnia, G., Lieberman, M. D., & Robbins, T. W.(2008). Serotonin modulates behavioral reactions to unfairness. *Science,320,* 1739.

57 Chen, Z., Williams,K. D., Fitness, J., & Newton, N. C. (2008). When hurt will not heal:Exploring the capacity to relive social and physical pain. *Psychological Science, 19* (8), 789– 795.

58 Zhong, C., Strejcek, B., &Sivanathan, N. (2010). A clean self can render harsh moral judgment. *Journal of Experimental Social Psychology, 46*(5), 859– 862.

59 MacDonald,G., & Leary, M. R. (2005). Why does social exclusion hurt? The relationship between social and physical pain. *Psychological Bulletin,131*(2), 202.

60 Bowlby, J.(1969). *Attachment and loss, volume i: Attachment.* New York: Basic Books.

61 Baumeister, R. F., & Leary,M. R. (1995). The need to belong: Desire for interpersonal attachmentsas a fundamental human motivation. *Psychological Bulletin, 117*(3), 497.

62 Harlow,H. F. (1958). The nature of love. *American Psychologist, 13,* 673– 685.

63 Hofer,M. A., & Shair, H. (2004). Ultrasonic vocalization during socialinteraction and isolation in 2- week- old rats. *Developmental Psychobiology,11*(5), 495– 504; Hennessy, M. B., Nigh, C. K., Sims, M. L., & Long,S. J. (1995). Plasma cortisol and vocalization responses of postweaning age guinea pigs to maternal and sibling separation: Evidence for filial attachment after weaning. *Developmental Psychobiology, 28*(2), 103– 115;Boissy, A., & Le Neindre, P. (1997). Behavioral, cardiac and cortisol responses to brief peer separation

and reunion in cattle. *Physiology &Behavior, 61*(5), 693– 699; Romeyer, A., & Bouissou, M. F. (1992).Assessment of fear reactions in domestic sheep, and influence of breedand rearing conditions. *Applied Animal Behaviour Science, 34*(1), 93– 119;Noirot, E. (2004). Ultrasounds and maternal behavior in small rodents. *Developmental Psychobiology, 5*(4), 371– 387.

64 Coe, C. L., Mendoza,S. P., Smotherman, W. P., & Levine, S. (1978). Mother- infant attachment in the squirrel monkey: Adrenal response to separation. *BehavioralBiology, 22*(2), 256– 263; Gamallo, A., Villanua, A., Trancho, G., &Fraile, A. (1986). Stress adaptation and adrenal activity in isolated andcrowded rats. *Physiology & Behavior, 36*(2), 217– 221; Parrott, R. F.,Houpt, K. A., & Misson, B. H. (1988). Modification of the responsesof sheep to isolation stress by the use of mirror panels. *Applied Animal Behaviour Science, 19*(3), 331– 338.

65 Douglas, W. B. (1975). Early hospital admissions and later disturbances of behaviour and learning. *Developmental Medicine & Child Neurology, 17*(4), 456– 480.

66 Luecken, L. J. (1998). Childhood attachmentand loss experiences affect adult cardiovascular and cortisol function. *Psychosomatic Medicine, 60*(6), 765– 772.

67 Hanson, J. L., Chung, M. K.,Avants, B. B., Shirtcliff, E. A., Gee, J. C., Davidson, R. J., & Pollak,S. D. (2010). Early stress is associated with alterations in the orbitofrontal cortex: A tensor- based morphometry investigation of brain structure and behavioral risk. *Journal of Neuroscience, 30*(22), 7466– 7472.

68 Panksepp, J., Herman, B. H.,Conner, R., Bishop, P., & Scott, J. P. (1978). The biology of social attachments: Opiates alleviate separation distress. Biological Psychiatry,13, 607–613.

69 Carden, S. E., & Hofer, M. A. (1990). Independence of benzodiazepine and opiate action in the suppression ofisolation distress in rat pups. *Behavioral Neuroscience, 104*(1), 160–166;Herman, B. H., & Panksepp, J. (1978). Effects of morphine and naloxoneon separation distress and approach attachment: Evidence for opiatemediation of social affect. *Pharmacology Biochemistry and Behavior, 9* (2),213– 220; Kalin, N. H., Shelton, S. E., & Barksdale, C. M. (1988). Opiate modulation of separation- induced distress in non- human primates. *Brain Research, 440*(2), 285– 292.

70 Kalin, N. H., Shelton, S. E., &Lynn, D. E. (1995). Opiate systems in mother and infant primates coordinate intimate contact during reunion. *Psychoneuroendocrinology, 20*(7), 735– 742; Keverne, E. B., Martensz, N. D., & Tuite, B. (1989).Beta- endorphin concentrations in cerebrospinal fluid of monkeys are influenced by grooming relationships. *Psychoneuroendocrinology, 14*(1),155– 161.

71 有說法指，鴉片成癮有時也代表企圖取代人體因社會與生理接觸而自然釋放的類鴉片物質。MacLean, P. D. (1985). Brain evolution relating to family, play, and theseparation call. *Archives of General Psychiatry, 42*(4), 405.

72 MacLean, P. D. (1985).Brain evolution relating to family, play, and the separation call. *Archivesof General Psychiatry, 42*(4), 405.

73 Wise, S. P., &Herkenham, M. (1982). Opiate receptor distribution in the cerebral cortex of the Rhesus monkey. *Science, 218*(4570), 387.

74 Talbot, J. D., Marrett, S., Evans,A. C., & Meyer, E. (1991). Multiple representations of pain in human cerebral cortex. *Science, 251*(4999), 1355–1358; Rainville, P., Duncan,G. H., Price, D. D., Carrier, B., & Bushnell, M. C. (1997). Pain affectencoded in human anterior cingulate but not somatosensory cortex. *Science, 277*(5328), 968– 971.

75 Kosslyn, S. M. (1992). *Wet Mind.* New York: Free Press.

76 Zihl, J.,Von Cramon, D., & Mai, N. (1983). Selective disturbance of movement vision after bilateral brain damage. *Brain, 106*(2), 313– 340.

77 Whitty, C. W., Duffield, J. E., &Cairns, H. (1952). Anterior cingulectomy in the treatment of mentaldisease. *Lancet, 1*(6706), 475; Le Beau, J. (1954). Anterior cingulectomyin man. *Journal of Neurosurgery, 11*(3), 268; Whitty, C. W. M. (1955).Effects of anterior cingulectomy in man. *Proceedings of the Royal Societyof Medicine, 48*(6), 463; Steele, J. D., Christmas, D., Eljamel, M. S., &Matthews, K. (2008). Anterior cingulotomy for major depression:Clinical outcome and relationship to lesion characteristics. *BiologicalPsychiatry, 63*(7), 670– 677.

78 Foltz, E. L., & White Jr., L. E.(1962). Pain “relief” by frontal cingulumotomy. *Journal of Neurosurgery,19,* 89.

79 Ploner, M., Freund,H. J., & Schnitzler, A. (1999). Pain affect without pain sensation in apatient with a postcentral lesion. Pain, 81(1), 211– 214.

80 MacLean, P. D., & Newman, J. D. (1988). Role of midline frontolimbiccortex in production of the isolation call of squirrel monkeys. *BrainResearch, 450*(1), 111– 123.

81 Robinson, B. W.(1967). Vocalization evoked from forebrain in *Macaca mulatta. Physiology& Behavior, 2*(4), 345– 354; Smith, W. K. (1945). The functional significance of the rostral cingular cortex as revealed by its responses to electrical excitation. *Journal of Neurophysiology, 8,* 241– 254.

82 Stamm, J. S. (1955). The function of the median cerebral cortex in maternal behavior of rats.*Journal of Comparative and Physiological Psychology, 48*(4), 347; see alsoMurphy, M. R., MacLean, P. D., & Hamilton, S. C. (1981). Speciestypical behavior of hamsters deprived from birth of the neocortex. *Science, 213,* 459– 461.

83 Williams, K. D., Cheung,C. K., & Choi, W. (2000). Cyberostracism: Effects of being ignored overthe Internet. *Journal of Personality and Social Psychology, 79* (5), 748;Williams, K. D. (2007). Ostracism. *Annual Review of Psychology, 58,* 425– 452

84 Eisenberger, N. I., Lieberman, M. D., &Williams, K. D. (2003). Does rejection hurt? An fMRI study of social exclusion. *Science, 302,* 290– 292.

85 Lieberman, M. D.,Jarcho, J. M., Berman, S., Naliboff, B., Suyenobu, B. Y., Mandelkern,M., & Mayer, E. (2004). The neural correlates of placebo effects: Adisruption account. *NeuroImage, 22,* 447– 455.

86 有關右外腹側前額葉皮質在自我控制及情緒調節的作用，更多內容請見第九章。

87 Eisenberger, N. I., & Lieberman,M. D. (2004). Why it hurts to be left out: The

neurocognitive overlap between physical and social pain. *Trends in Cognitive Sciences, 8,* 294–300.

88 Eisenberger, N. I., & Cole, S. W.(2012). Social neuroscience and health: Neuropsychological mechanisms linking social ties with physical health. *Nature Neuroscience, 15,* 669–674.

89 Botvinick, M., Nystrom, L. E., Fissell, K., Carter, C. S., & Cohen,J. D. (1999). Conflict monitoring versus selection- for- action in anterior cingulate cortex. *Nature, 402*(6758), 179– 181; Carter, C. S., Braver,T. S., Barch, D. M., Botvinick, M. M., Noll, D., & Cohen, J. D. (1998).Anterior cingulate cortex, error detection, and the online monitoring ofperformance. *Science, 280*(5364), 747– 749.

90 Bush, G., Luu, P., &Posner, M. I. (2000). Cognitive and emotional influences in anteriorcingulate cortex. *Trends in Cognitive Sciences, 4*(6), 215– 222.

91 Tetlock, P. E.,& Levi, A. (1982). Attribution bias: On the inconclusiveness of the cognition-motivation debate. *Journal of Experimental Social Psychology,18* (1), 68– 88.

92 Morris,J. S., Frith, C. D., Perrett, D. I., Rowland, D., Young, A. W., Calder,A. J., & Dolan, R. J. (1996). A differential neural response in the human amygdala to fearful and happy facial expressions. *Nature, 383,* 812–815; Morris, J. S., Friston, K. J., Büchel, C., Frith, C. D., Young, A. W.,Calder, A. J., & Dolan, R. J. (1998). A neuromodulatory role for thehuman amygdala in processing emotional facial expressions. *Brain,121*(1), 47– 57; Kimbrell, T. A., George, M. S., Parekh, P. I., Ketter,T. A., Podell, D. M., Danielson, A. L., . . . , & Post, R. M. (1999).Regional brain activity during transient self- induced anxiety and angerin healthy

adults. *Biological Psychiatry, 46*(4), 454– 465; Lane, R. D.,Reiman, E. M., Axelrod, B., Yun, L. S., Holmes, A., & Schwartz, G. E.(1998). Neural correlates of levels of emotional awareness: Evidence ofan interaction between emotion and attention in the anterior cingulatecortex. *Journal of Cognitive Neuroscience, 10*(4), 525– 535; Schneider, F.,Grodd, W., Weiss, U., Klose, U., Mayer, K. R., Nägele, T., & Gur,R. C. (1997). Functional MRI reveals left amygdala activation duringemotion. *Psychiatry Research: Neuroimaging, 76*(2–3), 75– 82; Teasdale,J. D., Howard, R. J., Cox, S. G., Ha, Y., Brammer, M. J., Williams,S. C., & Checkley, S. A. (1999). Functional MRI study of the cognitivegeneration of affect. *American Journal of Psychiatry, 156*(2), 209– 215;Sawamoto, N., Honda, M., Okada, T., Hanakawa, T., Kanda, M.,Fukuyama, H., . . . , & Shibasaki, H. (2000). Expectation of painenhances responses to nonpainful somatosensory stimulation in theanterior cingulate cortex and parietal operculum/posterior insula: Anevent- related functional magnetic resonance imaging study. *Journal ofNeuroscience, 20*(19), 7438– 7445; Talbot, J. D., Marrett, S., Evans, A. C.,& Meyer, E. (1991). Multiple representations of pain in human cerebralcortex. *Science, 251,* 1355– 1358; Jones, A. K. P., Brown, W. D., Friston,K. J., Qi, L. Y., & Frackowiak, R. S. J. (1991). Cortical and subcorticallocalization of response to pain in man using positron emissiontomography. *Proceedings of the Royal Society of London. Series B: BiologicalSciences, 244*(1309), 39– 44; Coghill, R. C., Talbot, J. D., Evans, A.C., Meyer, E., Gjedde, A., Bushnell, M. C., & Duncan, G. H. (1994).Distributed processing of pain and vibration by the human brain. *Journalof Neuroscience, 14*(7), 4095–

4108; Casey, K. L., Minoshima, S., Berger,K. L., Koeppe, R. A., Morrow, T. J., & Frey, K. A. (1994). Positronemission tomographic analysis of cerebral structures activated specificallyby repetitive noxious heat stimuli. *Journal of Neurophysiology, 71*(2), 802–807; Rainville, P., Duncan, G. H., Price, D. D., Carrier, B., & Bushnell,M. C. (1997). Pain affect encoded in human anterior cingulate but notsomatosensory cortex. *Science, 277*(5328), 968– 971.

93 Eisenberger, N. I., &Lieberman, M. D. (2004). Why it hurts to be left out: The neurocognitive overlap between physical and social pain. *Trends in Cognitive Sciences, 8,* 294– 300. For more recent reviews taking a similar view, see Shackman,A. J., Salomons, T. V., Slagter, H. A., Fox, A. S., Winter, J. J., &Davidson, R. J. (2011). The integration of negative affect, pain andcognitive control in the cingulate cortex. *Nature Reviews Neuroscience,12* (3), 154– 167; Etkin, A., Egner, T., & Kalisch, R. (2011). Emotional processing in anterior cingulate and medial prefrontal cortex. *Trends inCognitive Sciences, 15*(2), 85– 93.

94 Gilbert, D. T., Lieberman,M. D., Morewedge, C. K., & Wilson, T. D. (2004). The peculiar longevity of things not so bad. *Psychological Science, 15,* 14– 19.

95 Spunt,R. P., Lieberman, M. D., Cohen, J. R., & Eisenberger, N. I. (2012).The phenomenology of error processing: The dorsal anterior cingulate response to stop-signal errors tracks reports of negative affect. *Journalof Cognitive Neuroscience, 24,* 1753– 1765; see also Botvinick, M. M.(2007). Conflict monitoring and decision making: Reconciling

twoperspectives on anterior cingulate function. *Cognitive, Affective, &Behavioral Neuroscience, 7,* 356– 366.

96 Masten, C. L., Telzer, E. H.,Fuligni, A. J., Lieberman, M. D., & Eisenberger, N. I. (2012). Time spent with friends in adolescence relates to less neural sensitivity to laterpeer rejection. *Social Cognitive and Affective Neuroscience, 7*(1), 106– 114;Bolling, D. Z., Pitskel, N. B., Deen, B., Crowley, M. J., McPartland, J. C.,Mayes, L. C., & Pelphrey, K. A. (2011). Dissociable brain mechanisms for processing social exclusion and rule violation. *NeuroImage, 54*(3),2462– 2471; Krill, A., & Platek, S. M. (2009). In- group and out- group membership mediates anterior cingulate activation to social exclusion. *Frontiers in Evolutionary Neuroscience, 1,* 1– 7; Bolling, D. Z., Pelphrey,K. A., & Vander Wyk, B. C. (2012). Differential brain responses to socialexclusion by one's own versus opposite-gender peers. *Social Neuroscience,7* (4), 331– 346; Wager, T. D., van Ast, V. A., Hughes, B. L., Davidson,M. L., Lindquist, M. A., & Ochsner, K. N. (2009). Brain mediators of cardiovascular responses to social threat, part II: Prefrontal- subcorticalpathways and relationship with anxiety. *NeuroImage, 47* (3), 836–851; Burklund, L. J., Eisenberger, N. I., & Lieberman, M. D. (2007).The face of rejection: Rejection sensitivity moderates dorsal anterior cingulate activity to disapproving facial expressions. *Social Neuroscience,2* (3- 4), 238– 253; Fisher, H. E., Brown, L. L., Aron, A., Strong, G., &Mashek, D. (2010). Reward, addiction, and emotion regulation systemsassociated with rejection in love. *Journal of Neurophysiology, 104*(1), 51–60; Kross, E., Berman, M. G., Mischel, W., Smith, E. E., &

Wager,T. D. (2011). Social rejection shares somatosensory representationswith physical pain. *Proceedings of the National Academy of Sciences,108* (15), 6270– 6275; O'Connor, M. F., Wellisch, D. K., Stanton,A. L., Eisenberger, N. I., Irwin, M. R., & Lieberman, M. D. (2008).Craving love? Enduring grief activates brain's reward center. *NeuroImage,42* (2), 969– 972; Gündel, H., O'Connor, M. F., Littrell, L., Fort, C.,& Lane, R. D. (2003). Functional neuroanatomy of grief: An fMRIstudy. *American Journal of Psychiatry, 160* (11), 1946– 1953; Kersting, A.,Ohrmann, P., Pedersen, A., Kroker, K., Samberg, D., Bauer, J., . . . , &Suslow, T. (2009). Neural activation underlying acute grief in womenafter the loss of an unborn child. *American Journal of Psychiatry, 166* (12),1402– 1410; Onoda, K., Okamoto, Y., Nakashima, K. I., Nittono, H.,Yoshimura, S., Yamawaki, S., . . . , & Ura, M. (2010). Does low self-esteemenhance social pain? The relationship between trait self-esteemand anterior cingulate cortex activation induced by ostracism. *SocialCognitive and Affective Neuroscience, 5*(4), 385– 391; Eisenberger, N. I.,Inagaki, T. K., Muscatell, K. A., Byrne Haltom, K. E., & Leary, M. R.(2011). The neural sociometer: Brain mechanisms underlying state self-esteem. *Journal of Cognitive Neuroscience, 23* (11), 3448– 3455.

97 DeWall, C. N.,MacDonald, G., Webster, G. D., Masten, C. L., Baumeister, R. F.,Powell, C., Combs, D., Schurtz, D. R., Stillman, T. F., Tice, D. M., &Eisenberger, N. I. (2010). Acetaminophen reduces social pain: Behavioraland neural evidence. *Psychological Science, 21,* 931– 937.

98 Sora I., etal. (1997). Opiate receptor knockout mice define mu receptor roles inendogenous

nociceptive responses and morphine- induced analgesia. *Proceedings of the National Academy of Sciences of the United States ofAmerica, 94,* 1544– 1549.

99 Sia, A. T., et al. (2008).A118G single nucleotide polymorphism of human mu-opioid receptor gene influences pain perception and patient- controlled intravenous morphine consumption after intrathecal morphine for postcesarean analgesia. *Anesthesiology, 109,* 520– 526; Coulbault, L., et al. (2006).Environmental and genetic factors associated with morphine response inthe postoperative period. *Clinical Pharmacology & Therapeutics, 79,* 316–324; Chou, W. Y., et al. (2006). Association of mu-opioid receptor genepolymorphism (A118G) with variations in morphine consumption for analgesia after total knee arthroplasty. *Acta Anaesthesiology Scandinivaca,50,* 787– 792.

100 Way, B. M.,Taylor, S. E., & Eisenberger, N. I. (2009). Variation in the mu-opioidreceptor gene (OPRM1) is associated with dispositional and neural sensitivity to social rejection. *Proceedings of the National Academy ofSciences of the United Stated of America, 106,* 15079– 15084.

101 James, W.(1890/1950). *The Principles of Psychology.* New York: Dover.

102 Zadro, L., Williams,K. D., & Richardson, R. (2004). How low can you go? Ostracism by acomputer is sufficient to lower self- reported levels of belonging, control,self-esteem, and meaningful existence. *Journal of Experimental SocialPsychology, 40*(4), 560– 567.

103 Kaltiala- Heino, R., Rimpelä,M., Marttunen, M., Rimpelä, A., & Rantanen, P. (1999). Bullying,depression, and suicidal ideation in Finnish adolescents: School survey. *Bmj,*

319(7206), 348– 351; Juvonen, J., & Galván, A. (2009). Bullying asa means to foster compliance. In M. Harris (Ed.). *Bullying, Rejection andPeer Victimization: A Social Cognitive Neuroscience Perspective.* New York:Springer, pp. 299– 318.

104 Fleming, L. C., & Jacobsen,K. H. (2009). Bullying and symptoms of depression in Chilean middleschool students. Journal of School Health, 79(3), 130– 137; Wolke, D.,Woods, S., Stanford, K., & Schulz, H. (2001). Bullying and victimizationof primary school children in England and Germany: Prevalence andschool factors. *British Journal of Psychology, 92*(4), 673– 696; Kaltiala-Heino, R., Rimpelä, M., Marttunen, M., Rimpelä, A., & Rantanen, P.(1999). Bullying, depression, and suicidal ideation in Finnish adolescents:School survey. *Bmj, 319*(7206), 348– 351; Kim, Y. S., Koh, Y. J., &Leventhal, B. (2005). School bullying and suicidal risk in Korean middle school students. *Pediatrics, 115*(2), 357– 363.

105 Nansel, T. R., Overpeck, M., Pilla,R. S., Ruan, W. J., Simons- Morton, B., & Scheidt, P. (2001). Bullying behaviors among US youth. JAMA: *Journal of the American Medical Association, 285*(16), 2094– 2100.

106 Klomek, A. B., Marrocco, F.,Kleinman, M., Schonfeld, I. S., & Gould, M. S. (2007). Bullying,depression, and suicidality in adolescents. *Journal of the American Academy of Child & Adolescent Psychiatry, 46*(1), 40.

107 Klomek,A. B., Sourander, A., Niemelä, S., Kumpulainen, K., Piha, J., Tamminen,T., . . . , & Gould, M. S. (2009). Childhood bullying behaviors asa risk for suicide attempts and completed suicides: A population- basedbirth cohort study. *Journal of the American*

Academy of Child & Adolescent Psychiatry, 48(3), 254– 261.

108 Smith, M. T.,Edwards, R. R., Robinson, R. C., & Dworkin, R. H. (2004). Suicidal ideation, plans, and attempts in chronic pain patients: Factors associatedwith increased risk. *Pain,* 111, 201– 208.

第四章　公平的滋味就像巧克力

109 Hegtvedt, K. A., & Killian, C.(1999). Fairness and emotions: Reactions to the process and outcomes ofnegotiations. *Social Forces, 78*(1), 269– 302.

110 Tyler, T. R.(1984). The role of perceived injustice in defendants' evaluations of their courtroom experience. *Law & Society Review, 18,* 51.

111 Tabibnia, G., Satpute,A. B., & Lieberman, M. D. (2008). The sunny side of fairness: Preference for fairness activates reward circuitry (and disregarding unfairness activates self-control circuitry). *Psychological Science, 19,* 339– 347.

112 Sanfey, A. G., Rilling, J. K., Aronson, J. A., Nystrom, L. E., &Cohen, J. D. (2003). The neural basis of economic decision- makingin the ultimatum game. *Science, 300*(5626), 1755– 1758; Civai, C.,Crescentini, C., Rustichini, A., & Rumiati, R. I. (2012). Equality versusself- interest in the brain: Differential roles of anterior insula and medial prefrontal cortex. *NeuroImage, 62,* 102– 112.

113 Tricomi, E., Rangel, A., Camerer, C. F., & O'Doherty, J. P. (2010).Neural evidence for inequality- averse social preferences. *Nature,463*(7284), 1089– 1091.

114 Lieberman, M. D., & Eisenberger,N. I. (2009). Pains and pleasures of social life. Science, 323, 890– 891.

115 Baumeister, R. F., & Leary,M. R. (1995). The need to belong: Desire for interpersonal attachments as a fundamental human motivation. *Psychological Bulletin, 117*(3), 497.

116 Inagaki, T. K.,& Eisenberger, N. I. (in press). Shared neural mechanisms underlying social warmth and physical warmth, *Psychological Science.*

117 Castle, E.,& Lieberman, M. D. (unpublished data). How much would you pay tohear "I love you"?

118 Guyer, A. E.,Choate, V. R., Pine, D. S., & Nelson, E. E. (2012). Neural circuitryunderlying affective response to peer feedback in adolescence. *SocialCognitive and Affective Neuroscience, 7*(1), 81– 92; Davey, C. G., Allen,N. B., Harrison, B. J., Dwyer, D. B., & Yücel, M. (2010). Being likedactivates primary reward and midline self- related brain regions. *HumanBrain Mapping, 31*(4), 660– 668.

119 Izuma, K., Saito, D. N.,& Sadato, N. (2008). Processing of social and monetary rewards in thehuman striatum. *Neuron, 58*(2), 284.

120 Baumeister, R. F.,Campbell, J. D., Krueger, J. I., & Vohs, K. D. (2003). Does high self-esteemcause better performance, interpersonal success, happiness, or healthier lifestyles? *Psychological Science in the Public Interest, 4*(1), 1– 44.

121 Hull, C. L. (1952). *A Behavior System: An Introduction to Behavior Theory Concerning the Individual Organism.*New Haven: Yale University Press.

122 Schultz, W., Dayan, P., &Montague, P. R. (1997). A neural substrate of prediction and reward. *Science, 275*(5306), 1593– 1599.

123 Melis, A. P., Semmann, D., Melis, A. P., &Semmann, D. (2010). How is human cooperation different? *Philosophical Transactions of the Royal Society B: Biological Sciences, 365*(1553), 2663–2674; Nowak, M., & Highfi eld, R. (2012). *SuperCooperators: Altruism,Evolution, and Why We Need Each Other to Succeed.* New York: Free Press.

124 Cialdini, R. B. (2001). *Influence: Science and Practice* (Vol. 4). Boston: Allyn & Bacon; Burger,J. M., Sanchez, J., Imberi, J. E., & Grande, L. R. (2009). The norm of reciprocity as an internalized social norm: Returning favors even whenno one finds out. *Social Influence, 4*(1), 11– 17.

125 Regan, R. T. (1971). Effects of afavor and liking on compliance. *Journal of Experimental Social Psychology,7,* 627– 639.

126 大力推薦在 YouTube 搜尋「金球」（golden balls），英國一檔根據囚犯困境製作的遊戲節目。最上方的幾個搜尋結果十分有娛樂性。

127 Hayashi, N., Ostrom, E., Walker, J., &Yamagishi, T. (1999). Reciprocity, trust, and the sense of control: A cross-societalstudy. *Rationality and Society, 11*(1), 27– 46; Kiyonari, T., Tanida,S., & Yamagishi, T. (2000). Social exchange and reciprocity: Confusionor a heuristic? *Evolution and Human Behavior, 21*(6), 411– 427.

128 Kiyonari, T., Tanida, S., &Yamagishi, T. (2000). Social exchange and reciprocity: Confusion or aheuristic? *Evolution and Human Behavior, 21* (6), 411– 427.

129 Edgeworth, F. Y. (1881). *MathematicalPsychics: An Essay on the Application of Mathematics to the Moral Sciences.*London: Kegan Paul, p. 104.

130 Hume (1898/1754, p.117). Hume, D.(2001/1754). *An Enquiry Concerning Human Understanding* (Vol. 3).New York: Oxford University Press, p. 117.

131 Hobbes, T. (1969/1651). *Leviathan* (partiii). Aldershot, England: Scolar Press.

132 Hollander, S. (1977). Adam Smithand the self- interest axiom. *Journal of Law and Economics, 20*(1), 133–152.

133 Hayashi, N., Ostrom, E., Walker, J.,& Yamagishi, T. (1999). Reciprocity, trust, and the sense of control: Across- societal study. *Rationality and Society, 11*(1), 27– 46.

134 Fehr, E., & Camerer, C. F. (2007).Social neuroeconomics: The neural circuitry of social preferences. *Trendsin Cognitive Sciences, 11*(10), 419– 427.

135 Henrich, J.,Boyd, R., Bowles, S., Camerer, C., Fehr, E., Gintis, H., . . . , & Tracer, D.(2005). “Economic man” in cross- cultural perspective: Behavioralexperiments in 15 small- scale societies. *Behavioral and Brain Sciences, 28*(6), 795– 814.

136 Dawkins, R. (1976). The SelfishGene. Oxford: Oxford University Press.

137 Spitzer, M., Fischbacher, U.,Herrnberger, B., Grön, G., & Fehr, E. (2007). The neural signatureof social norm compliance. *Neuron, 56*(1), 185– 196; O’Doherty, J. P.,Buchanan, T. W., Seymour, B., & Dolan, R. J. (2006). Predictive neuralcoding of reward preference involves dissociable responses in humanventral midbrain and ventral striatum. *Neuron, 49*(1), 157.

138 Rilling, J. K., Gutman,D. A., Zeh, T. R., Pagnoni, G., Berns, G. S., & Kilts, C. D. (2002). A neural basis for social cooperation. *Neuron, 35*(2), 395– 405.

139 Rilling, J. K.,Sanfey, A. G., Aronson, J. A., Nystrom, L. E., & Cohen, J. D. (2004).Opposing BOLD responses to reciprocated and unreciprocated altruismin putative reward pathways. *Neuroreport, 15*(16), 2539– 2243.

140 Asimov, I. (2010/1955). *The End of Eternity.* New York: Tor Books, pp. 117– 118.

141 Ghiselin, M. T.(1974). *The Economy of Nature and the Evolution of Sex* (Vol. 247). Berkeley: University of California Press; Dawkins, R. (1976). *The Selfish Gene.* Oxford: Oxford University Press.

142 Batson, C. D. (1991). *The Altruism Question: Toward a Social- Psychological Answer.* Hillsdale, NJ:Lawrence Erlbaum Associates, p. 116.

143 Wilson,E. O. (2012). *The Social Conquest of Earth.* New York: Liveright.

144 Andreoni, J. (1990).Impure altruism and donations to public goods: A theory of warm-glowgiving. *Economic Journal, 100*(401), 464– 477.

145 Lama, D. (1994). *The Way to Freedom.* New York: Harper Collins, p. 154.

146 Moll, J., Krueger, F.,Zahn, R., Pardini, M., de Oliveira- Souza, R., & Grafman, J. (2006). Human fronto-mesolimbic networks guide decisions about charitable donation. *Proceedings of the National Academy of Sciences, 103*(42),15623– 15628; Harbaugh, W. T., Mayr, U., & Burghart, D. R. (2007).Neural responses to taxation and voluntary giving reveal motives forcharitable donations. *Science, 316*(5831), 1622– 1625.

147 Telzer, E. H., Masten,C. L., Berkman, E. T., Lieberman, M. D., & Fuligni, A. J. (2010). Gaining while giving: An fMRI study of the rewards of family assistance among White and Latino youth. *Social Neuroscience, 5,* 508– 518.

148 Inagaki, T. K., & Eisenberger, N. I. (2012). Neural correlates of givingsupport to a loved one. *Psychosomatic Medicine, 74,* 3– 7.

149 Brown, S. L., Nesse, R. M., Vinokur, A. D., & Smith, D. M. (2003).Providing social support may be more beneficial than receiving it: Results from a prospective study of mortality. *Psychological Science, 14*(4), 320–327.

150 Smith, A. (1776). *An Inquiry into the Nature and Causes of the Wealth of Nations.* London:W. Strahan and T. Cadell.

151 Smith, A. (1759). *The Theory of Moral Sentiments.* Edinburgh: A. Kincaid and J. Bell.

152 Keverne, E. B., Martensz, N. D., & Tuite, B. (1989). Beta- endorphinconcentrations in cerebrospinal fluid of monkeys are influenced by grooming relationships. *Psychoneuroendocrinology, 14*(1), 155– 161.

153 Dunbar, R. (1998). Theory of mind and the evolution of language. In J. Hurford, M. Studdart-Kennedy, & C. Knight (Eds.). *Approaches to the Evolution of Language.* Cambridge: Cambridge University Press, pp. 92– 110.

154 Seltzer, L. J., Ziegler, T. E., &Pollak, S. D. (2010). Social vocalizations can release oxytocin in humans. *Proceedings of the Royal Society B: Biological Sciences, 277*(1694), 2661–2666.

155 Broad,K. D., Curley, J. P., & Keverne, E. B. (2006). Mother- infant bondingand the evolution of mammalian social relationships. *Philosophical Transactions of the Royal Society B: Biological Sciences, 361*(1476), 2199–2214.

156 Soloff, M. S., Alexandrova, M., & Fernstrom, M. J. (1979). Oxytocin receptors: Triggers for parturition and lactation? *Science, 204*(4399),1313.

157 Depue, R. A., & Morrone- Strupinsky, J. V. (2005). A neurobehavioral model of affiliative bonding: Implications for conceptualizing a human trait of affiliation. *Behavioral and Brain Sciences, 28*(3), 313– 349.

158 Febo, M.,Numan, M., & Ferris, C. F. (2005). Functional magnetic resonanceimaging shows oxytocin activates brain regions associated with mother-pupbonding during suckling. *Journal of Neuroscience, 25*(50), 11637–11644; Shahrokh, D. K., Zhang, T. Y., Diorio, J., Gratton, A., & Meaney,M. J. (2010). Oxytocin- dopamine interactions mediate variations inmaternal behavior in the rat. *Neuroendocrinology, 151*(5), 2276– 2286.

159 Leng,G., Meddle, S. L., & Douglas, A. J. (2008). Oxytocin and the maternal brain. *Current Opinion in Pharmacology, 8*(6), 731– 734.

160 Gordon, I.,Zagoory- Sharon, O., Schneiderman, I., Leckman, J. F., Weller, A., &Feldman, R. (2008). Oxytocin and cortisol in romantically unattached young adults: Associations with bonding and psychological distress. *Psychophysiology, 45*(3), 349– 352; Bartz, J. A., Zaki, J., Bolger, N., &Ochsner, K. N. (2011). Social effects of oxytocin in humans: Contextand person matter. *Trends in Cognitive Sciences, 15*(7), 301– 309.

161 Numan, M., & Sheehan, T. P. (1997). Neuroanatomical circuitry formammalian maternal behavior. *Annals of the New York Academy of Sciences, 807*(1), 101– 125.

162 Broad, K. D., Curley,J. P., & Keverne, E. B. (2006). Mother-infant bonding and the evolutionof mammalian social relationships. *Philosophical Transactions of the Royal Society B: Biological Sciences, 361*(1476), 2199– 2214.

163 Kosfeld, M., Heinrichs, M., Zak, P. J., Fischbacher, U., & Fehr, E.(2005). Oxytocin increases trust in humans. *Nature, 435*(7042), 673–676; Zak, P. J., Stanton, A. A., & Ahmadi, S. (2007). Oxytocin increasesgenerosity in humans. *PLOS One, 2*(11), e1128.

164 De Dreu,C. K., Greer, L. L., Van Kleef, G. A., Shalvi, S., & Handgraaf, M. J.(2011). Oxytocin promotes human ethnocentrism. *Proceedings of the National Academy of Sciences, 108*(4), 1262– 1266.

165 Kosfeld, M.,Heinrichs, M., Zak, P. J., Fischbacher, U., & Fehr, E. (2005). Oxytocinincreases trust in humans. *Nature, 435*(7042), 673– 676; Fershtman, C.,Gneezy, U., & Verboven, F. (2005). Discrimination and nepotism: Theefficiency of the anonymity rule. *Journal of Legal Studies,* 34(2), 371– 396.

166 Miller, D. T.(1999). The norm of self- interest. *American Psychologist, 54*(12), 1053.

167 Miller, D. T., & Ratner,R. K. (1998). The disparity between the actual and assumed power ofself- interest. *Journal of Personality and Social Psychology, 74*(1), 53.

168 Wuthnow, R. (1991). *Acts of Compassion: Caring for Others and Helping Ourselves.* Princeton, NJ: Princeton University Press.

169 Holmes, J. G., Miller, D. T., & Lerner,M. J. (2002). Committing altruism under the cloak of self- interest:The exchange fiction. Journal of *Experimental Social Psychology, 38*(2),144–151.

170 DeTocqueville, A. (1958/1835). *Democracy in America.* New York: Vintage.

171 Freud, S. (1950/1920). *Beyond the Pleasure Principle.* New York: Liveright.

172 Beck, A. T., Laude, R., & Bohnert, M.(1974). Ideational components of anxiety neurosis. *Archives of GeneralPsychiatry, 31,* 319– 325; Brown, G. W., & Harris, T. (2001). *Social Origins of Depression: A Study of Psychiatric Disorder in Women* (Vol. 65). NewYork: Routledge; Slavich, G. M., Thornton, T., Torres, L. D., Monroe, S.M., & Gotlib, I. H. (2009). Targeted rejection predicts hastened onset of major depression. *Journal of Social and Clinical Psychology, 28*(2), 223.

173 House, J. S., Landis, K. R., & Umberson,D. (1988). Social relationships and health. *Science, 241*(4865),540– 545; Holt- Lunstad, J., Smith, T. B., & Layton, J. B. (2010). Social relationships and mortality risk: A meta- analytic review. *PLOS Medicine,7*(7), e1000316.

第五章　心靈魔術的祕密

174 Clark, M. P. A., & Westerberg, B. D. (2009). How random is a coin toss. *Canadian Medical Association Journal, 181,* E306– E308.

175 Diaconi, P., Holmes, S., & Montgomery, R. (2007). Dynamical bias in the coin toss. *SIAM Review, 49,* 211– 235.

176 http://www.pleasantmorningbuzz.com/blog/1122061.

177 Brentano, F. (1995/1874). Psychologyfrom an Empirical Standpoint. New York: Routledge; Wundt, W. M.(1904/1874). *Principles of Physiological Psychology* (Vol. 1). London: Sonnenschein.

178 Heider,F., & Simmel, M. (1944). An experimental study of apparent behavior. *American Journal of Psychology, 57,* 243– 259.

179 Dennett,D. C. (1971). Intentional systems. *Journal of Philosophy, 68,* 87– 106.

180 Premack, D., & Woodruff, G.(1978). Does the chimpanzee have a theory of mind? *Behavioral and Brain Sciences, 1*(04), 515– 526.

181 Dennett, D. C.(1978). Beliefs about beliefs. *Behavioral and Brain Sciences, 1*(04), 568–570.

182 Wimmer, H., & Perner, J. (1983). Beliefs about beliefs: Representation andconstraining function of wrong beliefs in young children's understandingof deception. *Cognition, 13*(1), 103– 128; Baron- Cohen, S., Leslie, A. M.,& Frith, U. (1985). Does the autistic child have a "theory of mind"? *Cognition, 21*(1), 37– 46.

183 Happé, F. G. (1995). The role of age and verbal ability in the theoryof mind task performance of subjects with autism. *Child Development, 66*(3), 843– 855.

184 Buttelmann, D., Carpenter, M., & Tomasello, M. (2009).Eighteen- month- old infants show false belief understanding in anactive helping paradigm. *Cognition, 112*(2), 337– 342; Kuhlmeier, V.,Wynn, K., & Bloom, P. (2003). Attribution of dispositional states by12-

month- olds. *Psychological Science, 14*(5), 402– 408.

185 Cheney,D. L. (2011). Extent and limits of cooperation in animals. *Proceedings of the National Academy of Sciences, 108,* 10902– 10909; Call, J., &Tomasello, M. (2008). Does the chimpanzee have a theory of mind? 30years later. *Trends in Cognitive Sciences, 12*(5), 187– 192.

186 Price, B. H., Daffner, K. R., Stowe,R. M., & Mesilam, M. M. (1990). The comportmental learningdisabilities of early frontal lobe damage. *Brain, 113*(5), 1383– 1393;Davis, H. L., & Pratt, C. (1995). The development of children's Theoryof Mind: The working memory explanation. *Australian Journal of Psychology, 47,* 25– 31; Gordon, A. C. L., & Olson, D. R. (1998). Therelation between acquisition of a Theory of Mind and the capacity tohold in mind. *Journal of Experimental Child Psychology, 68,* 70– 83.

187 Goel, V., & Dolan, R. J.(2004). Differential involvement of left prefrontal cortex in inductiveand deductive reasoning. *Cognition, 93*(3), B109– B121.

188 Rottschy, C., et al. (2012).Modelling neural correlates of working memory: A coordinate-basedmeta- analysis. *NeuroImage, 60,* 830– 846.

189 Gray, J. R., Chabris, C. F., & Braver, T. S. (2003). Neural mechanisms of general fluid intelligence. *Nature Neuroscience, 6*(3),316–322; Lee, K. H., Choi, Y. Y., Gray, J. R., Cho, S. H., Chae, J. H., Lee,S., & Kim, K. (2006). Neural correlates of superior intelligence: Stronger recruitment of posterior parietal cortex. *NeuroImage, 29*(2), 578– 586.

190 其實早期一個神經心理學案例研究，找出外側前額葉的損傷與心智理論類型任務的缺損有連結；不過，事後回顧認為，這種缺損與任務的大致難度有關，高於心智理論本身。Price, B., Daffner, K., Stowe, R., &Mesulam, M. (1990). The comportmental learning disabilities of early frontal lobe damage. *Brain, 113,* 1383– 1393; Stone, V. E., Baron- Cohen,S., & Knight, R. T. (1998). Frontal lobe contributions to theory of mind. *Journal of Cognitive Neuroscience, 10*(5), 640– 656.

191 Fletcher, P. C., Happe, F., Frith, U., Baker,S. C., Dolan, R. J., Frackowiak, R. S., & Frith, C. D. (1995). Other minds in the brain: A functional imaging study of “theory of mind” instory comprehension. *Cognition, 57*(2), 109– 128.

192 Rottschy, C., Langner, R., Dogan, I., Reetz, K.,Laird, A. R., Schulz, J. B., . . . , & Eickhoff, S. B. (2011). Modelling neural correlates of working memory: A coordinate- based meta-analysis. *NeuroImage. 60,* 830– 846; Bavelier, D., Corina, D., Jezzard, P.,Padmanabhan, S., Clark, V. P., Karni, A., . . . , & Neville, H. (1997).Sentence reading: A functional MRI study at 4 Tesla. *Journal of CognitiveNeuroscience, 9*(5), 664– 686; Turkeltaub, P. E., Gareau, L., Flowers,D. L., Zeffiro, T. A., & Eden, G. F. (2003). Development of neuralmechanisms for reading. *Nature Neuroscience, 6*(7), 767– 773.

193 Castelli, F., Frith, C.,Happé, F., & Frith, U. (2002). Autism, Asperger syndrome and brain mechanisms for the attribution of mental states to animated shapes. *Brain, 125*(8), 1839– 1849.

194 St. Jacques, P. L., Conway, M. A.,Lowder, M. W., & Cabeza, R. (2011). Watching my mind unfold versusyours: An fMRI study using a novel camera technology to examine neural

differences in self- projection of self versus other perspectives. *Journal of Cognitive Neuroscience, 23*(6), 1275– 1284.

195 Lieberman, M. D. (2010).Social cognitive neuroscience. In S. T. Fiske, D. T. Gilbert, & G. Lindzey(Eds). *Handbook of Social Psychology,* 5th ed. New York: McGraw- Hill,pp. 143–193; Van Overwalle, F. (2011). A dissociation between social mentalizing and general reasoning. *NeuroImage, 54*(2), 1589– 1599.

196 Raichle, M. E., MacLeod, A. M., Snyder, A. Z., Powers,W. J., Gusnard, D. A., & Shulman, G. L. (2001). A default mode of brain function. *Proceedings of the National Academy of Sciences, 98*(2), 676– 682.

197 Braun, A. R., Balkin,T. J., Wesenten, N. J., Carson, R. E., Varga, M., Baldwin, P., . . . , &Herscovitch, P. (1997). Regional cerebral blood flow throughout the sleep- wake cycle. An H2 (15) O PET study. *Brain, 120*(7), 1173– 1197;Muzur, A., Pace- Schott, E. F., & Hobson, J. A. (2002). The prefrontalcortex in sleep. *Trends in Cognitive Sciences, 6*(11), 475– 481.

198 Spunt, R. P., Meyer, M. L., &Lieberman, M. D. (under review). Social by default: Brain activity at rest facilitates social cognition.

199 Harrison,B. J., Pujol, J., López- Solà, M., Hernández- Ribas, R., Deus, J.,Ortiz, H., . . . , & Cardoner, N. (2008). Consistency and functional specialization in the default mode brain network. *Proceedings of the National Academy of Sciences, 105*(28), 9781– 9786; Spreng, R. N., Mar,R. A., & Kim, A. S. (2009). The common neural basis of autobiographical

memory, prospection, navigation, theory of mind, and the default mode:A quantitative meta- analysis. *Journal of Cognitive Neuroscience, 21*(3),489– 510.

200 Anticevic, A., Repovs, G., Shulman, G. L., & Barch, D. M.(2010). When less is more: TPJ and default network deactivation during encoding predicts working memory performance. *NeuroImage, 49*(3),2638– 2648; Li, C. S. R., Yan, P., Bergquist, K. L., & Sinha, R. (2007). Greater activation of the "default" brain regions predicts stop signalerrors. *NeuroImage, 38*(3), 640– 648.

201 James, W. (1950/1890). *The Principlesof Psychology.* New York: Dover.

202 Yoshida, W., Seymour, B., Friston, K. J., & Dolan, R. J. (2010). Neuralmechanisms of belief inference during cooperative games. *Journal of Neuroscience, 30*(32), 10744– 10751.

203 Coricelli, G., &Nagel, R. (2009). Neural correlates of depth of strategic reasoning in medial prefrontal cortex. *Proceedings of the National Academy of Sciences, 106* (23), 9163– 9168.

204 心理學家或許不同意，在上述情境中猜測0代表最有策略的答案。可想而知，參與者大概包含了無策略、稍有策略，以及非常有策略的人，而評估這樣的組合會給出高於0的數字為最佳答案。

205 Falk, E. B., Morelli,S. A., Welbourn, B. L., Dambacher, K., & Lieberman, M. D. (in press). Creating buzz: The neural correlates of effective message propagation. *Psychological Science.*

206 Spunt, R. P., &Lieberman, M. D. (in press). Automaticity, control, and the social brain.In J. Sherman, B. Gawronski, & Y. Trope (Eds.). *Dual Process Theoriesof the Social Mind.* New

York: Guilford; Apperly, I. A., Riggs, K. J.,Simpson, A., Chiavarino, C., & Samson, D. (2006). Is belief reasoningautomatic? *Psychological Science, 17*(10), 841– 844.

207 Meyer,M. L., Spunt, R. P., Berkman, E. T., Taylor, S. E., & Lieberman, M. D.(2012). Social working memory: An fMRI study of parametric increases in social cognitive effort. *Proceedings of the National Academy of Sciences,109,* 1883– 1888; Wagner, D. D., Kelley, W. M., & Heatherton, T. F.(2011). Individual differences in the spontaneous recruitment of brainregions supporting mental state understanding when viewing natural social scenes. *Cerebral Cortex, 21*(12), 2788– 2796.

208 Mckiernan, K. A., Kaufman, J. N., Kucera- Thompson, J., & Binder,J. R. (2003). A parametric manipulation of factors affecting task-induced deactivation in functional neuroimaging. *Journal of Cognitive Neuroscience, 15*(3), 394– 408.

209 Dumontheil,I., Jensen, S. G., Wood, N. W., Meyer, M. L., Lieberman, M. D.,& Blakemore, S. (under review). Infl uence of dopamine regulating geneson social working memory.

210 Berkman, E.,& Lieberman, M. D. (2009). Using neuroscience to broaden emotionregulation: Theoretical and methodological considerations. *Social and Personality Psychology Compass, 3,* 475– 493.

211 Griffin, D. W., & Ross, L. (1991).Subjective construal, social inference, and human misunderstanding. *Advances in Experimental Social Psychology, 24,* 319– 359.

212 Keysar, B., Barr, D.J., Balin, J. A., & Brauner, J. S. (2000). Taking perspective in conversation:The role of mutual knowledge in comprehension. *Psychological Science,11*(1),

32– 38.
213 Dumontheil, I.,Apperly, I. A., & Blakemore, S. J. (2010). Online usage of theory of mind continues to develop in late adolescence. *Developmental Science, 13*(2),331– 338.

第六章　魔鏡啊，魔鏡！神奇的心智旅程

214 Rizzolatti, G.,Gentilucci, M., Camarda, R. M., Gallese, V., Luppino, G., Matelli, M.,& Fogassi, L. (1990). Neurons related to reaching- grasping armmovements in the rostral part of area 6 (area 6a β). *Experimental Brain Research, 82*(2), 337– 350.
215 Pellegrino, G. D., Fadiga, L., Fogassi, L., Gallese, V., &Rizzolatti, G. (1992). Understanding motor events: A neurophysiological study. *Experimental Brain Research, 91*(1), 176– 180.
216 Prinz, W. (1997). Perception and action planning. *European Journal of Cognitive Psychology, 9*(2), 129– 154.
217 Ramachandran, V. S. (2000). Mirror neurons and imitation learning asthe driving force behind "the great leap forward" in human evolution. *Edge* website article: http://www.edge.org/3rd_culture/ramachandran/ramachandran_p1.html.
218 Arbib, M. A. (2005). From monkey- like action recognitionto human language: An evolutionary framework for neurolinguistics. *Behavioral and Brain Sciences, 28* (02), 105–124; Molenberghs, P.,Cunnington, R., & Mattingley, J. B. (2009). Is the mirror neuron systeminvolved in imitation? A short review and meta- analysis. *Neuroscience &Biobehavioral Reviews, 33*(7), 975– 980; Blakeslee, S. (2006). Cells thatread minds. *New*

York Times, January 10, p. 1; Fabrega Jr., H. (2005).Biological evolution of cognition and culture: Off Arbib's mirror- neuron system stage? *Behavioral and Brain Sciences, 28*(02), 131– 132; Gallese,V. (2001). The shared manifold hypothesis. From mirror neurons toempathy. *Journal of Consciousness Studies, 8*(5- 7), 33–50.

219 Coolidge, F. L., & Wynn, T. (2005). Working memory, its executivefunctions, and the emergence of modern thinking. *Cambridge Archaeological Journal, 15*(1), 5– 26.

220 Ramachandran,V. S. (2000). Mirror neurons and imitation learning asthe driving force behind "the great leap forward" in human evolution. *Edge* website article: http://www.edge.org/3rd_culture/ramachandran/ramachandran_p1. html.

221 Iacoboni, M., Woods, R. P., Brass, M., Bekkering, H., Mazziotta,J. C., & Rizzolatti, G. (1999). Cortical mechanisms of human imitation. *Science, 286*(5449), 2526– 2528.

222 Heiser, M., Iacoboni, M., Maeda, F., Marcus, J.,& Mazziotta, J. C. (2003). The essential role of Broca's area in imitation. *European Journal of Neuroscience, 17* (5), 1123– 1128.

223 Buccino, G., Vogt, S., Ritzl, A., Fink, G. R., Zilles, K.,Freund, H. J., & Rizzolatti, G. (2004). Neural circuits underlying imitation learning of hand actions: An event- related fMRI study. *Neuron, 42*(2), 323– 334.

224 Ross, L., Greene, D., & House, P.(1977). The "false consensus effect": An egocentric bias in social perceptionand attribution processes. *Journal of Experimental Social Psychology,13*(3), 279– 301; Ames, D. R. (2004). Inside the mind reader's tool kit:Projection and stereotyping in mental state inference. *Journal of Personalityand Social*

Psychology, 87(3), 340.

225 Gallese, V., & Goldman, A. (1998). Mirror neurons and the simulation theory of mind-reading. *Trends in Cognitive Sciences, 2*(12), 493– 501.

226 Gallese, V., Keysers, C., & Rizzolatti, G. (2004). A unifying view of thebasis of social cognition. *Trends in Cognitive Sciences, 8*(9), 396– 403; 高登其實二十年之前就預示這個概念，他寫道有個「有趣的可能性……實際的模擬是事先包裝好『模組』，在感知到其他人類時自動召喚」：Gordon, R. M. (2007). Folk psychology as simulation. *Mind &Language, 1*(2), 158– 171.

227 Rizzolatti, G., & Sinigaglia, C. (2010).The functional role of the parieto- frontal mirror circuit: Interpretations and misinterpretations. *Nature Reviews Neuroscience, 11*(4), 264–274.

228 Kohler, E., Keysers, C., Umilta,M. A., Fogassi, L., Gallese, V., & Rizzolatti, G. (2002). Hearing sounds,understanding actions: Action representation in mirror neurons. *Science,297*(5582), 846– 848.

229 Hickok, G.(2009). Eight problems for the mirror neuron theory of action understanding in monkeys and humans. *Journal of Cognitive Neuroscience, 21*(7), 1229– 1243.

230 Umilta, M. A., Kohler, E., Gallese, V., Fogassi, L., Fadiga, L.,Keysers, C., & Rizzolatti, G. (2001). I know what you are doing: A neurophysiologicalstudy. *Neuron, 31*(1), 155– 166.

231 Lee, H., Simpson,G. V., Logothetis, N. K., & Rainer, G. (2005). Phase locking of singleneuron activity to theta oscillations during working memory in monkeyextrastriate

visual cortex. *Neuron, 45*(1), 147– 156.

232 Heyes, C. (2010).Mesmerising mirror neurons. *NeuroImage, 51*(2), 789– 791.

233 Catmur, C.,Walsh, V., & Heyes, C. (2007). Sensorimotor learning configures thehuman mirror system. *Current Biology, 17*(17), 1527– 1531; Catmur, C.,Mars, R. B., Rushworth, M. F., & Heyes, C. (2011). Making mirrors:Premotor cortex stimulation enhances mirror and counter- mirror motor facilitation. *Journal of Cognitive Neuroscience, 23*(9), 2352–2362.

234 Newman-Norlund, R. D., van Schie, H. T., van Zuijlen, A. M., & Bekkering, H.(2007). The mirror neuron system is more active during complementary compared with imitative action. *Nature Neuroscience, 10*(7), 817– 818.

235 Fox, M. D., Snyder, A. Z., Vincent, J. L.,Corbetta, M., Van Essen, D. C., & Raichle, M. E. (2005). The humanbrain is intrinsically organized into dynamic, anticorrelated functional networks. *Proceedings of the National Academy of Sciences of the UnitedStates of America, 102*(27), 9673– 9678.

236 Spunt, R. P., & Lieberman,M. D. (in press). Automaticity, control, and the social brain. In J. Sherman,B. Gawronski, & Y. Trope (Eds.). *Dual Process Theories of the SocialMind.* New York: Guilford.

237 Vallacher, R. R., &Wegner, D. M. (1987). What do people think they're doing? Actionidentification and human behavior. *Psychological Review, 94*(1), 3.

238 Carver,C. S. (1979). A cybernetic model of self- attention processes. *Journal of Personality*

and Social Psychology, 37(8), 1251.

239 Jacob, P., & Jeannerod, M. (2005). The motor theory of social cognition:A critique. *Trends in Cognitive Sciences, 9*(1).

240 Spunt,R. P., & Lieberman, M. D. (2012). Dissociating modality- specific andsupramodal neural systems for action understanding. *Journal of Neuroscience,32,* 3575– 3583; Spunt, R. P., & Lieberman, M. D. (2012). Anintegrative model of the neural systems supporting the comprehension ofobserved emotional behavior. *NeuroImage, 59,* 3050– 3059; Spunt, R. P.,Falk, E. B., & Lieberman, M. D. (2010). Dissociable neural systems supportretrieval of "how" and "why" action knowledge. *Psychological Science,21,* 1593– 1598; Spunt, R .P., Satpute, A. B., & Lieberman, M. D.(2011). Identifying the what, why, and how of an observed action: AnfMRI study of mentalizing and mechanizing during action observation. *Journal of Cognitive Neuroscience, 23,* 63– 74; Brass, M., Schmitt, R. M.,Spengler, S., & Gergely, G. (2007). Investigating action understanding:Inferential processes versus action simulation. *Current Biology, 17*(24),2117– 2121; de Lange, F. P., Spronk, M., Willems, R. M., Toni, I., &Bekkering, H. (2008). Complementary systems for understanding actionintentions. *Current Biology, 18*(6), 454– 457; Noordzij, M. L., Newman-Norlund, S. E., De Ruiter, J. P., Hagoort, P., Levinson, S. C., & Toni, I.(2009). Brain mechanisms underlying human communication. *Frontiersin Human Neuroscience, 3,* 14.

241 Spunt, R. P., & Lieberman,M. D. (2012). Dissociating modality- specific and supramodal neuralsystems for action understanding. *Journal of Neuroscience, 32,* 3575–3583.

242 Spunt, R. P., &Lieberman, M. D. (2013). The busy social brain: Evidence for automaticity and control in the neural systems supporting social cognition and action understanding. *Psychological Science, 24,* 80– 86.

243 James, W. (1890/1950). *The Principles of Psychology.* New York: Dover, p. 462.

第七章　感同身受，同理心的高峰與低谷

244 Titchener,E. B. (1909). *Lectures on the Experimental Psychology of Thought- Processes.* New York: Macmillan.

245 這個名詞的現代用法是指理解他人的感受，該用法可追溯至胡塞爾的《觀念》（*Ideen*）以及他的學生史坦茵（Edith Stein）的論文：Stein, E. (1989/1916). *On the Problem ofEmpathy.* Washington D.C.: ICS Publications.

246 Zaki, J., &Ochsner, K. (2012). The neuroscience of empathy: Progress, pitfalls andpromise. *Nature Neuroscience, 15,* 675- 680.

247 Avenanti,A., Bueti, D., Galati, G., & Aglioti, S. M. (2005). Transcranial magneticstimulation highlights the sensorimotor side of empathy for pain. *NatureNeuroscience, 8*(7), 955– 960.

248 Dimberg, U., Thunberg, M., & Elmehed, K. (2000). Unconsciousfacial reactions to emotional facial expressions. *Psychological Science,11*(1), 86– 89.

249 Neal, D. T., &Chartrand, T. L. (2011). Embodied emotion perception amplifying anddampening facial feedback modulates emotion perception accuracy. *Social Psychological and Personality Science, 2*(6), 673– 678.

250 Wicker, B.,Keysers, C., Plailly, J., Royet, J. P., Gallese, V., & Rizzolatti, G. (2003).Both of us disgusted in *my* insula: The common neural basis of seeing and feeling disgust. Neuron, 40(3), 655– 664; Carr, L., Iacoboni, M., Dubeau,M. C., Mazziotta, J. C., & Lenzi, G. L. (2003). Neural mechanisms of empathy in humans: A relay from neural systems for imitation to limbicareas. *Proceedings of the National Academy of Sciences, 100* (9), 5497–5502.

251 Spunt, R. P., & Lieberman, M. D. (2012). An integrative model of theneural systems supporting the comprehension of observed emotional behavior. *NeuroImage, 59,* 3050–3059; Mar, R. A. (2011). The neural basesof social cognition and story comprehension. *Annual Review of Psychology,62,* 103– 134; Singer, T., Seymour, B., O'Doherty, J., Kaube, H., Dolan,R. J., & Frith, C. D. (2004). Empathy for pain involves the affective but not sensory components of pain. *Science, 303*(5661), 1157– 1162.

252 Batson, C.D. (1991). *The Altruism Question: Toward a Social- Psychological Answer.* Hillsdale, NJ: Lawrence Erlbaum Associates.

253 Ibid.

254 Fan, Y., Duncan, N. W., de Greck, M., & Northoff,G. (2011). Is there a core neural network in empathy? An fMRIbased quantitative meta- analysis. *Neuroscience & Biobehavioral Reviews, 35*(3), 903– 911.

255 Hein, G., Silani, G., Preuschoff, K., Batson, C. D., & Singer, T.(2010). Neural responses to ingroup and outgroup members' sufferingpredict individual differences in costly helping.

Neuron, 68(1), 149– 160.

256 Morelli, S. A.,Rameson, L. T., & Lieberman, M. D. (in press). The neural componentsof empathy: Predicting daily prosocial behavior. *Social Cognitive and Affective Neuroscience.*

257 Cf. Moll, J., Zahn, R.,de Oliveira- Souza, R., Bramati, I. E., Krueger, F., Tura, B., . . . , &Grafman, J. (2011). Impairment of prosocial sentiments is associated withfrontopolar and septal damage in frontotemporal dementia. *NeuroImage, 54* (2), 1735– 1742; Krueger, F., McCabe, K., Moll, J., Kriegeskorte, N.,Zahn, R., Strenziok, M., . . . , & Grafman, J. (2007). Neural correlatesof trust. *Proceedings of the National Academy of Sciences, 104*(50), 20084–20089; Inagaki, T. K., & Eisenberger, N. I. (2012). Neural correlates ofgiving support to a loved one. *Psychosomatic Medicine, 74,* 3– 7.

258 Andy, O. J., & Stephan, H. (1966). Septal nuclei inprimate phylogeny: A quantitative investigation. *Journal of Comparative Neurology, 126* (2), 157– 170; Sesack, S. R., Deutch, A. Y., Roth, R. H.,& Bunney, B. S. (1989). Topographical organization of the efferent projections of the medial prefrontal cortex in the rat: An anterograde tract- tracing study with *Phaseolus vulgaris leucoagglutinin. Journal of Comparative Neurology, 290*(2), 213–242.

259 Olds, J., & Milner, P. (1954). Positive reinforcement produced by electrical stimulation of septal area and otherregions of rat brain. *Journal of Comparative and Physiological Psychology, 47*(6), 419.

260 Heath, R. G. (1972).Pleasure and brain activity in man. *Journal of Nervous and Mental*

Disease, 154(363), 9.

261 Brady, J. V., & Nauta, W. J. (1953). Subcortical mechanisms in emotionalbehavior: Affective changes following septal forebrain lesions in the albino rat. *Journal of Comparative and Physiological Psychology, 46*(5),339.

262 Carlson, N. R., &Thomas, G. J. (1968). Maternal behavior of mice with limbic lesions. *Journal of Comparative and Physiological Psychology, 66*(3p1), 731; Cruz,M. L., & Beyer, C. (1972). Effects of septal lesions on maternal behaviorand lactation in the rabbit. *Physiology & Behavior, 9*(3), 361– 365;Slotnick, B. M., & Nigrosh, B. J. (1975). Maternal behavior of mice withcingulate cortical, amygdala, or septal lesions. *Journal of Comparative and Physiological Psychology, 88*(1), 118.

263 Inagaki, T. K., & Eisenberger, N. I. (2012). Neural correlates of giving support to a loved one. *Psychosomatic Medicine, 74,*3– 7.

264 Insel, T. R., Gelhard, R., &Shapiro, L. E. (1991). The comparative distribution of forebrain receptorsfor neurohypophyseal peptides in monogamous and polygamous mice. *Neuroscience, 43*(2), 623– 630.

265 Lukas, M.,Bredewold, R., Neumann, I. D., & Veenema, A. H. (2010). Maternal separation interferes with developmental changes in brain vasopressin and oxytocin receptor binding in male rats. *Neuropharmacology, 58*(1),78– 87; Francis, D. D., Champagne, F. C., & Meaney, M. J. (2001).Variations in maternal behaviour are associated with differences in oxytocinreceptor levels in the rat. *Journal of Neuroendocrinology, 12*(12),1145– 1148.

266 Baron-Cohen, S., Leslie, A. M., & Frith, U. (1985). Does the autistic child havea “theory of mind”? *Cognition, 21*(1), 37– 46.

267 Baron-Cohen, S., O’Riordan, M., Stone, V., Jones, R., & Plaisted, K. (1999).Recognition of faux pas by normally developing children and childrenwith Asperger syndrome or high-functioning autism. *Journal of Autismand Developmental Disorders, 29,* 407– 418; White, S. J., Hill, E. L.,Happé, F., & Frith, U. (2009). Revisiting the Strange Stories: Revealing mentalizing impairments in autism. *Child Development, 80,* 1097– 1117.

268 Heider, F.,& Simmel, M. (1944). An experimental study of apparent behavior. *American Journal of Psychology, 57,* 243– 259; Klin, A. (2003). Attributing social meaning to ambiguous visual stimuli in higher- functioning autismand Asperger syndrome: The social attribution task. *Journal of ChildPsychology and Psychiatry, 41*(7), 831– 846.

269 Frith, U., & Happé, F. (1994). Autism: Beyond “theory of mind.” *Cognition, 50*(1), 115–132.

270 Shah, A., & Frith, U. (1983).An islet of ability in autistic children: A research note. *Journal of Child Psychology and Psychiatry, 24*(4), 613– 620.

271 Frith, U., & Happé, F. (1994). Autism: Beyond “theory of mind.” *Cognition, 50*(1), 115–132.

272 Ibid.; Spunt,R. P., Meyer, M. L., & Lieberman, M. D. (under review). Social bydefault: Brain activity at rest facilitates social cognition; cf. Baron-Cohen, S. (2009). Autism: The Empathizing- Systemizing (E- S) Theory. *Annals of the New York Academy of Sciences,*

1156(1), 68– 80.

273 Hadwin, J., Baron- Cohen, S., Howlin, P., & Hill, K. (1997). Does teachingtheory of mind have an effect on the ability to develop conversation inchildren with autism? *Journal of Autism and Developmental Disorders,27*(5), 519– 537; Ozonoff, S., & Miller, J. N. (1995). Teaching theoryof mind: A new approach to social skills training for individuals withautism. *Journal of Autism and Developmental Disorders, 25*(4), 415– 433.

274 Peterson, C. C., &Siegal, M. (1999). Deafness, conversation and theory of mind. *Journalof Child Psychology and Psychiatry, 36*(3), 459– 474; Peterson, C. C., &Siegal, M. (1999). Representing inner worlds: Theory of mind in autistic,deaf, and normal hearing children. *Psychological Science, 10*(2), 126– 129;Peterson, C. C., & Siegal, M. (2002). Insights into theory of mind fromdeafness and autism. *Mind & Language, 15*(1), 123– 145.

275 Adrien,J. L., Lenoir, P., Martineau, J., Perrot, A., Hameury, L., Larmande, C.,& Sauvage, D. (1993). Blind ratings of early symptoms of autism basedupon family home movies. *Journal of the American Academy of Child& Adolescent Psychiatry, 32*(3), 617– 626; Klin, A., Volkmar, F. R., &Sparrow, S. S. (1992). Autistic social dysfunction: Some limitations ofthe theory of mind hypothesis. *Journal of Child Psychology and Psychiatry, 33*(5), 861– 876.

276 DeMyer, M. K., Alpern, G. D., Barton, S., DeMyer,W. E., Churchill, D. W., Hingtgen, J. N., . . . , & Kimberlin, C. (1972).Imitation in autistic, early schizophrenic, and non- psychotic subnormalchildren. *Journal of Autism and Developmental Disorders, 2*(3), 264– 287.

277 Williams,J. H., Whiten, A., & Singh, T. (2004). A systematic review of action imitation in

autistic spectrum disorder. *Journal of Autism and Developmental Disorders, 34*(3), 285–299.

278 Nishitani, N.,Avikainen, S., & Hari, R. (2004). Abnormal imitation- related corticalactivation sequences in Asperger's syndrome. *Annals of Neurology, 55*(4),558– 562; Oberman, L. M., Hubbard, E. M., McCleery, J. P., Altshuler,E. L., Ramachandran, V. S., & Pineda, J. A. (2005). EEG evidence formirror neuron dysfunction in autism spectrum disorders. *CognitiveBrain Research, 24,* 190– 198; Dapretto, M., Davies, M. S., Pfeifer, J. H.,Scott, A. A., Sigman, M., Bookheimer, S. Y., & Iacoboni, M. (2005).Understanding emotions in others: Mirror neuron dysfunction inchildren with autism spectrum disorders. *Nature Neuroscience, 9* (1), 28–30; Williams, J. H., Waiter, G. D., Gilchrist, A., Perrett, D. I., Murray,A. D., & Whiten, A. (2006). Neural mechanisms of imitation and mirrorneuron functioning in autistic spectrum disorder. *Neuropsychologia, 44*(4),610– 621; Ramachandran, V. S., & Oberman, L. M. (2006). Brokenmirrors: A theory of autism. *Scientifi c American, 16,* 62– 69; Gallese, V.(2006). Intentional attunement: A neurophysiological perspective onsocial cognition and its disruption in autism. *Brain Research, 1079*(1),15– 24.

279 Oberman, L. M., Hubbard, E. M.,McCleery, J. P., Altshuler, E. L., Ramachandran, V. S., & Pineda, J. A.(2005). EEG evidence for mirror neuron dysfunction in autism spectrumdisorders. *Cognitive Brain Research, 24,* 190– 198.

280 Nieuwenhuis, S., Forstmann, B. U., & Wagenmakers, E. J.(2011). Erroneous analyses of

interactions in neuroscience: A problem of significance. *Nature Neuroscience, 14*(9), 1105–1107.

281 Dapretto, M.,Davies, M. S., Pfeifer, J. H., Scott, A. A., Sigman, M., Bookheimer,S. Y., & Iacoboni, M. (2005). Understanding emotions in others: Mirrorneuron dysfunction in children with autism spectrum disorders. *Nature Neuroscience, 9*(1), 28– 30.

282 Williams, J. H., Waiter, G. D., Gilchrist, A., Perrett, D. I., Murray,A. D., & Whiten, A. (2006). Neural mechanisms of imitation and mirror neuron functioning in autistic spectrum disorder. *Neuropsychologia, 44*(4), 610– 621.

283 Fan,Y. T., Decety, J., Yang, C. Y., Liu, J. L., & Cheng, Y. (2010). Unbroken mirror neurons in autism spectrum disorders. *Journal of Child Psychologyand Psychiatry, 51*(9), 981– 988; Raymaekers, R., Wiersema, J. R., &Roeyers, H. (2009). EEG study of the mirror neuron system in childrenwith high functioning autism. *Brain Research, 1304,* 113– 121.

284 Dinstein, I., Thomas, C., Humphreys, K., Minshew, N., Behrmann,M., & Heeger, D. J. (2010). Normal movement selectivity in autism. *Neuron, 66*(3), 461– 469; Marsh, L. E., & Hamilton, A. F. D. C.(2011). Dissociation of mirroring and mentalising systems in autism. *NeuroImage, 56*(3), 1511– 1519; Martineau, J., Andersson, F., Barthélémy,C., Cottier, J. P., & Destrieux, C. (2010). Atypical activation of the mirror neuron system during perception of hand motion in autism. *BrainResearch, 1320,* 168– 175.

285 Southgate, V., &Hamilton, A. F. D. C. (2008). Unbroken mirrors: Challenging a theoryof autism. *Trends in Cognitive Sciences, 12*(6), 225– 229.

286 Bird, G., Leighton, J., Press, C., & Heyes, C. (2007). Intactautomatic imitation of human and robot actions in autism spectrum disorders. *Proceedings of the Royal Society B: Biological Sciences, 274*(1628),3027– 3031.

287 Spengler, S., Bird, G., & Brass, M. (2010). Hyperimitation of actions isrelated to reduced understanding of others' minds in autism spectrum conditions. *Biological Psychiatry, 68*(12), 1148– 1155.

288 Gilbert, D. T., &Malone, P. S. (1995). The correspondence bias. *Psychological Bulletin,117*(1), 21.

289 Markram, H., Rinaldi, T., &Markram, K. (2007). The intense world syndrome: An alternative hypothesis for autism. *Frontiers in Neuroscience, 1*(1), 77– 96; Markram, K.,& Markram, H. (2010). The intense world theory: A unifying theory ofthe neurobiology of autism. *Frontiers in Human Neuroscience, 4,* 1–29.

290 http://nolongerinabox.wordpress.com/2012/09/19/on-eyecontact/.

291 Adolphs, R.,Baron- Cohen, S., & Tranel, D. (2002). Impaired recognition of social emotions following amygdala damage. *Journal of Cognitive Neuroscience,14*(8), 1264– 1274.

292 Small, D. M., Gregory, M. D., Mak, Y. E., Gitelman, D., Mesulam,M. M., & Parrish, T. (2003). Dissociation of neural representation ofintensity and affective valuation in human gustation. *Neuron, 39*(4),701.

293 Morris, J. S., Öhman, A.,& Dolan, R. J. (1999). A subcortical pathway to the right amygdale mediating "unseen" fear. *Proceedings of the National Academy of Sciences, 96*(4), 1680–

1685; Whalen, P. J., Rauch, S. L., Etcoff, N. L., McInerney,S. C., Lee, M. B., & Jenike, M. A. (1998). Masked presentations of emotional facial expressions modulate amygdala activity without explicit knowledge. *Journal of Neuroscience, 18*(1), 411– 418.

294 Baron- Cohen,S., Ring, H. A., Bullmore, E. T., Wheelwright, S., Ashwin, C., &Williams, S. C. (2000). The amygdala theory of autism. *Neuroscience &Biobehavioral Reviews, 24*(3), 355– 364; Critchley, H. D., Daly, E. M.,Bullmore, E. T., Williams, S. C., Van Amelsvoort, T., Robertson,D. M., . . . , & Murphy, D. G. (2000). The functional neuroanatomy ofsocial behaviour changes in cerebral blood fl ow when people with autisticdisorder process facial expressions. *Brain, 123*(11), 2203– 2212; Pierce,K., Müller, R. A., Ambrose, J., Allen, G., & Courchesne, E. (2001). Face processing occurs outside the fusiformface area in autism: Evidence from functional MRI. *Brain, 124*(10), 2059– 2073.

295 Bachevalier, J. (1991). An animal model forchildhood autism: Memory loss and socioemotional disturbances following neonatal damage to the limbic system in monkeys. *Advances in Neuropsychiatry and Psychopharmacology, 1,* 129– 140.

296 Amaral, D. G.,Schumann, C. M., & Nordahl, C. W. (2008). Neuroanatomy of autism. *Trends in Neurosciences, 31*(3), 137– 145.

297 Mosconi,M. W., Cody- Hazlett, H., Poe, M. D., Gerig, G., Gimpel- Smith, R.,& Piven, J. (2009). Longitudinal study of amygdala volume and joint attention in 2- to 4- year- old children with autism. *Archives of GeneralPsychiatry, 66*(5), 509; Schumann, C. M., Hamstra, J., Goodlin- Jones, B.L., Lotspeich, L. J., Kwon, H., Buonocore, M. H., . . . , &

Amaral, D. G.(2004). The amygdala is enlarged in children but not adolescents withautism; the hippocampus is enlarged at all ages. *Journal of Neuroscience, 24*(28), 6392– 6401.

298 Witelson,S. F., Kigar, D. L., & Harvey, T. (1999). The exceptional brain of AlbertEinstein. *Lancet* (London, England), 353(9170), 2149– 2153.

299 Juranek, J.,Filipek, P. A., Berenji, G. R., Modahl, C., Osann, K., & Spence, M. A.(2006). Association between amygdala volume and anxiety level:Magnetic resonance imaging (MRI) study in autistic children. *Journal of Child Neurology, 21*(12), 1051– 1058.

300 Krysko, K. M.,& Rutherford, M. D. (2009). A threat- detection advantage in thosewith autism spectrum disorders. *Brain and Cognition, 69*(3), 472– 480;Kleinhans, N., Johnson, L., Richards, T., Mahurin, R., Greenson, J.,Dawson, G., & Aylward, E. (2009). Reduced neural habituation inthe amygdala and social impairments in autism spectrum disorders. *American Journal of Psychiatry, 166*(4), 467– 475.

301 Munson, J., Dawson, G.,Abbott, R., Faja, S., Webb, S. J., Friedman, S. D., . . . , & Dager, S. R.(2006). Amygdalar volume and behavioral development in autism. *Archives of General Psychiatry, 63*(6), 686.

302 Samson, F., Mottron, L., Soulières, I., & Zeffi ro, T. A. (2011).Enhanced visual functioning in autism: An ALE meta- analysis. *Human Brain Mapping, 33,* 1553- 1581.

303 Baron- Cohen, S.,Ashwin, E., Ashwin, C., Tavassoli, T., & Chakrabarti, B. (2009). Talentin autism: Hyper- systemizing, hyper- attention to detail and sensory hypersensitivity. *Philosophical Transactions of the Royal Society B: BiologicalSciences, 364*(1522), 1377–

1383; Blakemore, S. J., Tavassoli, T., Calò, S.,Thomas, R. M., Catmur, C., Frith, U., & Haggard, P. (2006). Tactilesensitivity in Asperger syndrome. *Brain and Cognition, 61*(1), 5–13;Crane, L., Goddard, L., & Pring, L. (2009). Sensory processing in adultswith autism spectrum disorders. Autism, 13(3), 215– 228; Khalfa, S.,Bruneau, N., Rogé, B., Georgieff, N., Veuillet, E., Adrien, J. L., . . . ,& Collet, L. (2004). Increased perception of loudness in autism. *HearingResearch, 198*(1), 87– 92; Kern, J. K., Trivedi, M. H., Garver, C. R.,Grannemann, B. D., Andrews, A. A., Savla, J. S., . . . , & Schroeder,J. L. (2006). The pattern of sensory processing abnormalities in autism. *Autism, 10*(5), 480– 494.

304 Neumann, D., Spezio, M. L., Piven, J., &Adolphs, R. (2006). Looking you in the mouth: Abnormal gaze in autismresulting from impaired top- down modulation of visual attention. *Social Cognitive and Affective Neuroscience, 1*(3), 194– 202.

305 Pelphrey, K. A., Sasson, N. J., Reznick, J. S., Paul, G., Goldman, B. D., &Piven, J. (2002). Visual scanning of faces in autism. *Journal of Autism andDevelopmental Disorders, 32*(4), 249– 261; Neumann, D., Spezio, M. L.,Piven, J., & Adolphs, R. (2006). Looking you in the mouth: Abnormalgaze in autism resulting from impaired top- down modulation of visual attention. *Social Cognitive and Affective Neuroscience, 1*(3), 194– 202.

306 Dalton,K. M., Nacewicz, B. M., Johnstone, T., Schaefer, H. S., Gernsbacher,M. A., Goldsmith, H. H., . . . , & Davidson, R. J. (2005). Gaze fixationand the neural circuitry of face processing in autism. *Nature Neuroscience, 8*(4), 519– 526.

第八章　暗渡陳倉的自我

307 Becher,J. J. (1669). *Physica subterranea.* Frankfurt.

308 Gallup, G. G. (1970).Chimpanzees: Self- recognition. *Science, 167*(3914), 86– 87.

309 Gallup, G. G. (1977). Self-recognition in primates: A comparativeapproach to the bidirectional properties of consciousness. *American Psychologist, 32*(5), 329.

310 Plotnik, J. M., deWaal, F. B., & Reiss, D. (2006). Self- recognition in an Asian elephant. *Proceedings of the National Academy of Sciences, 103*(45), 17053– 17057;Reiss, D., & Marino, L. (2001). Mirror self- recognition in the bottlenosedolphin: A case of cognitive convergence. *Proceedings of the National Academy of Sciences, 98*(10), 5937– 5942.

311 Lieberman, M. D. (2007).Social cognitive neuroscience: A review of core processes. *Annual Review of Psychology, 58,* 259– 289.

312 Baumeister, R. F. (1986). *Identity: Cultural Change and the Struggle for Self.* New York: Oxford University Press, p. 153.

313 Kelley, W. M., Macrae, C. N., Wyland, C. L., Caglar, S.,Inati, S., & Heatherton, T. F. (2002). Finding the self? An event- related fMRI study. *Journal of Cognitive Neuroscience, 14*(5), 785– 794.

314 Denny, B. T., Kober, H.,Wager, T. D., & Ochsner, K. N. (2012). A meta- analysis of functional neuroimaging studies of self and other judgments reveals a spatial gradient for mentalizing in medial prefrontal cortex. *Journal of Cognitive Neuroscience, 24*(8), 1742– 1752.

315 Lieberman, M. D. (2010). Social cognitive neuroscience. In S. T. Fiske, D. T. Gilbert, & G. Lindzey(Eds). *Handbook of Social Psychology,* 5th ed. New York: McGraw- Hill,pp. 143–193.

316 Tsujimoto, S., Genovesio, A., & Wise,S. P. (2011). Frontal pole cortex: Encoding ends at the end of the endbrain. *Trends in Cognitive Sciences, 15*(4), 169– 176; Preuss, T. M., & Goldman-Rakic, P. S. (1991). Myelo- and cytoarchitecture of the granular frontalcortex and surrounding regions in the strepsirhine primate Galago and the anthropoid primate Macaca. *Journal of Comparative Neurology, 310*(4), 429– 474.

317 Semendeferi, K., Armstrong, E., Schleicher, A., Zilles, K., & Van Hoesen,G. W. (2001). Prefrontal cortex in humans and apes: A comparative studyof area 10. *American Journal of Physical Anthropology, 114*(3), 224– 241.

318 Semendeferi, K., Teffer, K.,Buxhoeveden, D. P., Park, M. S., Bludau, S., Amunts, K., . . . , &Buckwalter, J. (2011). Spatial organization of neurons in the frontal polesets humans apart from great apes. *Cerebral Cortex, 21*(7), 1485– 1497.

319 Hesse, H. (1923). Demian.New York: Boni & Liverright.

320 From *Earnshaw's Infants' Department* in June 1918, as quoted fromSmithsonian.com: Jeanne Maglaty, "When Did Girls Start WearingPink?" April 8, 2011.

321 Mead, G. H. (1934). *Mind,Self, and Society from the Standpoint of a Social Behaviorist* (C. W. Morris,Ed.). Chicago: University of Chicago; Cooley, C. H. (1902). *HumanNature and the Social Order.* New York: Scribner.

322 Pfeifer, J. H.,Masten, C. L., Borofsky, L. A., Dapretto, M., Fuligni, A. J., & Lieberman,M. D. (2009). Neural correlates of direct and reflected self-appraisalsin adolescents and adults: When social perspective- taking informs self-perception. *Child Development, 80*(4), 1016–1038.

323 Crasilneck, H. B.,McCranie, E. J., & Jenkins, M. T. (1956). Special indications for hypnosisas a method of anesthesia. *JAMA: Journal of the American MedicalAssociation, 162*(18), 1606– 1608; Kosslyn, S. M., Thompson, W. L.,Costantini- Ferrando, M. F., Alpert, N. M., & Spiegel, D. (2000).Hypnotic visual illusion alters color processing in the brain. *American Journal of Psychiatry, 157*(8), 1279– 1284; Spiegel, H. (1970). A single-treatment method to stop smoking using ancillary self- hypnosis. *International Journal of Clinical and Experimental Hypnosis, 18*(4), 235– 250;Surman, O. S., Gottlieb, S. K., Hackett, T. P., & Silverberg, E. L.(1973). Hypnosis in the treatment of warts. *Archives of General Psychiatry, 28*(3), 439.

324 Falk, E. B., Berkman,E. T., Mann, T., Harrison, B., & Lieberman, M. D. (2010). Predicting persuasion- induced behavior change from the brain. *Journal of Neuroscience, 30,* 8421–8424.

325 Nisbett, R. E., & Wilson, T. D.(1977). Telling more than we can know: Verbal reports on mental processes. *Psychological Review, 84*(3), 231.

326 Falk, E. B., Berkman, E. T., &Lieberman, M. D. (2011). Neural activity during health messaging predicts reductions in smoking above and beyond self- report. *Health*

Psychology, 30, 177– 185.

327 Falk, E. B., Berkman,E. T., & Lieberman, M. D. (2012). From neural responses to population behavior: Neural focus group predicts population level media effects. *Psychological Science, 23,* 439– 445.

328 Alain de Botton tweet @alaindebotton3/5/12, 3:00 a.m.

329 *New York Times* (1932).Einstein is terse in rule for success. June 20, p. 17.

330 Louis C.K. quote from Interview with Jessica Grose, June 17, 2011, in *Slate* titled “Questions for Louis C.K.”

331 Bakan, D. (1971). Adolescence in America: From idea to social fact. *Daedalus, 100,* 979–995; Fasick, F. A. (1994). On the “invention” of adolescence. *Journal of Early Adolescence, 14*(1), 6– 23.

332 Steve Jobs, 2005, Stanford commencement.

第九章　包羅萬象的自我控制

333 Meltzoff, A. N., &Moore, M. K. (1977). Imitation of facial and manual gestures by human neonates. *Science, 198*(4312), 75– 78.

334 Amsterdam, B.(1972). Mirror self- image reactions before age two. *Developmental Psychobiology, 5*(4), 297– 305.

335 Mischel, W., & Ebbesen, E. B. (1970). Attention in delay of gratification. *Journal of Personality and Social Psychology, 16*(2), 329; Mischel, W., &Baker, N. (1975). Cognitive

appraisals and transformations in delaybehavior. *Journal of Personality and Social Psychology, 31*(2), 254.

336 Mischel, W., &Moore, B. (1973). Effects of attention to symbolically presented rewardson self- control. *Journal of Personality and Social Psychology, 28*(2), 172.

337 Mischel, W., &Baker, N. (1975). Cognitive appraisals and transformations in delaybehavior. *Journal of Personality and Social Psychology, 31*(2), 254.

338 Moore, B., Mischel, W., &Zeiss, A. (1976). Comparative effects of the reward stimulus and itscognitive representation in voluntary delay. *Journal of Personality and Social Psychology, 34*(3), 419.

339 Shoda, Y., Mischel, W., & Peake, P. K.(1990). Predicting adolescent cognitive and self-regulatory competencies from preschool delay of gratification: Identifying diagnostic conditions. *Developmental Psychology, 26*(6), 978.

340 Lehrer, J. (2009). DON'T! The secret ofself- control. *New Yorker,* May 18, pp. 26– 32.

341 Duckworth, A. L., & Seligman, M. E. (2005).Self- discipline outdoes IQ in predicting academic performance of adolescents. *Psychological Science, 16*(12), 939– 944.

342 Moffitt, T. E., Arseneault, L.,Belsky, D., Dickson, N., Hancox, R. J., Harrington, H., . . . , & Caspi, A.(2011). A gradient of childhood self- control predicts health, wealth, andpublic safety. *Proceedings of the National Academy of Sciences, 108* (7),2693– 2698; Meier, S., & Sprenger, C. D. (2012). Time discountingpredicts creditworthiness. *Psychological Science, 23*(1), 56– 58; Eisenberg,N., Fabes, R. A., Bernzweig, J., Karbon, M., Poulin, R., & Hanish,

L.(1993). The relations of emotionality and regulation to preschoolers'social skills and sociometric status. *Child Development, 64*(5), 1418–1438; Shoda, Y., Mischel, W., & Peake, P. K. (1990). Predicting adolescent cognitive and self- regulatory competencies from preschooldelay of gratifi cation: Identifying diagnostic conditions. *Developmental Psychology, 26*(6), 978; Tangney, J. P., Baumeister, R. F., & Boone, A. L.(2008). High self-control predicts good adjustment, less pathology,better grades, and interpersonal success. *Journal of Personality, 72*(2),271– 324; Côté, S., Gyurak, A., & Levenson, R. W. (2010). The abilityto regulate emotion is associated with greater well- being, income, and socioeconomic status. *Emotion, 10*(6), 923.

343 Damasio, A. R. (1994). Descartes'Error. New York: Putnam.

344 Vohs, K. D., & Heatherton, T. F. (2000).Self- regulatory failure: A resource- depletion approach. *PsychologicalScience, 11*(3), 249– 254; Baumeister, R. F., Bratslavsky, E., Muraven, M.,& Tice, D. M. (1998). Ego depletion: Is the active self a limited resource? *Journal of Personality and Social Psychology, 74*(5), 1252.

345 Shaw, P., Lalonde, F.,Lepage, C., Rabin, C., Eckstrand, K., Sharp, W., . . . , & Rapoport, J.(2009). Development of cortical asymmetry in typically developing children and its disruption in attention- defi cit/hyperactivity disorder. *Archives of General Psychiatry, 66*(8), 888; Holloway, R. L., & De LaCostelareymondie, M. C. (1982). Brain endocast asymmetry in pongidsand hominids: Some preliminary findings on the paleontology of cerebraldominance. *American Journal of Physical Anthropology, 58*(1), 101– 110;Zilles, K.

(2005). Evolution of the human brain and comparative cytoandreceptor architecture. In S. Dehaene, J. R. Duhamel, M. D. Hauser,& G. Rizzolatti (Eds.). *From Monkey Brain to Human Brain.* Cambridge,MA: MIT Press, Bradford Books, pp. 41–56.

346 Cohen, J. R., Berkman,E. T., & Lieberman, M. D. (2013). Intentional and incidental self-controlin ventrolateral PFC. In D. T. Stuss & R. T. Knight (Eds.). *Principles ofFrontal Lobe Function,* 2nd ed. New York: Oxford University Press, pp.417– 440; Cohen, J. R., & Lieberman, M. D. (2010). The common neuralbasis of exerting self- control in multiple domains. In Y. Trope, R. Hassin,& K. N. Ochsner (Eds.). *Self- control.* New York: Oxford University Press,pp. 141– 160.

347 Aron, A. R., Robbins,T. W., & Poldrack, R. A. (2004). Inhibition and the right inferior frontalcortex. *Trends in Cognitive Sciences, 8*(4), 170– 177.

348 Aron, A. R., Fletcher, P. C.,Bullmore, T., Sahakian, B. J., & Robbins, T. W. (2003). Stop-signal inhibition disrupted by damage to right inferior frontal gyrus in humans. *Nature Neuroscience, 6*(2), 115– 116.

349 Casey,B. J., Somerville, L. H., Gotlib, I. H., Ayduk, O., Franklin, N. T., Askren,M. K., . . . , & Shoda, Y. (2011). Behavioral and neural correlates ofdelay of gratification 40 years later. *Proceedings of the National Academy ofSciences, 108*(36), 14998– 15003.

350 Berkman, E. T.,Falk, E. B., & Lieberman, M. D. (2011). In the trenches of real- worldself-control: Neural correlates of breaking the link between craving andsmoking. *Psychological Science, 22,* 498– 506.

351 Evans,J. S. B., Barston, J. L., & Pollard, P. (1983). On the conflict between logicand belief in syllogistic reasoning. *Memory & Cognition, 11*(3), 295– 306.

352 相對於討論的其他自我控制種類，認知自我控制多側向左腦半球，而非右腦半球。似乎當認知自我控制較為全面時（也就是企圖抑制整個想法或信念時），通常會跟描述的其他種自我控制一樣，轉回到右側。

353 Goel, V., & Dolan,R. J. (2003). Explaining modulation of reasoning by belief. Cognition,87(1), 11– 22.

354 Tsujii, T., & Watanabe, S. (2010). Neuralcorrelates of belief- bias reasoning under time pressure: A near- infrared spectroscopy study. *NeuroImage, 50*(3), 1320– 1326.

355 Tsujii, T.,Masuda, S., Akiyama, T., & Watanabe, S. (2010). The role of inferior frontal cortex in belief- bias reasoning: An rTMS study. *Neuropsychologia, 48*(7), 2005; Tsujii, T., Sakatani, K., Masuda, S., Akiyama, T., &Watanabe, S. (2011). Evaluating the roles of the inferior frontal gyrusand superior parietal lobule in deductive reasoning: An rTMS study. *NeuroImage, 58*(2), 640– 646.

356 Tversky, A.,& Kahneman, D. (1981). The framing of decisions and the psychology of choice. *Science, 211*(4481), 453– 458.

357 De Martino, B.,Kumaran, D., Seymour, B., & Dolan, R. J. (2006). Frames, biases, and rational decision- making in the human brain. *Science, 313*(5787), 684–687.

358 Samson, D., Apperly, I. A.,Kathirgamanathan, U., & Humphreys, G. W. (2005). Seeing it myway: A case of a selective defi cit in inhibiting self- perspective. *Brain, 128*(5), 1102–

1111; van der Meer, L., Groenewold, N. A., Nolen, W. A.,Pijnenborg, M., & Aleman, A. (2011). Inhibit yourself and understand the other: Neural basis of distinct processes underlying Theory of Mind. *NeuroImage, 56*(4), 2364– 2374.

359 Ross, L.,Greene, D., & House, P. (1977). The “false consensus effect”: An egocentricbias in social perception and attribution processes. *Journal of ExperimentalSocial Psychology, 13*(3), 279– 301.

360 Gross, J. J. (2002). Emotion regulation: Affective, cognitive, and social consequences. *Psychophysiology, 39*(3), 281– 291.

361 Murakami, H. (2008). *What I Talk About When I Talk About Running: A Memoir.* New York: Knopf, p. vii.

362 Bower, J. E., Low,C. A., Moskowitz, J. T., Sepah, S., & Epel, E. (2007). Benefit finding and physical health: Positive psychological changes and enhanced allostasis. *Social and Personality Psychology Compass, 2*(1), 223– 244.

363 Pape, H. C. (2010). Petrified oraroused with fear: The central amygdala takes the lead. *Neuron, 67*(4),527– 529.

364 Butler, E. A., Egloff, B., Wilhelm,F. H., Smith, N. C., Erickson, E. A., & Gross, J. J. (2003). The social consequences of expressive suppression. Emotion, 3(1), 48; Richards,J. M., & Gross, J. J. (2000). Emotion regulation and memory: Thecognitive costs of keeping one’s cool. *Journal of Personality and SocialPsychology, 79*(3), 410; Gross, J. J. (2002). Emotion regulation: Affective,cognitive, and social consequences. *Psychophysiology, 39*(3), 281–

291.

365 Ochsner,K. N., & Gross, J. J. (2005). The cognitive control of emotion. *Trends in Cognitive Sciences, 9*(5), 242– 249.

366 Goldin, P. R., McRae, K., Ramel, W., &Gross, J. J. (2008). The neural bases of emotion regulation: Reappraisal and suppression of negative emotion. *Biological Psychiatry, 63*(6), 577.

367 Lee, T.-W., Dolan, R. J., &Critchley, H. D. (2008). Controlling emotional expression: Behavioral and neural correlates of nonimitative emotional responses. *Cerebral Cortex, 18*(1), 104– 113.

368 Ochsner, K. N., Bunge,S. A., Gross, J. J., & Gabrieli, J. D. (2002). Rethinking feelings: AnfMRI study of the cognitive regulation of emotion. *Journal of CognitiveNeuroscience, 14*(8), 1215– 1229; Phan, K. L., Fitzgerald, D. A., Nathan,P. J., Moore, G. J., Uhde, T. W., & Tancer, M. E. (2005). Neuralsubstrates for voluntary suppression of negative affect: A functional magnetic resonance imaging study. *Biological Psychiatry, 57,* 210– 219;Kalisch, R. (2009). The functional neuroanatomy of reappraisal: Timematters. *Neuroscience & Biobehavioral Reviews, 33*(8), 1215– 1226;Kalisch, R., Wiech, K., Critchley, H. D., Seymour, B., O'Doherty, J. P.,Oakley, D. A., . . . , & Dolan, R. J. (2005). Anxiety reduction throughdetachment: Subjective, physiological, and neural effects. *Journal ofCognitive Neuroscience, 17*(6), 874– 883.

369 Kalisch, R. (2009).The functional neuroanatomy of reappraisal: Time matters. *Neuroscience*

and Biobehavioral Reviews, 33, 1215– 1226

370 Pennebaker, J. W., & Beall, S. K. (1986).Confronting a traumatic event: Toward an understanding of inhibitionand disease. *Journal of Abnormal Psychology, 95,* 274– 281.

371 Denham, S. A. (1986). Socialcognition, prosocial behavior, and emotion in preschoolers: Contextual validation. *Child Development, 57,* 194– 201; Denham, S. A., & Burton,R. (1996). A social- emotional intervention for at- risk 4- year- olds. *Journal of School Psychology, 34,* 225– 245; Fabes, R. A., Eisenberg, N.,Hanish, L. D., & Spinrad, T. L. (2001). Preschoolers' spontaneous emotion vocabulary: Relations to likability. *Early Education & Development, 12,* 11– 27; Fujiki, M., Brinton, B., & Clarke, D. (2002). Emotion regulation in children with specific language impairment. *Language,Speech, and Hearing Services in Schools, 33* 102– 111; Izard, C., Fine, S.,Schultz, D., Mostow, A., Ackerman, B., & Youngstrom, E. (2001). Emotion knowledge as a predictor of social behavior and academic competencein children at risk. *Psychological Science, 12,* 18– 23; Mostow, A. J.,Izard, C. E., Fine, S., & Trentacosta, C. J. (2002). Modeling emotional,cognitive, and behavioral predictors of peer acceptance. *Child Development, 73,* 1775– 1787.

372 Ramirez, G., & Beilock, S. L.(2011). Writing about testing worries boosts exam performance in theclassroom. *Science, 331,* 211– 213.

373 Lieberman, M. D.,Inagaki, T. K., Tabibnia, G., & Crockett, M. J. (2011). Subjective responses to emotional stimuli during labeling, reappraisal, anddistraction. Emotion, 3, 468– 480;

Burklund, L. J., Creswell, J. D.,Irwin, M. R., & Lieberman, M. D. (under review). The common neuralbases of affect labeling and reappraisal.

374 Kircanski, K., Lieberman,M. D., & Craske, M. G. (2012). Feelings into words: Contributions of language to exposure therapy. *Psychological Science, 23,* 1086– 1091.

375 Hariri, A. R., Bookheimer, S. Y.,& Mazziotta, J. C. (2000). Modulating emotional responses: Effects ofa neocortical network on the limbic system. *Neuroreport, 11*(1), 43–48;Lieberman, M. D., Eisenberger, N. I., Crockett, M. J., Tom, S., Pfeifer,J. H., & Way, B. M. (2007). Putting feelings into words: Affect labelingdisrupts amygdala activity to affective stimuli. *Psychological Science, 18,* 421– 428; Burklund, L. J., Creswell, J. D., Irwin, M. R., & Lieberman,M. D. (under review). The common neural bases of affect labeling andreappraisal; Payer, D. E., Baicy, K., Lieberman, M. D., & London, E. D.(2012). Overlapping neural substrates between intentional and incidentaldown- regulation of negative emotions. *Emotion, 12*(2), 229.

376 Payer, D. E.,Baicy, K., Lieberman, M. D., & London, E. D. (2012). Overlappingneural substrates between intentional and incidental down- regulationof negative emotions. *Emotion, 2,* 229– 235; Burklund, L. J., Creswell,J. D., Irwin, M. R., & Lieberman, M. D (under review). The commonneural bases of affect labeling and reappraisal.

377 Isherwood, C.(2001). *A Single Man.* London: Vintage Books, p. 11.

378 Adams, S. (2012).Why do so many doctors regret their job choice? Forbes.com, April 27:http://www.forbes.com/sites/susanadams/2012/04/27/why-do-so-manydoctors-regret-

their-job-choice/.

379 Glionna, J.(2010). China tries in vain to keep bellies buttoned up. *Los Angeles Times,* August 10.

380 Righetti, F., &Finkenauer, C. (2011). If you are able to control yourself, I will trustyou: The role of perceived self- control in interpersonal trust. *Journal of Personality and Social Psychology, 100*(5), 874.

381 Pronk, T. M.,Karremans, J. C., & Wigboldus, D. H. (2011). How can you resist?Executive control helps romantically involved individuals to stay faithful. *Journal of Personality and Social Psychology, 100*(5), 827.

382 Gladwell, M. (2001, December 17). Examined life: What Stanley H.Kaplan taught us about the SAT. *New Yorker,* 86.

383 Allport, F. H.(1924). *Social Psychology.* Boston: Houghton Mifflin Company, p. 31.

384 *Louis C.K. Live at the Beacon Theater.*

385 Bentham,J. (1995). *The Panopticon Writings.* Edited by M. Bozovic. London: Verso,pp. 29–95.

386 van Rompay, T. J., Vonk, D. J., &Fransen, M. L. (2009). The eye of the camera effects of security cameras on prosocial behavior. *Environment and Behavior, 41* (1), 60– 74.

387 Zhong, C. B., Bohns, V. K., & Gino, F. (2010). Good lamps are thebest police: Darkness increases dishonesty and self- interested behavior. *Psychological Science, 21*(3), 311– 314.

388 Risko, E. F., & Kingstone, A.(2011). Eyes wide shut: Implied social presence, eye tracking

and attention. *Attention, Perception, & Psychophysics, 73*(2), 291– 296.

389 Bateson, M.,Nettle, D., & Roberts, G. (2006). Cues of being watched enhance cooperation in a real- world setting. *Biology Letters, 2*(3), 412– 414.

390 Ernest-Jones, M., Nettle, D., & Bateson, M. (2011). Effects of eye image son everyday cooperative behavior: A fi eld experiment. *Evolution and Human Behavior, 32*(3), 172–178; see also Powell, K. L., Roberts, G.,& Nettle, D. (2012). Eye images increase charitable donations: Evidence from an opportunistic field experiment in a supermarket. *Ethology, 118,* 1096– 1101; Nettle, D., Nott, K., & Bateson, M. (2012). "Cycle thieves,we are watching you": Impact of a simple signage intervention against bicycle theft. *PLOS One, 7*(12), e51738.

391 Burnham, T. C., & Hare, B.(2007). Engineering human cooperation. *Human Nature, 18*(2), 88–108.

392 Rigdon, M.,Ishii, K., Watabe, M., & Kitayama, S. (2009). Minimal social cues in the dictator game. *Journal of Economic Psychology, 30*(3), 358– 367.

393 Beaman,A. L., Klentz, B., Diener, E., & Svanum, S. (1979). Self- awareness andtransgression in children: Two field studies. *Journal of Personality and Social Psychology, 37*(10), 1835.

394 Mead, G. H. (1934). *Mind,Self, and Society from the Standpoint of a Social Behaviorist.* Edited byC. W. Morris. Chicago: University of Chicago; Cooley, C. H. (1902). *Human Nature and the Social Order.* New York: Scribner.

395 Diener, E., &Wallbom, M. (1976). Effects of self- awareness on antinormative behavior. *Journal of Research in Personality, 10*(1), 107– 111.

396 Abrams, D., & Brown, R. (1989).Self- consciousness and social identity: Self- regulation as a group member. *Social Psychology Quarterly, 52,* 311– 318; Duval, S. (1976). Conformity on a visual task as a function of personal novelty on attitudinal dimensionsand being reminded of the object status of self. *Journal of Experimental Social Psychology, 12*(1), 87– 98; Swart, C., Ickes, W., & Morgenthaler,E. S. (1978). The effect of objective self awareness on compliance in a reactance situation. *Social Behavior and Personality: An InternationalJournal, 6*(1), 135– 139.

397 Spitzer, M., Fischbacher,U., Herrnberger, B., Grön, G., & Fehr, E. (2007). The neural signature of social norm compliance. *Neuron, 56*(1), 185– 196.

398 Campbell- Meiklejohn,D. K., Bach, D. R., Roepstorff, A., Dolan, R. J., & Frith, C. D. (2010). How the opinion of others affects our valuation of objects. *Current Biology, 20*(13), 1165– 1170; Campbell- Meiklejohn, D. K., Kanai, R.,Bahrami, B., Bach, D. R., Dolan, R. J., Roepstorff, A., & Frith, C. D.(2012). Structure of orbitofrontal cortex predicts social influence. *Current Biology, 22*(4), R123– R124.

399 Pfeifer, J. H., Masten, C. L., Borofsky, L. A., Dapretto, M., Fuligni, A. J.,& Lieberman, M. D. (2009). Neural correlates of direct and reflected self- appraisals in adolescents and adults: When social perspective-takinginforms self- perception. *Child Development, 80*(4), 1016– 1038;Ochsner, K. N., Beer, J. S., Robertson, E. R., Cooper, J. C., Gabrieli,J. D., Kihsltrom,

J. F., & D'Esposito, M. (2005). The neural correlates ofdirect and refl ected self-knowledge. *NeuroImage, 28*(4), 797– 814.

400 Lieberman, M. D. (2007). Social cognitive neuroscience: A review of core processes. *Annual Review of Psychology, 58,* 259– 289.

第十章　帶著社會腦生活

401 Easterlin,R. A., & Crimmins, E. M. (1991). Private materialism, personal self-fulfillment, family life, and public interest: The nature, effects, and causes of recent changes in the values of American youth. *Public Opinion Quarterly, 55*(4), 499– 533.

402 Easterlin, R. A. (1974).Does economic growth improve the human lot? In P. A. David and M.W. Reder (Eds.). *Nations and Households in Economic Growth: Essays in Honour of Moses Abramovitz.* New York: Academic Press; Diener, E.,& Seligman, M. E. (2004). Beyond money. *Psychological Science in the Public Interest, 5*(1), 1– 31.

403 Diener, E., Sandvik, E.,Seidlitz, L., & Diener, M. (1993). The relationship between income and subjective well- being: Relative or absolute? *Social Indicators Research, 28*(3), 195– 223.

404 Ibid.

405 Diener, E., & Suh, E. (1997). Measuring quality of life: Economic,social, and subjective indicators. *Social Indicators Research, 40,* 189– 216.

406 Easterlin, R. A. (1974). Doese conomic growth improve the human lot? In P. A. David and M. W.Reder (Eds.). *Nations and Households in Economic Growth: Essays in Honour of Moses*

Abramovitz. New York: Academic Press; Diener, E.,& Seligman, M. E. (2004). Beyond money. *Psychological Science in the Public Interest, 5*(1), 1– 31.

407 Easterlin, R. A. (1995). Will raising the incomes of all increase the happiness of all? *Journal of Economic Behavior & Organization, 27*(1), 35– 47.

408 Frederick, S., & Loewenstein, G.(1999). Hedonic adaptation. In D. Kanheman & E. Diener (Eds.). *The Foundations of Hedonic Psychology.* New York: Russell Sage Foundation,pp. 302– 329.

409 Brickman, P., Coates, D., & Janoff-Bulman, R. (1978). Lottery winners and accident victims: Is happiness relative? *Journal of Personality and Social Psychology, 36*(8), 917.

410 Kahneman, D., Krueger, A. B.,Schkade, D., Schwarz, N., & Stone, A. A. (2006). Would you be happier if you were richer? A focusing illusion. *Science, 312*(5782), 1908– 1910.

411 Putnam, R. D. (2000). *Bowling Alone: The Collapse and Revival of American Community.* NewYork: Simon & Schuster.

412 Ibid.; Helliwell, J. F., & Putnam, R. D. (2004). The social context of well- being. *Philosophical Transactions of the Royal Society of London Series B: Biological Sciences,* 1435– 1446.

413 Becchetti, L., Pelloni, A., &Rossetti, F. (2008). Relational goods, sociability, and happiness. *Kyklos, 61*(3), 343– 363.

414 Borgonovi, F.(2008). Doing well by doing good: The relationship between formal volunteering and self- reported health and happiness. *Social Science &Medicine, 66*(11),

2321– 2334.

415 Aknin, L. B.,Barrington- Leigh, C. P., Dunn, E. W., Helliwell, J. F., Biswas- Diener, R.,Kemeza, I., . . . , & Norton, M. I. (2010). Prosocial spending and well- being: Cross-cultural evidence for a psychological universal (No.w16415). National Bureau of Economic Research.

416 Powdthavee, N. (2008).Putting a price tag on friends, relatives, and neighbours: Using surveys of life satisfaction to value social relationships. *Journal of Socio- economics, 37*(4), 1459– 1480.

417 Holt-Lunstad, J., Smith, T. B., & Layton, J. B. (2010). Social relationships and mortality risk: A meta- analytic review. *PLOS Medicine, 7*(7), e1000316.

418 Bumpass, L. L.,Sweet, J. A., & Cherlin, A. (1991). The role of cohabitation in declining rates of marriage. *Journal of Marriage and the Family, 53,* 913– 927;Popenoe, D. (1993). American family decline, 1960– 1990: A review andappraisal. *Journal of Marriage and the Family,* 55, 527– 542.

419 Costa, D. L., &Kahn, M. E. (2001). Understanding the decline in social capital, 1952–1998 (No. w8295). National Bureau of Economic Research; Putnam,R. D. (2000). *Bowling Alone: The Collapse and Revival of AmericanCommunity.* New York: Simon & Schuster.

420 McPherson, M., Smith- Lovin, L.,& Brashears, M. E. (2006). Social isolation in America: Changes in core discussion networks over two decades. *American Sociological Review, 71*(3), 353– 375.

421 Easterlin, R. A., &Crimmins, E. M. (1991). Private materialism, personal self- fulfillment, family life, and public interest: The nature, effects, and causes of recent changes in the values of American youth. *Public Opinion Quarterly, 55*(4), 499– 533.

422 Nickerson, C., Schwarz, N.,Diener, E., & Kahneman, D. (2003). Zeroing in on the dark side of the American dream: A closer look at the negative consequences of the goal for financial success. *Psychological Science, 14*(6), 531– 536; Chan, R., &Joseph, S. (2000). Dimensions of personality, domains of aspiration, and subjective well-being. *Personality and Individual Differences, 28*(2), 347–354.

423 NMHC tabulations of 2012 Current Population Survey, Annual Social and Economic Supplement, U.S. Census Bureau (http://www.census.gov/cps). Updated October 2012. http://www.nmhc.org/Content.cfm?ItemNumber=55508.

424 Mogilner, C. (2010). The pursuit of happiness. *Psychological Science, 21*(9), 1348– 1354.

425 Gardner, W. L., Pickett,C. L., & Knowles, M. (2005). Social snacking and shielding. In K. D.Williams, J. P. Forgas, & W. V. Hippel (Eds.). *The Social Outcast:Ostracism, Social Exclusion, Rejection, & Bullying.* New York: PsychologyPress.

426 Master, S. L., Eisenberger,N. I., Taylor, S. E., Naliboff, B. D., & Lieberman, M. D. (2009). Apicture's worth: Partner photographs reduce experimentally induced pain. *Psychological Science, 20,* 1316– 1318; Eisenberger, N. I., Master,S. L., Inagaki, T. K., Taylor, S. E., Shirinyan, D., Lieberman, M. D., &Naliboff, B. (2011). Attachment figures activate a safety signal- related neural region and reduce pain experience. *Proceedings of the National*

Academy of Sciences, 108, 11721– 11726.

427 http://www.nikon-kraftderbilder.de.

428 Derrick, J. L.,Gabriel, S., & Hugenberg, K. (2009). Social surrogacy: How favored television programs provide the experience of belonging. *Journal of Experimental Social Psychology, 45*(2), 352– 362.

429 Bruni, L., & Stanca, L. (2008). Watching alone: Relational goods, television and happiness. *Journal of Economic Behavior & Organization, 65*(3), 506– 528.

430 Kraut, R., Patterson, M.,Lundmark, V., Kiesler, S., Mukophadhyay, T., & Scherlis, W. (1998).Internet paradox: A social technology that reduces social involvement and psychological well- being? *American Psychologist, 53*(9), 1017.

431 Valkenburg, P. M., &Peter, J. (2009). Social consequences of the Internet for adolescents: A decade of research. *Current Directions in Psychological Science, 18*(1), 1– 5.

432 Ellison, N. B., Steinfield, C., & Lampe, C. (2007). The benefits of Facebook "friends": Social capital and college students' use of online social network sites. *Journalof Computer-Mediated Communication, 12*(4), 1143– 1168; Grieve, R.,Indian, M., Witteveen, K., Anne Tolan, G., & Marrington, J. (2013).Face- to- face or Facebook: Can social connectedness be derived online? *Computers in Human Behavior, 29*(3), 604– 609; Steinfield, C., Ellison,N. B., & Lampe, C. (2008). Social capital, self- esteem, and use of online social network sites: A longitudinal analysis. *Journal of Applied Developmental Psychology, 29*(6), 434– 445.

第十一章　打造無懈可擊的團隊與企業

433 Camerer, C. F., &Hogarth, R. M. (1999). The effects of financial incentives in experiments:A review and capital- labor- production framework. *Journal of Risk and Uncertainty, 19* (1), 7– 42.

434 Ibid.; Jenkins Jr., G. D., Mitra, A.,Gupta, N., & Shaw, J. D. (1998). Are financial incentives related to performance? A meta- analytic review of empirical research. *Journal of Applied Psychology, 83*(5), 777.

435 Rock, D. (2009). Managing with the brain in mind. *Strategy + Business, 56,* 58– 67.

436 Bryant, A. (2013). A boss'schallenge: Have everyone join the "in" group. *New York Times,* March 23.

437 Pink,D. H. (2010). *Drive: The Surprising Truth About What Motivates Us*. New York: Canongate.

438 Larkin, I. (2010). Paying $30,000 for a gold star: An empirical investigation into the value of peer recognition to software salespeople. Working paper, Harvard Business, School, Boston.

439 Bourdieu, P. (1986). The forms of capital. In J. G. Richardson (Ed.). *Handbook of Theory and Research for the Sociology of Education.* New York: Greenwood, pp. 241– 258; Putnam,R. D. (2000). *Bowling Alone: The Collapse and Revival of American Community.* New York: Simon & Schuster.

440 Greve, A., Benassi, M., &Sti, A. D. (2010). Exploring the contributions of human and social capital to productivity. *International Review of Sociology— Revue Internationale de Sociologie, 20*(1), 35– 58.

441 Bosma, N., Van Praag, M., Thurik, R., & De Wit, G. (2004). The value of human and social capital investments for the business performance of startups. *Small Business Economics, 23*(3), 227– 236; Chen, M. H., Chang, Y. C., &Hung, S. C. (2007). Social capital and creativity in R&D project teams. *R&D Management, 38*(1), 21– 34.

442 Colquitt, J. A.,Conlon, D. E., Wesson, M. J., Porter, C. O., & Ng, K. Y. (2001). Justiceat the millennium: A meta- analytic review of 25 years of organizational justice research. *Journal of Applied Psychology, 86*(3), 425.

443 Tabibnia, G., Satpute, A. B.,& Lieberman, M. D. (2008). The sunny side of fairness: Preference for fairness activates reward circuitry (and disregarding unfairness activate isself- control circuitry). *Psychological Science, 19,* 339– 347.

444 Grant, A. M. (2013). *Give and Take: A Revolutionary Approach to Success.* New York: Viking.

445 Grant, A. M., Campbell, E.M., Chen, G., Cottone, K., Lapedis, D., & Lee, K. (2007). Impact and the art of motivation maintenance: The effects of contact with beneficiaries on persistence behavior. *Organizational Behavior and Human Decision Processes, 103*(1), 53– 67.

446 Grant, A. M. (2008). The significance of task significance: Job performance effects, relational mechanisms, and boundary conditions. *Journal of Applied Psychology, 93*(1),

108.

447 Grant, A. M., Dutton,J. E., & Rosso, B. D. (2008). Giving commitment: Employee support programs and the prosocial sensemaking process. *Academy of Management Journal, 51*(5), 898– 918.

448 Harter, J. K.,Schmidt, F. L., & Hayes, T. L. (2002). Business- unit- level relationship between employee satisfaction, employee engagement, and business outcomes: A meta-analysis. *Journal of Applied Psychology, 87*(2), 268.

449 Franklin, B. (1868/1996). *The Autobiography of Benjamin Franklin.* New York: Dover, p. 80.

450 Bem, D. J. (1972). Self- perception theory. In L. Berkowitz (Ed.). *Advances in Experimental Social Psychology*(Vol. 6). New York: Academic Press, pp. 1– 62; Burger, J. M. (1999). The foot- in- the- door compliance procedure: A multiple- process analysis and review. *Personality and Social Psychology Review, 3*(4), 303– 325.

451 National Boss Day Poll(America 2012) (www.tellyourboss.com).

452 Ibid.

453 Zenger, J., &Folkman, J. (2009). *The Extraordinary Leader: Turning Good Managers into Great Leaders.* New York: McGraw- Hill.

454 Kellett, J. B., Humphrey,R. H., & Sleeth, R. G. (2006). Empathy and the emergence of task and relations leaders. *Leadership Quarterly, 17*(2), 146– 162.

455 Lord, R. G., De Vader, C. L., & Alliger, G. M. (1986). A meta- analysis of the relation between personality traits and leadership perceptions: An applicationof validity

generalization procedures. *Journal of Applied Psychology, 71*(3), 402.

456 Kellett, J. B., Humphrey, R. H., & Sleeth, R. G. (2002). Empathy and complex task performance: Two routes to leadership. *Leadership Quarterly, 13*(5), 523– 544.

457 Meyer, M. L., Spunt, R. P., Berkman, E. T., Taylor, S. E., &Lieberman, M. D. (2012). Social working memory: An fMRI study of parametric increases in social cognitive effort. *Proceedings of the National Academy of Sciences, 109,* 1883– 1888; Spreng, N., Stevens, W. D.,Chamberlain, J. P., Gilmore, A. W., and Schacter, D. L. (2010). Default network activity, coupled with the frontoparietal control network, supports goal- directed cognition. *NeuroImage 53,* 303– 317; Christoff, K.,Gordon, A. M., Smallwood, J., Smith, R., and Schooler, J. W. (2009).Experience sampling during fMRI reveals default network and executive system contributions to mind wandering. *Proceedings of the National Academy of Sciences of the United States of America, 106,* 8719– 8724.

第十二章　開發社會腦，高效提升學習動機

458 http://www.usgovernmentspending.com/us_education_spending_20.html.

459 OECD Programme for InternationalStudent Assessment (PISA) (2009): http://www.oecd.org/pisa/pisaproducts/pisa2009/pisa2009keyfi ndings.htm. Executive Summary:http://www.oecd.org/pisa/pisaproducts/46619703.pdf.

460 即使在美國國內，各州過去二十年增加的教育支出與取得的成績進步，也幾乎沒有什麼關聯。Hanushek, E. A., Peterson, P. E., & Woessmann, L. (2012). Is the U.S. catching

up? International and state trends in student achievement. *Education Next,* 24– 33.

461 Juvonen, J., et al. (2004). *Focus on the Wonder Years: Challenges Facing the American Middle School* (Vol. 139). Santa Monica, CA: RAND Corporation; Eccles, J. S.,Midgley, C., Wigfield, A., Buchanan, C. M., Reuman, D., Flanagan, C.,& Mac Iver, D. (1993). Development during adolescence: The impact of stage- environment fit on young adolescents' experiences in schools andin families. *American Psychologist, 48*(2), 90.

462 Baumeister, R. F.,& Leary, M. R. (1995). The need to belong: Desire for interpersonal attachments as a fundamental human motivation. *Psychological Bulletin, 117*(3), 497.

463 Eccles, J. S., Midgley, C.,Wigfield, A., Buchanan, C. M., Reuman, D., Flanagan, C., & MacIver, D. (1993). Development during adolescence: The impact of stage environment fit on young adolescents' experiences in schools and infamilies. *American Psychologist, 48*(2), 90.

464 Juvonen, J. (2004). *Focus on the Wonder Years: Challenges Facing the American Middle School* (Vol. 139). Santa Monica, CA: RAND Corporation.

465 Juvonen, J., &Galván, A. (2009). Bullying as a means to foster compliance. In M.Harris (Ed). *Bullying, Rejection and Peer Victimization: A Social Cognitive Neuroscience Perspective.* New York: Springer, pp. 299– 318.

466 Fekkes, M.,Pijpers, F. I., Fredriks, A. M., Vogels, T., & Verloove- Vanhorick, S. P.(2006). Do bullied children get ill, or do ill children get bullied? A prospective cohort study on the relationship between bullying and health- related symptoms. Pediatrics, 117(5), 1568–1574; Nishina, A.,Juvonen, J., & Witkow, M. R. (2005). Sticks and stones may break my

bones, but names will make me feel sick: The psychosocial, somatic, and scholastic consequences of peer harassment. *Journal of Clinical Child and Adolescent Psychology, 34*(1), 37– 48.

467 Juvonen, J., Nishina, A.,& Graham, S. (2000). Peer harassment, psychological adjustment, and school functioning in early adolescence. *Journal of Educational Psychology, 92*(2), 349; Lopez, C., & DuBois, D. L. (2005). Peer victimization andrejection: Investigation of an integrative model of effects on emotional,behavioral, and academic adjustment in early adolescence. *Journal of Clinical Child and Adolescent Psychology, 34*(1), 25– 36.

468 Wang, J., Iannotti, R. J.,Luk, J. W., & Nansel, T. R. (2010). Co- occurrence of victimization fromfive subtypes of bullying: Physical, verbal, social exclusion, spreading rumors, and cyber. *Journal of Pediatric Psychology, 35*(10), 1103– 1112.

469 Lacey, A., & Cornell,D. (under review). The impact of teasing and bullying on schoolwide academic performance.

470 Dick, B. D., & Rashiq, S. (2007).Disruption of attention and working memory traces in individuals with chronic pain. *Anesthesia & Analgesia, 104*(5), 1223–1229; Glass, J. M.(2009). Review of cognitive dysfunction in fi bromyalgia: A convergenceon working memory and attentional control impairments. *RheumaticDisease Clinics of North America, 35,* 299– 311.

471 Baumeister,R. F., Twenge, J. M., & Nuss, C. K. (2002). Effects of social exclusion oncognitive processes: Anticipated aloneness reduces intelligent thought. *Journal of*

Personality and Social Psychology, 83(4), 817.

472 Chen, X., Rubin, K. H.,& Li, D. (1997). Relation between academic achievement and social adjustment: Evidence from Chinese children. *Developmental Psychology, 33*(3), 518; Furrer, C., & Skinner, E. (2003). Sense of relatedness as a factor in children's academic engagement and performance. *Journalof Educational Psychology, 95*(1), 148; Wentzel, K. R., & Caldwell, K.(1997). Friendships, peer acceptance, and group membership: Relationsto academic achievement in middle school. *Child Development, 68*(6),1198– 1209; Wentzel, K. R. (1998). Social relationships and motivation in middle school: The role of parents, teachers, and peers. *Journal of Educational Psychology, 90*(2), 202.

473 Walton, G. M., & Cohen, G. L. (2007).A question of belonging: Race, social fi t, and achievement. *Journal ofPersonality and Social Psychology, 92*(1), 82; Walton, G. M., & Cohen,G. L. (2011). A brief social- belonging intervention improves academicand health outcomes of minority students. *Science, 331*(6023), 1447–1451.

474 http://oir.yale.edu/yalefactsheet.

475 Isen, A. M., Daubman,K. A., & Nowicki, G. P. (1987). Positive affect facilitates creative problem solving. *Journal of Personality and Social Psychology, 52*(6), 1122.

476 Carpenter, S. M.,Peters, E., Västfjäll, D., & Isen, A. M. (2013). Positive feelings facilitate working memory and complex decision making among older adults. *Cognition and Emotion, 27,* 184– 192; Esmaeili, M. T., Karimi, M.,Tabatabaie, K. R., Moradi, A., & Farahini, N. (2011). The effect of positive arousal on working memory. *Procedia: Social*

and Behavioral Sciences, 30, 1457– 1460.

477 Ashby, F. G.,& Isen, A. M. (1999). A neuropsychological theory of positive affect andits infl uence on cognition. *Psychological Review, 106*(3), 529.

478 Aalto, S., Brück,A., Laine, M., Någren, K., & Rinne, J. O. (2005). Frontal and temporal dopamine release during working memory and attention tasks in healthy humans: A positron emission tomography study using the high- affinity dopamine D2 receptor ligand [11C] FLB 457. *Journal of Neuroscience, 25*(10), 2471– 2477.

479 Brozoski, T. J., Brown, R.M., Rosvold, H. E., & Goldman, P. S. (1979). Cognitive defi cit causedby regional depletion of dopamine in prefrontal cortex of rhesus monkey.*Science, 205,* 929– 932; Sawaguchi, T., & Goldman- Rakic, P. S. (1991).D1 dopamine receptors in prefrontal cortex: Involvement in workingmemory. *Science, 251*(4996), 947; Luciana, M., Depue, R. A., Arbisi, P.,& Leon, A. (1992). Facilitation of working memory in humans by a D2dopamine receptor agonist. *Journal of Cognitive Neuroscience, 4*(1), 58–68; Müller, U., Von Cramon, D. Y., & Pollmann, S. (1998). D1- versusD2- receptor modulation of visuospatial working memory in humans. *Journal of Neuroscience, 18*(7), 2720– 2728.

480 Compayre, G., & Payne, W. H. (2003). *Historyof Pedagogy.* New York: Kessinger.

481 Longstreet, W. S., & Shane, H. G. (1993). *Curriculum for a New Millennium.* Boston: Allyn & Bacon.

482 Crone, E. A., & Dahl, R. E. (2012).Understanding adolescence as a period of social-affective engagement and goal fl exibility. *Nature Reviews Neuroscience, 13*(9), 636– 650;

Nelson, E.E., Leibenluft, E., McClure, E., & Pine, D. S. (2005). The social reorientation of adolescence: A neuroscience perspective on the process andits relation to psychopathology. *Psychological Medicine, 35*(02), 163– 174;Steinberg, L., & Morris, A. S. (2001). Adolescent development. *Journalof Cognitive Education and Psychology, 2*(1), 55– 87.

483 Pfeifer, J. H., & Allen, N. B.(2012). Arrested development? Reconsidering dual- systems models of brain function in adolescence and disorders. *Trends in Cognitive Sciences, 16,* 322– 329; Blakemore, S. J. (2008). The social brain in adolescence. *Nature Reviews Neuroscience, 9*(4), 267– 277.

484 Conway, M. A.,Cohen, G., & Stanhope, N. (1991). On the very long- term retention of knowledge acquired through formal education: Twelve years of cognitive psychology. *Journal of Experimental Psychology: General, 120,* 395– 409.

485 有些優秀的新創公司正在做這方面的努力。See Rob Hutter's Learn Capital: http://www.learncapital.com.

486 Wagner, A. D., Schacter, D. L.,Rotte, M., Koutstaal, W., Maril, A., Dale, A. M., . . . , & Buckner,R. L. (1998). Building memories: Remembering and forgetting of verbal experiences as predicted by brain activity. *Science, 281*(5380), 1188– 1191.

487 Hamilton, D. L., Katz,L. B., & Leirer, V. O. (1980). Cognitive representation of personality impressions: Organizational processes in first impression formation. *Journal of Personality and Social Psychology, 39*(6), 1050.

488 Mitchell,J. P., Macrae, C. N., & Banaji, M. R. (2004). Encoding- specific effects of social

cognition on the neural correlates of subsequent memory. *Journal of Neuroscience, 24*(21), 4912– 4917.

489 Bargh, J. A., & Schul, Y. (1980). On the cog-nitive benefits of teaching. *Journal of Educational Psychology, 72*(5),593.

490 Allen,V. L., & Feldman, R. S. (1973). Learning through tutoring: Lowachieving children as tutors. *Journal of Experimental Education, 42,* 1– 5;Rohrbeck, C. A., Ginsburg- Block, M. D., Fantuzzo, J. W., & Miller,T. R. (2003). Peer- assisted learning interventions with elementary school students: A meta- analytic review. *Journal of Educational Psychology, 95*(2),240; Semb, G. B., Ellis, J. A., & Araujo, J. (1993). Long- term memory for knowledge learned in school. *Journal of Educational Psychology, 85*(2),305.

491 Nelson, E. E., Leibenluft, E., McClure, E.,& Pine, D. S. (2005). The social re-orientation of adolescence: A neuroscience perspective on the process and its relation to psychopathology. *Psychological Medicine, 35*(02), 163– 174.

492 Tesser, A., Rosen, S., &Batchelor, T. R. (1972). On the reluctance to communicate bad news (the MUM effect): A role play extension. *Journal of Personality, 40*(1), 88– 103.

493 Rakic, P. (1985). Limits of neurogenesis in primates. *Science, 227*(4690), 1054– 1056.

494 Gould, E., Reeves, A. J.,Graziano, M. S., & Gross, C. G. (1999). Neurogenesis in the neocortex of adult primates. *Science, 286*(5439), 548– 552; Buonomano, D. V., &Merzenich, M. M. (1998). Cortical plasticity: From synapses to maps. *Annual Review of Neuroscience, 21*(1), 149– 186.

495 Draganski, B., Gaser, C., Busch, V.,Schuierer, G., Bogdahn, U., & May, A. (2004). Neuroplasticity: Changes in grey matter induced by training. *Nature, 427*(6972), 311– 312.

496 Maguire, E. A., Gadian, D. G., Johnsrude,I. S., Good, C. D., Ashburner, J., Frackowiak, R. S., & Frith, C. D.(2000). Navigation- related structural change in the hippocampi of taxi drivers. *Proceedings of the National Academy of Sciences, 97*(8), 4398– 4403.

497 Sternberg,R. J. (2008). Increasing fluid intelligence is possible after all. *Proceedingsof the National Academy of Sciences, 105*(19), 6791– 6792; Jaeggi, S. M.,Buschkuehl, M., Jonides, J., & Perrig, W. J. (2008). Improving fluidintelligence with training on working memory. *Proceedings of the NationalAcademy of Sciences, 105*(19), 6829– 6833; Buschkuehl, M., Jaeggi, S.M., & Jonides, J. (2012). Neuronal effects following working memorytraining. *Developmental Cognitive Neuroscience, 25,* S167–S179.

498 Silvers, J. A., McRae, K.,Gabrieli, J. D., Gross, J. J., Remy, K. A., & Ochsner, K. N. (2012). Agerelated differences in emotional reactivity, regulation, and rejection sensitivity in adolescence. *Emotion, 12,* 1235– 1247; Galvan, A., Hare, T. A.,Parra, C. E., Penn, J., Voss, H., Glover, G., & Casey, B. J. (2006). Earlier development of the accumbens relative to orbitofrontal cortex might underlie risk- taking behavior in adolescents. *Journal of Neuroscience, 26* (25),6885– 6892.

499 Cohen, J. R.,Berkman, E. T., & Lieberman, M. D. (2013). Intentional and incidental self-control in ventrolateral PFC. In D. T. Stuss & R. T. Knight (Eds.). *Principles of Frontal Lobe Function,* 2nd ed. New York: Oxford University Press, pp. 417– 440.

500 Morales, J. I., Berkman,E. T., & Lieberman, M. D. (2012). Improving self-control across domains: Increasing emotion regulation ability through motor inhibition training. Unpublished manuscript; Muraven, M. (2010). Building self-control strength: Practicing self-control leads to improved self-control performance. *Journal of Experimental Social Psychology, 46,* 465–468;Muraven, M. (2010). Practicing self-control lowers the risk of smoking lapse. *Psychology of Addictive Behaviors, 24*(3), 446; Schweizer, S.,Grahn, J., Hampshire, A., Mobbs, D., & Dalgleish, T. (2013). Trainingthe emotional brain: Improving affective control through emotional working memory training. *Journal of Neuroscience, 33,* 5301–5311

501 Creswell,J. D., Burklund, L. J., Irwin, M. R., & Lieberman, M. D. (in prep).Mindfulness meditation training increases functional activity in right ventrolateral prefrontal cortex during affect labeling in older adults: Arandomized controlled study; Farb, N. A., Segal, Z. V., Mayberg, H.,Bean, J., McKeon, D., Fatima, Z., & Anderson, A. K. (2007). Attending to the present: Mindfulness meditation reveals distinct neural modes of self-reference. *Social Cognitive and Affective Neuroscience, 2* (4), 313–322.

結語

502 Ballou, M. M. (1872). *Treasuryof Thought: Forming an Encyclopaedia of Quotations from Ancient and Modern Authors.* Boston: J. R. Osgood and Co., p. 433.

社交天性

Social: Why Our Brains Are Wired to Connect

作　　者　馬修・利伯曼
譯　　者　林奕伶
主　　編　林玟萱

總 編 輯　李映慧
執 行 長　陳旭華（ymal@ms14.hinet.net）

社　　長　郭重興
發行人兼出版總監　曾大福
出　　版　大牌出版／遠足文化事業股份有限公司
發　　行　遠足文化事業股份有限公司
地　　址　23141 新北市新店區民權路 108-2 號 9 樓
電　　話　+886- 2- 2218 1417
傳　　真　+886- 2- 8667 1851

印務協理　江域平
封面設計　陳文德
排　　版　新鑫電腦排版工作室
印　　製　成陽印刷股份有限公司
法律顧問　華洋法律事務所　蘇文生律師

定　　價　520 元
一　　版　2018 年 08 月
三　　版　2022 年 07 月

有著作權　侵害必究（缺頁或破損請寄回更換）
本書僅代表作者言論，不代表本公司／出版集團之立場與意見

電子書 E-ISBN
9786267102886 (PDF)
9786267102893 (EPUB)

Copyright © 2013 by Mattthew D. Lieberman.
Published by arrangement with Brockman, Inc.
Complex Chinese translation copyright © 2018 ,2019,2022 by Streamer Publishing House, an imprint of Walkers Cultural Co., Ltd.
All Rights Reserved.

國家圖書館出版品預行編目資料

社交天性 / 馬修・利伯曼 (Matthew D. Lieberman) 著 ; 林奕伶譯 . -- 三版 . -- 新北市 : 大牌出版 , 遠足文化事業股份有限公司發行 , 2022.07
面；　公分

譯自：Social : why our brains are wired to connect

ISBN 978-626-7102-72-5 (平裝)

1. 社會心理學　2. 神經學

541.7　　111008966